내가 사랑하는 쇼팽

내가 사랑하는 쇼팽

2015년 6월 5일 초판 인쇄
2015년 6월 10일 초판 발행

지은이 유강호
감수 조준희
펴낸이 이찬규
펴낸곳 북코리아
등록번호 제03-01240호
주소 [462-807] 경기도 성남시 중원구 사기막골로 45번길 14
우림2차 A동 1007호
전화 02)704-7840
팩스 02)704-7848
이메일 sunhaksa@korea.com
홈페이지 www.북코리아.kr
ISBN 978-89-6324-424-2 (03600)

값 15,000원

내가 사랑하는 쇼팽

Frédéric François Chopin

유강호 지음

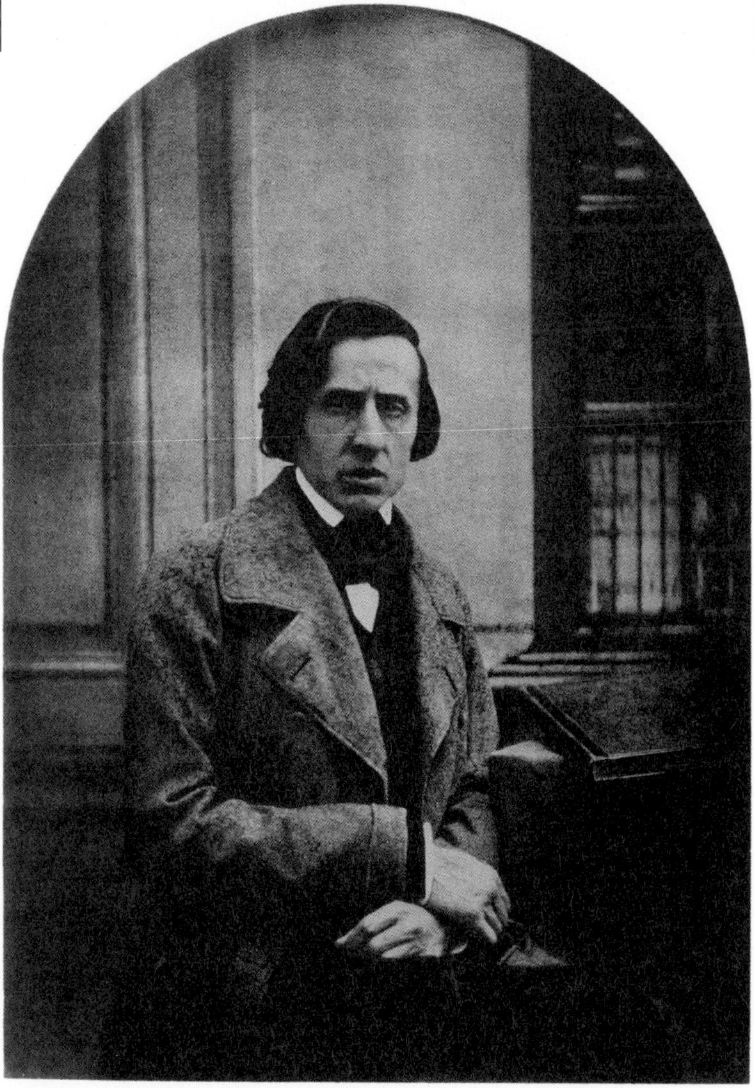

북코리아

차례

제2악장 쇼팽과 프랑스

제3악장 쇼팽과 스페인

제4악장 쇼팽과 영국

추천의 글

쇼팽은 폴란드 태생의 세계적인 작곡가 중 한 사람입니다. 2010년 쇼팽 탄생 200주년을 맞아 모국과 여러 나라에서 다채로운 기념행사가 열렸습니다. 추모 열기에도 불구하고 정작 현지 일간 '가제타 비보르차Gazeta Wyborcza'가 보도한 여론조사에 따르면 폴란드인의 3%만이 쇼팽 음악에 흥미를 갖고 있다고 합니다.

고향에서의 무관심과 대비적으로 쇼팽 탄생 200주년을 손꼽아 기다리며 쇼팽의 모든 유럽 행적지를 둘러보았던 한 한국인이 있었습니다. 바로《비엔나 칸타빌레》의 저자인 음악평론가 유강호 선생입니다.

저는 우연히 북코리아를 통해 저자가 쇼팽 책을 집필하다가 출간을 앞두고 타계하였다는 안타까운 사연을 들었습니다. 같은 쇼팽 애호가 입장에서 묻어두기에 아까운 유고를 살려보겠다는 취지로 외래어 표기법부터 교정을 보다가 어느덧 제 글처럼 여기고 전체 감수를 마무리하게 되었습니다. 원고를 읽으면서 저자의 음악에 대한 자세나 필력 등 여러 가지 면에서 깊은 인상을 받았습니다. 쇼팽에 관한 저서는 많지만 이처럼 직접 발로 뛰고 현장의 생생한 감동을 가슴으로 느끼면서 쓴 한국 작가는 없었습니다.

본문은 기행문 형식이지만, 책머리에서 "유럽을 종단하는 판에 박힌 견문기가 아니다"라고 밝혀져 있듯이 쇼팽에 관한 전기를 만들고자 의도했던 것임을 알 수 있습니다.

폴란드 쇼팽 정보센터에 따르면 쇼팽의 일생은 유년기(1810-1816), 가정교육기(1816-1823), 중등학교기(1823-1826), 작곡수업기(1826-1829), 여행기(1829-1831), 적응기(1831-1835), 원숙기(1835-1840), 도피기(1841-1846), 고독기(1846-1849)로 구분됩니다. 이에 비해 이 책은 쇼팽이 활동한 나라를 중심으로 고향인 폴란드, 망명지인 프랑스, 비록 기간은 짧았지만 스페인 및 영국 크게 네 지역으로 구분해 다루어져 있습니다.

제1장 쇼팽과 폴란드 편에는 폴란드 천재 작곡가 쇼팽의 가계와 청소년기, 그리고 첫사랑 콘스탄차에 관한 이야기, 그리고 저자가 쇼팽 생가 젤라조바 볼라 및 바르샤바 시내 쇼팽의 자취를 두루 답사한 내용이 담겨 있습니다.

제2장 쇼팽과 프랑스 편은 망명지인 프랑스에서의 화려한 데뷔, 보진스카와의 결별과 상드와의 만남, 그리고 저자가 상드의 노앙 별장과 쇼팽의 파리 행적, 페르 라셰즈 묘소를 순례한 내용입니다.

제3장 쇼팽과 스페인 편은 쇼팽과 상드의 마요르카 섬 여행과 건강 악화 때문에 프랑스로 되돌아갔던 여정을 재조명한 내용입니다.

제4장 쇼팽과 영국 편은 쇼팽의 영국과 스코틀랜드 연주여행, 이후 귀국해서 병상에 누웠다가 세상을 떠나기까지 내용입니다.

이 책이 다른 책과 구별되는 점은 작품 분석이나 음반 가이드가 아니라 쇼팽의 유럽 행적을 일일이 답사한 다년간 성과물이라 할 수 있습니다. 클래식음악을 주제로 유럽여행을 떠났던 경험자로서 쇼팽 음악여행은 경로를 만들기도 쉽지 않을뿐더러 경비 문제와 더불어 박식함과 열성을 요하는 힘든 작업임을 알고 있습니다.

《내가 사랑하는 쇼팽》의 중심인물인 쇼팽과 상드는 서로 기질이 텐더 마인드와 터프 마인드로서 반대였습니다. 텐더 마인드 쇼팽은 터프 마인드 상드와 사랑에 빠졌다가 의견 대립으로 인해 끝내 고별과 쓸쓸한 죽음을 맞이하였습니다만, 뭇 사람들의 마음을 정화하는 주옥같은 많은 작품을 남겼습니다. 저자 역시 텐더 마인드 기질로서 같은 기질 음악가의 모든 행적을 찾아 많은 시간을 바쳤다는 점도 의미있게 다가옵니다.

"이 시대에 왜 쇼팽인가?"라는 물음에, 한 망명가의 조국 사랑과 고뇌, 아름다운 예술로의 승화, 그리고 그 행적을 따라 순례의 길을 떠났던 한 한국인 애호가의 정열을 기억해보았으면 하는 마음입니다. 앞으로 유럽으로 여행을 떠나실 분들도 꼭 한번 쇼팽의 행적을 찾아 기려보셨으면 합니다.

끝으로 올해 제17회 쇼팽 국제 음악 콩쿠르가 열리는 뜻깊은 해에 고 유강호 선생의 유작이 출간됨을 진심으로 축하합니다. 책의 이미지와 가장 어울리는 음악으로 쇼팽의 〈피아노 협주곡〉 1번 감상을 추천하면서 맺음말에 갈음하고자 합니다.

2015년 쇼팽 탄생일에
음악칼럼니스트 조준희

프롤로그

쇼팽은 성자다. 평생 화난 얼굴을 한 적이 없다. 짜증도 안 냈다. 큰소리도 안 쳤고, "아니오"라는 말을 안 했다. 늘 미소와 침묵으로 화답하던 음악가다. 사람들은 그를 음악의 성자라고 불렀다.

평생 동안 얌전한 피아노 곡만 썼다. 그의 작품은 지금 리사이틀, 콘서트에서 피아니스트들이 즐겨 연주하는 레퍼토리 1순위다. 베토벤은 32곡의 피아노 소나타를 썼지만, 쇼팽은 세 곡의 소나타와 두 곡의 콘체르토밖에 쓰지 못했다. 완고하게 규제된 고전파 형식이 싫어서 그랬을 것이다. 그는 형식을 탈피한 음악을 썼으며, 자작자연을 위한 곡이기도 했다.

쇼팽은 1810년, 폴란드에서 출생했다. 탄생 200주기 기념행사가 바르샤바와 파리에서 열렸으며 한국에서도 그 일환으로 아태 지역 쇼팽 콩쿠르가 개최되어 쇼팽 열기를 더했다.

그는 네 살 때 어머니와 누나에게 피아노를 배웠다. 첫 작품은 일곱 살에 발표했으며 여덟 살 때 궁전에서 콘서트를 열었다. 음악원을 나온 열아홉 살의 쇼팽은 빈에서 콘서트를 열어 성공했다. 귀국한 쇼팽은 1830년 11월, 다시 출국했는데 그것은 영영 고국에 돌아오지 못하는 출국이었다.

폴란드 혁명이 실패로 끝나고 폴란드의 귀족들은 파리로 망명했다. 망명귀족의 주선으로 쇼팽은 파리 사교계에 데뷔했다. '쇼팽의 파리 시대'가 열린 것이다. 그는 귀족의 딸들에게 피아노를 가르쳤고, 저녁에는 살롱에서 피아노를 연주했다.

쇼팽과 여성작가 조르주 상드와의 러브스토리는 유명하다. 세계 최초로 바지를 입은 여성인 상드는 쇼팽보다 여섯 살 연상이었으며 자유분방했다. 두 사람의 동거생활은 1838년부터 9년간 계속되었다. 이 시기가 쇼팽 음악의 황금시대라고 할 수 있다.

이 책은 쇼팽의 예술과 사랑, 작품을 중심으로 엮은 음악기행이다. 스페인 마요르카 섬과 바르셀로나, 프랑스 마르세유와 노앙, 폴란드 바르샤바, 파리 현지를 탐방, 음악견문을 곁들였다. 책의 마무리를 위해 영국 런던과 스코틀랜드도 방문했다.

서울 남산 밑 다락방 서재에서 원고를 썼다. 이 책은 유럽을 종단하는 판에 박힌 견문기가 아니다. 사진을 촬영하며 여행을 다닌 4만 킬로미터의 대장정이 이 책에 들어 있다. 고통이 중첩된 7년이었다. 돌아와서도 고통의 나날은 계속되었다. 책상에 산더미처럼 쌓인 자료서적과 고된 씨름을 해야 했으며 그의 일기, 편지, CD를 통해 그의 음악세계를 끊임없이 탐닉했다. 필자는 이 희한한 음악가에게 애착을 갖기까지 3년의 기나긴 시간을 투자했다.

쇼팽 관련 국내판 서적은 적지만, 외국 작가의 연구서는 많다. 쇼팽이 주고받은 편지만도 1,000통이 넘는다. 자료 중 러시아의 평론가 미하일로프스키가 저술한 《쇼팽문헌목록1849-1969》이 있으며 3,970여 개의 쇼팽문헌목록이 기재되어 있다. 필자는 이들 쇼팽연구서와 수집한 자료들을 다 독파했다. 저작자에 따라 견해와 주장이 서로 다른 것이 많았지만 어느 쪽을 채용하느냐는 필자가 결정했다. 판단의 잘못이 있으면 그것은 전적으로 필자의 책임이다.

쇼팽을 사랑하는 모든 독자에게 이 책을 바친다.

2010년 1월

유 강 호

제1악장
쇼팽과 폴란드

I

폴란드 시절의 쇼팽

쇼팽 여행 포인트 I: 폴란드

- 젤라조바 볼라 쇼팽 생가

Żelazowa Wola 15, 96-503 Sochaczew

- 바르샤바(북쪽 → 남쪽 코스)

1 크라신스키 궁전: Plac Krasińskich 5

2 잠코비 광장(Plac Zamkowy)

3 바르샤바 국립극장
Marszałkowska Królewska
Warszawa, Polska
www.teatrwielki.pl

4 라지비우 궁전(현 대통령 궁)
Krakowskie Przedmieście 48/50
www.prezydent.pl

5 카지미에시 궁전(Pałac Kazimierzowski)
Krakowskie Przedmieście 26/28

6 사스키 공원(쇼팽 거주지 터)
Ogród Saski, Marszałkowska/
Królewska

7 성 십자가 성당(쇼팽 심장 안치)
Kościół św. Krzyża, Krakowskie
Przedmieście 3
www.swkrzyz.pl

8 오스트로그스키 궁전(현 쇼팽 박물관
Muzeum Fryderyka Chopina)
1 Okólnik
chopin.museum/en

9 바르샤바 음악원
www.chopin.edu.pl/pl

10 와지엔키 공원
(Pałac Łazienkowski, 쇼팽 동상)
Ujazdów

11 빌라누프 궁전
www.wilanow-palac.pl

- 기타 정보

1 프레데리크 쇼팽 정보센터
en.chopin.nifc.pl/institute

2 쇼팽 국제 피아노 콩쿠르
konkurs.chopin.pl/en

1. 천재소년 쇼팽

쇼팽의 가계

쇼팽의 아버지 니콜라 쇼팽은 프랑스 북서부 독일 국경에 인접한 로렌Lorraine 지방의 마랭빌이라는 마을에서 출생했다. 마랭빌은 폴란드 귀족 파츠 백작의 영지였다. 이 땅을 관리하던 베엘브리히트 백작부처는 똑똑했던 니콜라를 친아들처럼 사랑했다.

1787년, 파츠 백작은 마랭빌의 영지를 팔고 폴란드로 돌아갔다. 열여섯 살의 니콜라 쇼팽도 백작부처를 따라 폴란드로 갔다. 당시 폴란드인들은 프랑스 문화를 동경했다. 귀족과 지식인 계급은 자녀에게 프랑스어를 가르쳤다. 1802년, 니콜라는 스카르벡 백작가의 가정교사로 취직해서 젤라조바 볼라에 터를 잡았다. 니콜라는 후일 바르샤바 고등중학교의 프랑스어 교사, 바르샤바대학의 불문학 교수를 역임한다.

쇼팽의 어머니 유스티나는 스카르벡 백작의 먼 친척으로 피아노를 잘 쳤다. 유스티나는 1806년에 니콜라 쇼팽과 결혼했고 1810년 3월 1일에 프레데릭 쇼팽을 낳았다.

1

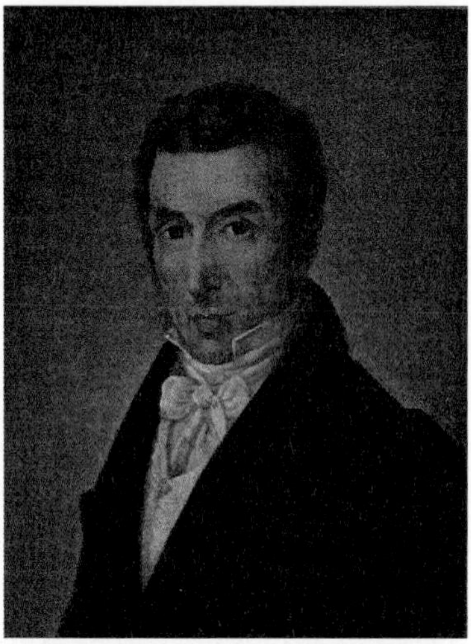

2

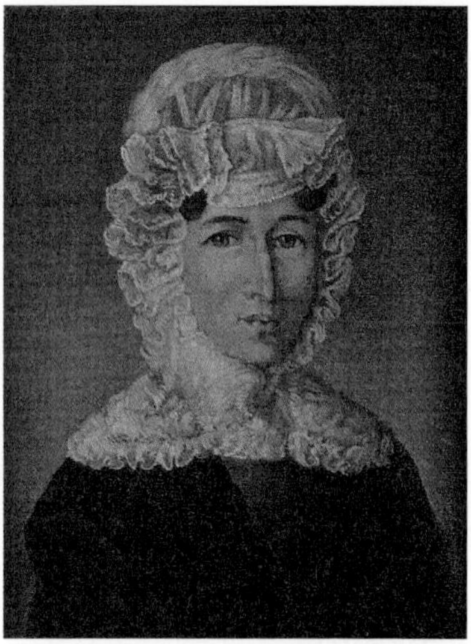

3

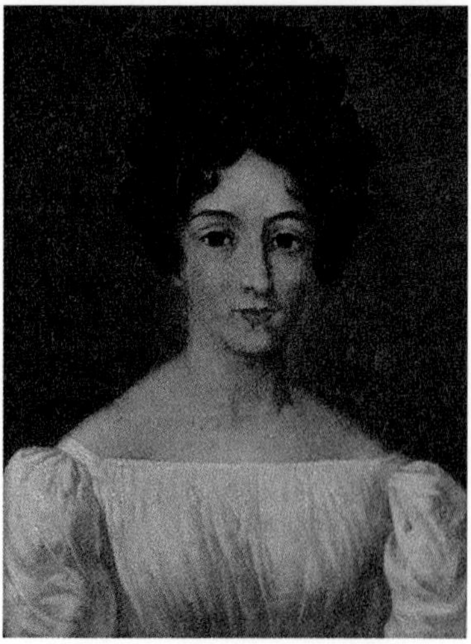

4

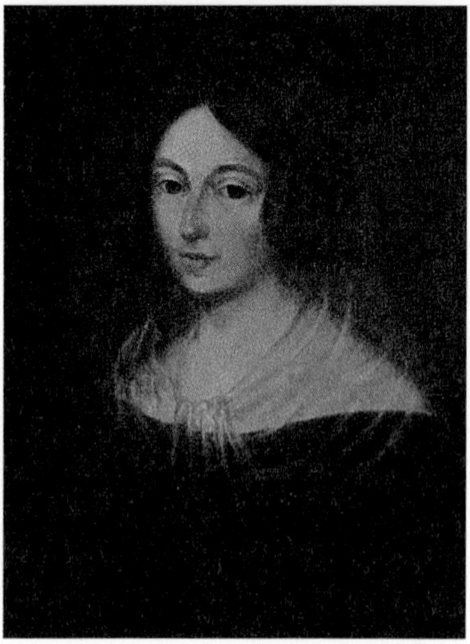

1 쇼팽의 부친 미코와이 니콜라 쇼팽(1771-1844)

2 쇼팽의 모친 유스티나 부인(1782-1861)

3 쇼팽의 누나 루드비카 쇼팽(1807-1855)

4 쇼팽의 여동생 이자벨라 쇼팽(1811-1881)

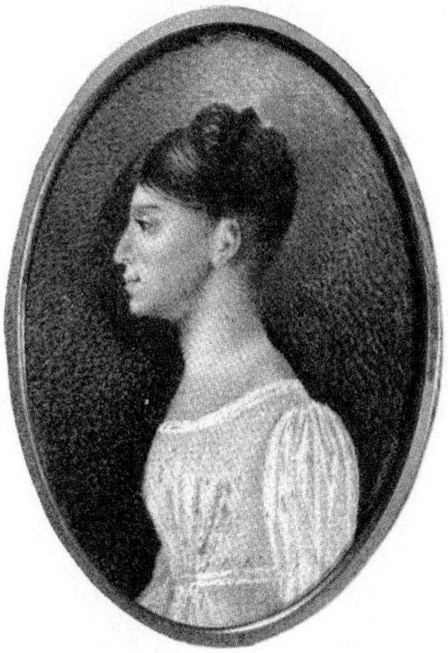

쇼팽의 막내여동생 에밀리아 쇼팽(1812-1827)

세 살 위인 누나 루드비카는 어머니를 닮아 학문과 교양과 지성을 겸비한 인텔리 여성이었다. 청년교육에 관한 논문을 쓸 정도였다. 여동생 이자벨라도 피아노에 능했다. 막내여동생 에밀리아는 시와 소설을 쓸 정도로 문학적 센스가 풍부한 소녀였으나 결핵으로 14세 때 사망했다.

●은사 지브니

쇼팽은 일곱 살에 첫 작품을 출판했다. 바이올린 전문 작곡가 보이치에흐 지브니Woiciech Żywny, 1756-1842 선생의 지도를 받고 있던 때다. 감성과 인격 형성을 위한 교육이었다. 지브니는 자기 생각을 제자에게 강요하지 않았다. "쇼팽은 천재다. 음악의 기본만 가르치면 나머지는 스스로 깨우칠 것이다." 이런 지브니 선생의 열린 지도와 편력이 아니었다면, 쇼팽은 바이올린 작곡가가 되었을지도 모른다.

쇼팽의 바르샤바 첫 주거였던 사스키 궁전의 별관은 쇼팽의 피아노 요람이었다. 어머니와 누나가 연주하는 피아노 소리를 듣는 쇼팽은 엉엉 울었다고 한다. 감성이 지나치게 예민하기 때문에 그렇다고 지브니 선생은 말했다.

네 살 때, 누나 루드비카에게서 건반 기법을 익혔다. 같은 네 살

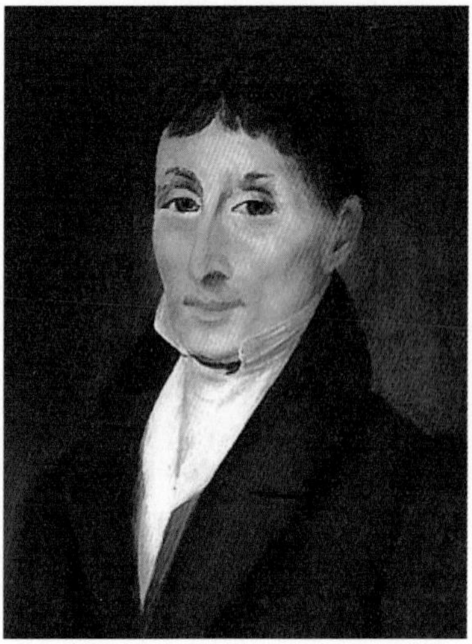
보이치에흐 지브니(1756-1842)

때의 모차르트와 그의 누이동생 난네를의 이야기는 소년 쇼팽 이야기와 함께 널리 알려진 천재들의 에피소드다.

쇼팽이 지브니 선생에게서 작곡기법을 배우기 전의 일이다. 쇼팽은 떠오른 악상을 직접 건반으로 표현했다. 이를 본 지브니 선생은 악상과 멜로디를 악보로 정리하는 법을 가르쳐 주었다.

소년 쇼팽은 두 개의 〈폴로네이즈〉 g단조와 B♭장조를 악보로 작성했다. 이 가운데 g단조는 1817년(7세), 바르샤바에서 출판되어 세상을 놀라게 했다. 이 곡은 젤라조바 볼라의 영주 스카르벡 백작부인에게 헌정되었다. 작품이 출판되자 바르샤바의 신문잡지들은 크게 흥분했다. 유명한 음악 전문지 《파미엔토닉 바르샤프스키》는 "일곱 살의 천재 탄생!"이라는 제목을 달아 대서특필했다. 쇼팽의 이름이 세상에 알려지기 시작하는 쾌거였다. 이후, 쇼팽은 명문 귀족가들의 살롱에서 피아노 연주를 하게 된다. 최초로 공개 연주회를 연 것은 여덟 살이 되던 1818년, 라지비우 궁전에서였다. 이 연주회에서 쇼팽은 체코 작곡가 이로베츠V.M Jirovec의 〈피아노 협주곡〉 e단조를 연주해 큰 갈채를 받았다. 쇼팽의 연주는 계속 이어진다. 벨베데르 궁전(현 대통령궁) 연주회, 몰슈타인 궁전과 자모이스키 궁전 연주회 등.

열두 살 때, 쇼팽은 사사받던 지브니 선생 수하를 떠나 바르샤바 음악원장 엘스네르Jozef Anton Francciszek Elsner, 1769-1854에게 피아노 주법과 작곡 기법을 배운다. 이 무렵, 쇼팽은 부친이 운영하는 리체움Lyceum 기숙중학교에 다녔다. 리체움 재학 중에도 〈마주르카〉 제8번 A♭장조 Op.7-4, 〈폴로네이즈〉 제8번 d단조 Op.71-1, 〈폴로네이즈〉 제10번 f단조 Op.71-3을 발표하여 작곡의 기량을 보였다. 여름방학이면, 그는 마조프세Mazowsze 지방의 시골을 돌아다니며 마을에 구전해오는 민속음악을 수집했다. 이때 체감한 음악의 영감은 후일, 그의 마주르카에 재현된다.

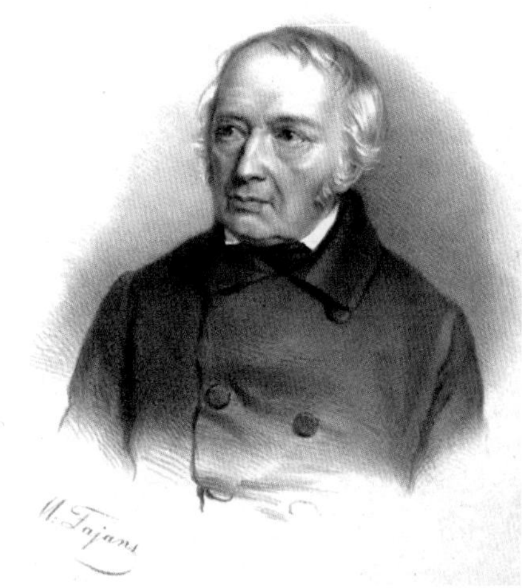

엘스네르(1769-1854)

쇼팽은 피아노 연주로도 이름을 날렸다. 당시의 음악원 홀(현재 안나 교회)에서는 러시아 황제 앞에서 모셸레스의 피아노 협주곡을 연주하여 상으로 다이아몬드 반지를 하사받기도 했다.

● 바르샤바 음악원

열여섯 살 때의 1826년 쇼팽은 다니던 리체움을 그만두고 바르샤바 음악원에 들어갔다. 리체움에서 함께 기숙하던 귀족 자녀들, 지방 영주의 자제들과 어울리기가 싫어서였다. 그들은 리체움에서 법률, 경제, 의학을 공부하며 신분과 재산을 과시했다. 쇼팽은 이 분야는 자기가 배울 학문이 아니라고 생각했는데, 상속받을 영지와 장원, 그 외는 재산이 없어서였다.

쇼팽은 음악원에서 대위법과 화성학을 공부했다. 지도교수는 엘스네르 음악원장이었다. 그는 쇼팽에게 더없이 자상한 스승이었으며 또, 유독 쇼팽에게 엄격했던 스승이었다.

1826년 10월 2일, 쇼팽이 친구 비아워브워츠키Jan Białobłocki, 1806-1826보낸 편지가 지금 그의 생가에 있다.

> 리체움을 그만두고 음악원에 들어갔어. 리체움 학생들 말이야. 장래 의사, 법률가가 되겠다고 하면서 자신의 건강에 대해서는 조금도 신경을 안 쓰더군. 산책이나 운동 같은 것은 안하고, 책상 앞에 하루 종일 붙어 앉아만 있으니……. 바보들이지. 그것도 새로운 학설이나 지식을 파고드는 거라면 또 몰라. 작년에 배운 케케묵은 이론을 밤낮없이 되풀이, 또 되풀이 복습을 하고 있어. 한심스러워.
>
> 그들에 비하면 난 천사야. 엄격한 규율 속에 생활하고는 있네만, 엘스네르 선생님에게 주 6시간 대위법을 배우면 그 주일 교과과정을 다 마치거든. 시간의 여유가 많아. 브로진스키 교수와 벤트코프스키 교수의 강의를 듣고 있어. 앞으로 내가 살아가는 데에 큰 보탬이 될 것 같아서……. 음악원에서는 야회도 댄스도 일체 금지야. 밤 아홉시에 취침, 새벽 다섯 시면 일어나야 해. 의사 말츠Malcz의 처방대로 매일 망아지처럼 우유와 오트밀로 아침을 먹고 있어…….

카지미에르스 브로진스키 교수는 문학사, 펠리스 벤트코프스키 교수는 역사학 전공으로 둘 다 바르샤바 대학 교수였다. 이 외에도 쇼팽은 이탈리아어를 배우고 있었다. 오페라를 염두에 두었기 때문이다. 음악원 교수들은 전공인 대위법과 음악 이론을 공부하지 않고 문학사, 역사, 이탈리아어에 열중하는 쇼팽을 못마땅하게 여겼지만, 지도 교수이며 음악원장인 엘스네르는 쇼팽의 학구열에 대해서 정도 이상으로 관대했다. 엘스네르는 쇼팽의 독창적인 재능을 이미 알고 있었다. 졸업할 때, 엘스네르 원장은 쇼팽의 전 학년 과정 성적을 다음

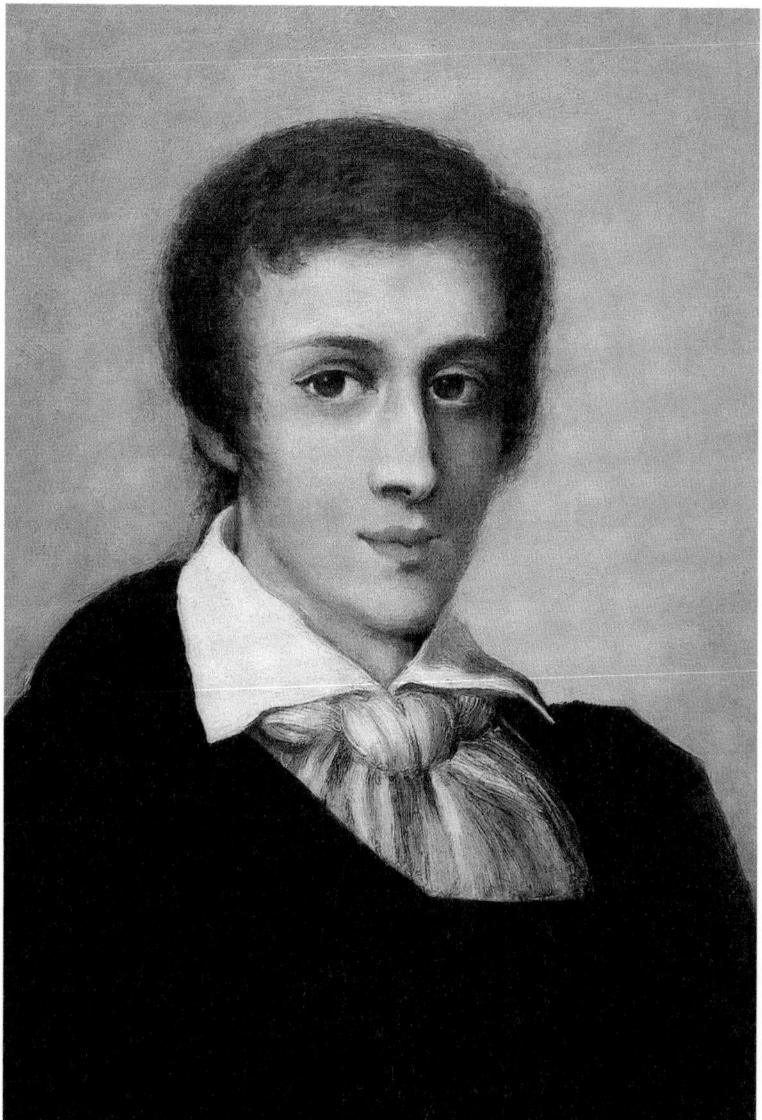
청소년 시절의 쇼팽(1829). B.Bransca 그림

과 같이 평점하고 있다.

> 1827년, 1학년생. 프레데릭 쇼팽. 독창적 재능 있음.
> 1828년, 2학년생. 프레데릭 쇼팽. 특별한 재능 있음.
> 요양을 위해 일시 휴학.
> 1829년, 졸업생. 프레데릭 쇼팽. 천부적인 음악재능이 있음. 천재.

쇼팽은 음악원 재학 중에 6-7곡의 작품을 발표했다. 〈폴란드 노래에 의한 대환상곡〉 A장조 Op.13과 〈연주회용 론도 크라코비아크〉 F장조 Op.14, 〈피아노 3중주곡〉 g단조 Op.8 등이다. 이 작품들은 그의 두 개의 피아노 협주곡과 함께 오케스트라가 도입되는 곡이다. J. P. 픽시스 라지비우, A. 차르토리스카 공작부인, 라지비우 공작에게 각각 헌정되었다.

1827년, 음악원 1학년 때 쓴 돈 조반니의 '그대 손을 내게 주오'에 의한 변주곡 〈라 치 다렘 마노〉 B♭장조 Op.2를 본 로베르트 슈만은 음악 평론지에 '여러분! 모자를 벗어주시오. 천재가 나타났습니다!'라고 쇼팽을 경찬했다.

쇼팽의 독창적인 재능을 부정할 사람은 없다. 그렇지만 다른 작곡가에게서 볼 수 없는 그의 독특한 작법을 두고 음악계의 평가와 견해는 구구각색이었다. 유명한 프랑스의 쇼팽 평론가 실비 드랙무앙 Sylvie Delaigue-Moins은 쇼팽 음악을 이렇게 평하고 있다.

> 기보법상의 미숙. 솔직히 쇼팽은 음악학의 기초가 충분하지 않다. 그의 스승은 보이치에흐 지브니와 유제프 엘스네르는 음악학의 거장들이다. 그러나 이 두 사람은 쇼팽에게 음악학의 기초를 가르치지 않은 것 같다. 그렇다고 쇼팽이 음악 전반에 대한 교양이 부족하다는 말은

아니다. 그의 음악 교양은 상상을 초월하리만큼 풍부하다.

그의 대곡이라 해봐야 모두 다섯 곡밖에 안 된다. 독창력과 유니크한 구성력 면에서는 흠잡을 데가 없지만 곡의 선진성 면에서는 낙제점이다. 대곡의 경우, 그의 소품군 같은 묘미는 없고 매력의 요소도 없다. 꼭 짚고 넘어가야 할 요소가 하나 있기는 하다. 그것은 착상의 비범성이다. 쇼팽 이후, 다수의 혁신적인 작곡가들의 작품을 경험하는 현대의 피아니스트들 가운데 '쇼팽 음악의 선진성 결여'를 지적하는 사람들이 의외로 많다.

쇼팽이 다른 작곡가들이 못 하는 새 형식의 음악을 창조한 것은 사실이다. 쇼팽이 그가 창조한 새 형식의 음악에서 다가오는 시대의 새 피아노 음악의 의미를 발견한 것도 사실이다. 그의 음악을 평가해야 하는 평론가도 이 새 형식의 음악을 해부 평가할 수 있는 새 잣대, 새 시각의 평가기준을 설정한 후에 그의 음악을 평가하지 않으면 안 될 것이다.

● 오페라 사랑

쇼팽의 곡은 천재소년이 작곡한 곡으로 전파되기 시작한다. 이때까지만 해도 쇼팽은 자신이 음악원생이라는 데에 더 긍지를 느끼고 있었다. 그는 피아노보다 오페라 쪽에 더 관심을 갖고 있었다. 당시의 유럽 오페라는 슈베르트가 그러했듯 낭만성이 농후한 문학작품을 채용하는 새 조류의 오페라가 개화기를 맞고 있었다. 이와 같은 신개념의 오페라 열기는 바르샤바에도 불고 있었다.

쇼팽은 청년 때부터 오페라에 관심이 많았다. 1828년 9월 첫 해외여행 때에는 베를린 슈타트오페라에서, 다음해 여름 빈에 머물 때에도 만사 제쳐놓고 오페라를 관극했다. 연일 콘서트 일정이 빠듯한데도 빈 슈타트오페라 국립극장에 갔다. 후일, 파리에서는 레퍼토리가

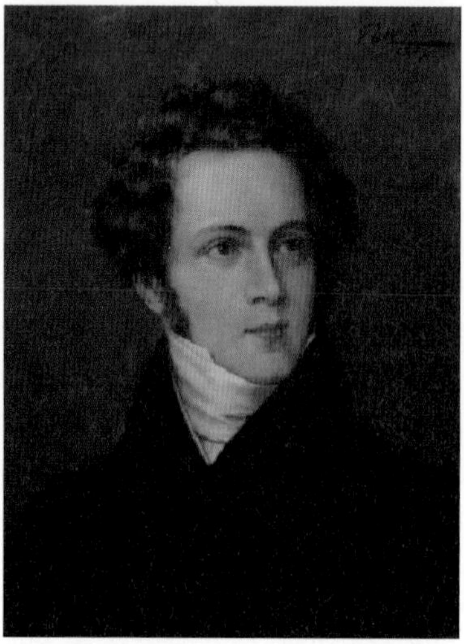

빈첸초 벨리니

바뀔 때마다 오페라 가르니에에 갔고, 여기에 더해 오페라 작가, 가수들과 직접 친교를 맺는 데 열을 올렸다.

당시, 파리에는 많은 오페라 작가와 가수들이 활동하고 있었다. 쇼팽은 이탈리아 출신의 작곡가 빈첸초 벨리니Vincenzo Bellini, 1801-35를 흠모했다. 벨리니와는 음악을 떠난 인간적인 측면에서 서로 공감하는 사이였다. 그러나 벨리니는 35세의 젊은 나이에 요절해 이들의 교류는 오래 지속되지 못했다.

쇼팽은 또, 스페인 출신 프리마돈나 마리아 말리브랑Maria Malibran, 1808-36과 친교가 두터웠으나 그녀도 5년 후, 세상을 떠났다. 쇼팽은 말리브랑의 동생 폴린 비아르도1821-1910와도 사귀고 있었다. 그녀는 미모가 빼어난 유럽 정상급의 메조소프라노 가수였다.

폴린은 폭넓은 음역의 가수였다. 알토의 저음에서 소프라노의 고음역까지 자유자재로 구사하는 만능가수였다. 어느 여름날, 두 사람이 노앙의 상드 별장에 머무를 때 쇼팽은 즉흥적으로 피아노를 치고, 폴린은 이탈리아 오페라의 아리아를 불러 주위 사람들을 즐겁게 했다는 일화는 유명하다. 쇼팽이 세상을 떠날 때, 병상에서 포트츠카 백작부인이 피아노를 치며 아리아를 불러 그를 저세상으로 편안히 인도했다는 이야기는 애틋한 감회를 부르는 쇼팽 오페라 에피소드의 하나다.

바르샤바 시대. 쇼팽은 모차르트와 로시니 오페라에 심취한 때가 있었다. 베버와 스폰티니의 오페라에도 관심을 갖고 있었다. 1827년 1월 8일, 쇼팽이 친구 비아워브워츠키에게 보낸 편지에도 오페라 얘기를 하고 있다.

> 마주르카 한곡을 보낸다. 어제 완성한 신곡이야. 보내줄 곡이 하나 더 있지만, 한꺼번에 보내면 받는 재미가 덜 할 것 같아서……. 한 곡만 보낸다. 나머지 한 곡은 다음에 보낼 테니 기대하게나. 또, 자네에게 전할 재밌는 소식이 있네. 어제 바르샤바 대 극장에서 로시니의 오페라 <알제리의 이탈리아 여인>을 봤거든.
>
> 극장에서 마담 시마노프스카를 만났어. 다음주 금요일 연주회를 연다고 하네. 그런데 입장료가 너무 비싸. 바닥자리가 반 두카텐, 좌석은 1두카텐(합스부르크제국의 화폐단위)이라니……. 결과는 다음에 알려주기로 하겠네. 답장을 기다리네.

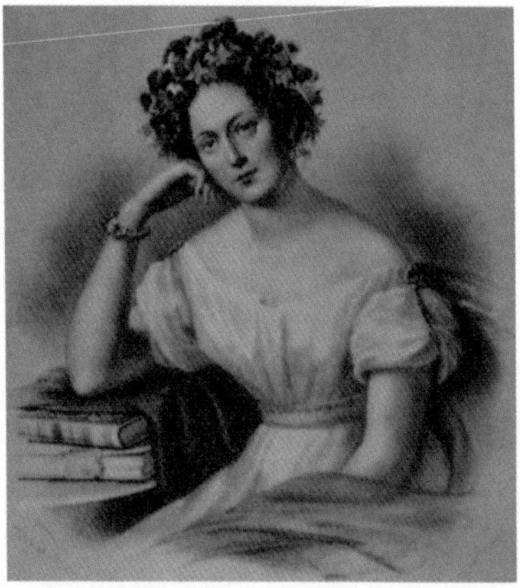
시마노프스카

편지에서 말한 마주르카는 1826년 작으로 작품번호 없는 G장조와 B♭장조의 두 곡이다. 이 곡은 쇼팽의 개성이 잘 표현된 아름다운 춤곡이다. 편지에 나오는 마담 시마노프스카는 재색을 겸비한 미모의 여류 피아니스트이며 작곡에도 탁월한 재주를 가진 여성이다.

마리아 시마노프스카. 그녀는 당대의 대문호 괴테를 매혹시켰을 정도였다. 그녀는 작곡가와, 특히 피아니스트들의 콧대가 높기로 유명한 러시아 음악계 필드로 뛰어

들어 건반 기교를 과시한 맹렬한 성격의 여성 피아니스트 겸 작곡가였다.

그녀는 쇼팽을 질시하기도, 또 과대평가하기도 했다. 나이 어린 쇼팽이 피아노 음악의 정수라는 녹턴Nocturne(야상곡)의 독존적인 작곡가를 자처해 자가당착하고 있다니……. "이 자가 어른이 되었을 때 과연 어떤 모습으로 피아노 앞에 설까?" 반은 의문, 반은 부러움으로 쇼팽의 앞날을 의시했던 여성이었다.

● 마주르카 사랑

쇼팽은 한평생 일기를 쓰듯 매년 거르지 않고 마주르카를 썼다. 쇼팽이다. 지금 이 순간에도 바르샤바에 마주르카 리듬이 울리고, 마주르카의 율동이 거리에 넘친다. 쇼팽은 생애 동안 61곡의 마주르카를 썼다. 작곡연대로 보아 소년 때부터 죽는 그날까지 매년 거르지 않고 마주르카를 계속 썼다.

마즈르카와 폴로네이즈는 폴란드를 대표하고, 폴란드 인의 혼을 담은 민족무곡이다. 폴로네이즈는 수 세기 동안 다른 나라에 많이 전파되고 연주되어 폴란드 민족음악의 순수성을 잃은 감이 없지 않다. 그렇기 때문에 폴란드 민족을 대표하는 무곡으로 마주르카를 지칭할 수밖에 없다.

쇼팽의 마주르카는 폴란드의 전통음악을 바탕으로, 거기에 쇼팽만의 독자적인 미의식을 가미해 재구성한 음악이다. 원래 춤곡인 마주르카는 춤을 추기 위한 음악이 아니라 폴란드 민족정신을 고양시키기 위한 선무음악이다. 요한슈트라우스가 춤추는 왈츠에서 듣는 왈츠를 만든 것처럼 쇼팽도 몸으로 추는 마주르카가 아닌 마음의 춤, 즉, 듣는 마주르카로 만든 것이다.

슈만은 음악신보 논평을 통해 "쇼팽의 마주르카는 단순명료한 곡으로 보이지만 그렇지 않다. 만약, 북방의 강력한 전제군주가 그 속에 위험한 적이 숨어 있다는 사실을 미리 알았더라면 쇼팽의 마주르카를 즉각 폐지시켰을 것이다. 쇼팽의 마주르카야말로 꽃밭에 숨겨둔 민족이라는 이름의 대포다"라고 말했다.

〈마주르카〉 C장조 Op.33-3에는 이런 에피소드가 있다. 어느 날, 파리의 작곡가 자코모 마이어베어Giacomo Meyerbeer, 1791-1864가 쇼팽의 아파트를 방문했을 때, 쇼팽은 마주르카 C장조를 연주하고 있었다. 마이어베어는 쇼팽의 연주를 듣고 "4분의 2박자 아니냐"고 물었다. 그러자 쇼팽은 아니라고 말했다. 두 사람은 그날 밤늦게까지 격렬한 논쟁을 벌였다.

마주르카는 본래는 4분의 3박자의 무곡이지만, 가끔 2박이나 3박으로 액센트를 바꾸는 경우도 있다. 그때, 쇼팽은 자기 나름의 루바토Tempo rubato(자유롭게 템포를 가감하여 연주하는 주법)로 연주하고 있었던 것이다. 쇼팽은 마이어베어에게 "루바토는 강력한 흥분제다. 춤추고 싶은 충동제가 아니고, 강인한 인내심을 바탕으로 하는 충동력의 원천이다"라고 했다. 마이어베어는 이 곡이 실제 춤을 추기 위한 마주르카가 아니라 사람의 마음을 출렁이게 하는, 듣는 마주르카의 스텝이라는 것을 알지 못했기에 해석상의 논쟁이 벌어졌던 것이다.

쇼팽은 1847년 조르주 상드와 결별한 뒤, 심신이 무기력해져 죽을 때까지 작품을 쓰지 못했으나 1849년에는 2곡의 마주르카를 썼다. 〈마주르카〉 제43번 g단조 Op.67-2와 〈마주르카〉 제49번 f단조Op. 68-4다. 이 마주르카는 그의 최후의 작품이 된다.

〈마주르카〉 g단조를 완성했을 때, 그는 건반을 누를 힘마저 없었다고 한다. 자필보 또한 스케치 단계의 것으로, 판독이 불가능한 부분이 있어 출판사 측에서 그 부분을 잘라내고 출판해버려 곡의 오리지널성이 크게 떨어졌다.

쇼팽이 죽은 뒤, 파리의 평론가들은 이 두 개의 마주르카가 다른 그의 마주르카보다 폴란드 민요의 영감이 몇 배나 짙다고 했다. 죽음을 앞에 둔 쇼팽은 평생 그리워하던 고향의 멜로디를 들은 것이 아니었는지…….

● 에밀리아의 죽음

1827년 4월 20일, 쇼팽은 비아워브워츠키에게 또 편지를 썼다. 이번에는 마주르카나 오페라 이야기가 아니라, 여동생 에밀리아의 죽음을 알리는 편지였다.

> 우리 집 어느 구석에 병마의 악귀 한 마리가 있는 모양이야. 막내 여동생 에밀리아가 심한 각혈을 하자 어머니는 대경실색했고, 의사 마르티우는 고개를 가로저었어. 에밀리아는 무척 자네를 따랐었지. 자네는 병상의 에밀리아를 만났어도 에밀리아가 아닌 다른 소녀로 알았을 게야. 너무 모습이 달라져 있었으니까. 모두 그 놈의 악귀 탓이지……
>
> 가련한 내 동생 에밀리아. 행복하던 우리 식구를 졸지에 엄습한 그 몹쓸 놈의 결핵. 항상 명랑하고 애교 있는 유머로 부모님과 루드비카 누나, 그리고 내게 웃음을 주던 사랑스런 내 동생 에밀리아는 천국으로 길을 떠났어.
>
> 나는 에밀리아의 묘비명을 잉크 대신 눈물로 썼다네. "아름다운 꽃 한 송이가 열매를 맺지 못하고……, 열네 살, 내 동생 에밀리아는 생명이 살아 싹트는 화창한 봄이 오는 것을 보지 못하고 천국에 갔다."
>
> - 에밀리아 쇼팽, 1827년 4월 10일

어머니 유스티나 부인은 그날 이후, 눈을 감는 날까지 35년이라는 긴 세월을 검은색이 아닌 다른 옷을 입지 않았다.

● 크라신스키 궁전으로

1827년, 부친 니콜라가 운영하던 바르샤바 리체움이 카지미에르 궁전Plac. Kazimierzowski의 별관으로 옮겨갔다. 쇼팽일가도 리체움을 따라 이 궁전의 별관 3층으로 이사한다. 별관은 공간이 넓은 데다 주거용 방이 많아 리체움의 교사들과 대학 교수들이 들어와 살았다.

카지미에르 궁전 별관에 살 때 쇼팽의 막내 여동생 에밀리아가 세상을 떠났다. 가족들은 이 집에서 더 살기 싫었다. 에밀리아에 대한 추억을 지우려면 다른 곳으로 이사를 가는 방법밖에 없었다. 쇼팽 일가는 카지미에르 궁전 건너편에 있는 크라신스키 궁전Plac. Krasinskich 별관으로 이사를 했다. 이 집은 쇼팽 일가의 바르샤바 세 번째 주거이자, 쇼팽의 바르샤바에서의 마지막 주거가 된다.

1829년 7월, 쇼팽은 바르샤바 음악원을 졸업하고 빈을 여행했다. 빈 체제 중 두 번 피아노 콘서트를 열어 두 번 다 성공했다.

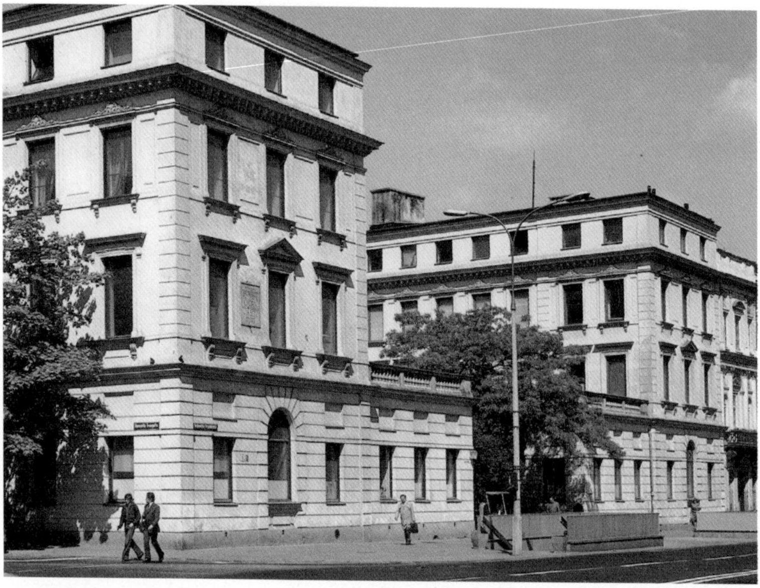

바르샤바 크라신스키 궁전. 바르샤바 미술아카데미가 들어서 있다

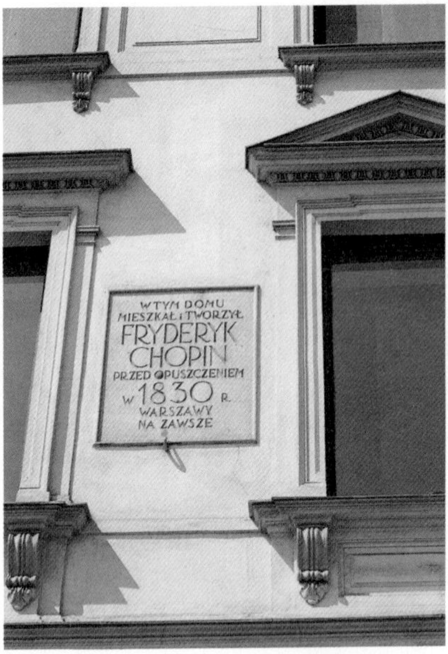

크라신스키 궁전 별관에 있는 쇼팽 명판

바르샤바로 돌아온 쇼팽은 엘스네르 원장의 주선으로 국민극장에서 연속 연주회를 열었다. 레퍼토리는 〈폴란드의 노래에 의한 대 환상곡〉 Op.13 외 10여곡이었으며, 크루핀스키가 지휘했다.

이 무렵, 〈피아노 협주곡〉 2번과 〈에튀드〉 E장조 '이별'의 스케치를 마무리한 쇼팽은 활동무대를 서유럽으로 옮겨야겠다고 생각한다.

● 출국

1830년 7월은 프랑스에서 '7월혁명'이 일어난 해다. 혁명의 여파는 밀물처럼 전 유럽에 파급었다. 당시 폴란드는 러시아, 프로이센, 오스트리아의 지배를 받고 있었다. 러시아는 폴란드를 통치하였는데, 폴란드인들은 독립하려고 무력봉기를 꾀했다.

폴란드의 애국시인 미츠키에비치와 쇼팽의 친구 폰타나는 총을 들고 혁명대열 맨 앞에 섰다. 그러나 쇼팽은 혁명대열에 직접 참가하지 않았다.

쇼팽은 혁명의 기획 단계에서부터 주동인물들과 접촉하고 있었다. 바르샤바의 과격파 혁명론자들의 아지트였던 카페 '호노라트카Honoratka'에 자주 나갔다고 자신의 일기에서 밝히고 있다. 이 일기는 지금 바르샤바 쇼팽 박물관에 남아 있다.

부친 니콜라는 쇼팽이 더 넓은 세상으로 나가 음악으로 입신하길

바랐다. 니콜라는 그라코스키 문화장관을 찾아가 아들의 유학 장학금을 신청했지만 "프레데릭 쇼팽, 그런 애송이를 후원할 공공의 자금은 없다"라는 말로 단칼에 거절당했다.

장학금 신청은 기각되었다. 재산이 없는 평민의 외국유학은 언감생심이었다. 그래도 아버지는 희망을 버리지 않았다. 이 사람, 저 사람 찾아다니며 의논하고 부탁하고, 청원하여 가까스로 쇼팽의 유학비용을 마련했다. 음악원장 엘스네르는 쇼팽이 빈으로 가는 게 좋겠다고 했다. 그리고 빈까지 쇼팽이 타고 갈 마차를 마련해주겠다고 했다.

쇼팽은 보다 넓은 세계에 가야만 꿈을 이룰 수 있다고 생각했다. 바르샤바는 유럽의 다른 도시보다 문화예술, 특히 음악 부문은 크게 낙후되어 있었다.

운명은 내게 조국을 떠날 것을 요구한다.

부모님과 사랑하는 자매들, 다정한 친구들, 콘스탄차가 있는 바르샤바를 떠나야 한다. 쇼팽은 마음이 아팠다.

프레데릭, 너는 아느냐. 네가 음악의 길을 가야 하는 이유를…….

쇼팽은 1831년 11월 2일, 폴란드를 떠났다. 평론가들은 쇼팽의 출국에 여러 가지 의문을 제기했다. "음악가로서 입신하기 위해 폴란드를 떠났는가?"

쇼팽이 데뷔한 곳은 그의 조국 폴란드가 아니다. 음악의 성지 빈이었다. 1829년 8월, 쇼팽 19세 때에 일이다. 처음 빈을 방문했을 때, 그곳의 저명한 음악가들과 악보 출판사들은 콘서트를 권유했고 두 번 연거푸 음악회를 열었다. 이 음악회를 서양 음악사는 '쇼팽 데뷔콘서트'로 기록하고 있다.

연주회는 호평을 받았다. 쇼팽은 음악가로서 긍지와 자신감을 갖게 되었다. 폴란드 음악계는 쇼팽에게 바르샤바에서 데뷔콘서트를 강요했다. 다음 해 1830년 3월과 10월, 쇼팽은 두 차례 공개 연주회를 열었고 연주회는 대성공을 거둔다. 이 연주회가 쇼팽 국내 데뷔의 유일한 기록으로 남는다. 쇼팽은 국외로 나갈 채비를 했다. 주변 사람들도 쇼팽의 해외 진출에 큰 기대를 걸었다.

바르샤바 인민무력봉기는 외세에 핍박받아온 민족의 분노였고 숙원이었다. 쇼팽도 폴란드의 국민이었다. 이런 와중에 자신의 입신을 위해 부모형제, 친구들이 있는 바르샤바를 떠날 쇼팽은 아니었다. 바르샤바에 남아 동지들과 함께 독립을 위해 싸워야 한다고 생각했다. 폴란드의 음악시즌이 시작되는 9월쯤 출국할 예정이었으나 두 달이 지난 11월에 쇼팽은 폴란드를 떠났다. 여러 가지 정황으로 보아 쇼팽의 출국은 음악에의 집념과 희망 때문만은 아닌 것 같다.

쇼팽은 바르샤바를 떠났다. 11월 23일, 빈에 도착했을 때 바르샤바에서는 시민 무력봉기가 일어난다. 여기서 쇼팽 출국을 전후한 시의적절성 문제가 제기된다.

폴란드의 지식층과 귀족들은 무력봉기가 있을 것을 이미 예측하고 있었다. 쇼팽은 이렇든 저렇든 혁명전선에 말려들지 않겠다고 생각했을 것이다. 쇼팽은 무력봉기를 준비했던 물밑세력들과 벌써부터 접촉하고 있었다. 이들의 아지트인 카페 '브르제진스카Brzezińska'에 아침저녁으로 드나들고 있다는 사실을 러시아 정보당국도 알고 있었을 것이다. 쇼팽은 요주의인물로 감시받고 있었던 것이다. 이래서 쇼팽이 외국으로 도피했다고 단정하는 연구가도 있었다. 쇼팽 또한 "다시는 폴란드 땅을 밟지 못할 것"이라는 말을 여러 차례 하고 있다. 그의 말대로 그는 죽고 그의 심장만이 돌아왔다는 사실이 그의 도피설을 입증하는 것 아니냐는 평론가도 있었다.

쇼팽의 부친 니콜라가 아들의 해외도피를 종용했다는 설도 이해가 된다. 폴란드의 유력한 귀족들과 교류했던 아버지 니콜라는 혁명을 시도하는 물밑세력들의 작전계획을 사전 입수해 쇼팽을 적시에 출국시켰을 수 있다. 아들의 장래를 걱정하는 아버지의 입장에서는 당연한 조치가 아니냐는 긍정적인 견해도 있다.

쇼팽은 티투스에게 편지를 썼다.

> 바르샤바를 떠나기로 했어. 다시 못 돌아올 것 같은 예감이 드네. 내가 떠나면 내가 보고 싶은 얼굴들을 보지 못할 것이고……. 나는 죽음의 길을 가는 것인가?

쇼팽의 예감은 적중했다. 바르샤바를 떠난 뒤, 그는 고향에 돌아오지 못하고 1849년에 파리에서 생애를 마쳤다.

2. 첫사랑 콘스탄차 그와드코프스카

쇼팽의 연인이 몇이냐고 물으면 열 명이 넘는다는 사람, '다섯 명 아니냐?" 되물어오는 사람, "모른다"는 사람, 각양각색이다. 실제 쇼팽이 사랑한 여인은 세 사람이었다.

첫사랑의 연인은 바르샤바 음악원 동기생인 콘스탄차 그와드코프스카Konstancja Gładkowska, 1810-1880였다. 두 번째 여인은 마리아 보진스카Maria Wodzińska, 1819-1896라는 귀족의 딸이었다. 쇼팽은 스물다섯 살에 보진스카는 열여섯 살에 마음을 나누었고, 약혼했으나 결혼에 이르지는 못했다. 귀족과 평민이라는 신분상의 장애는 극복할 수 있었으나, 결핵이라는 병마까지 극복하지는 못했다. 세 번째 연인은 유명한 프랑스의 여성작가 조르주 상드. 그녀와는 9년간 동거했다. 상드는 쇼팽의 음악인생에 커다란 영향을 준 여인이다.

여기까지는 사람들이 다 아는 쇼팽의 러브스토리다. "쇼팽은 이 세 여인 외에 다른 여성을 사랑한 적이 없다"고 말하는 평론가가 있는가 하면, "포토츠카Delfina Potocka, 1807-1880 백작부인이 쇼팽의 애인 반열에서 빠졌다. 쇼팽이 사랑했고 쇼팽을 사랑한 여인은 델피나 포토츠카 백작부인이다"라고 말하는 전기작가가 많다.

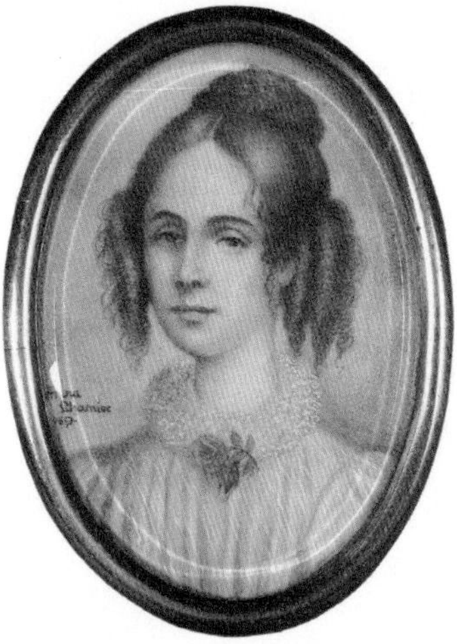

콘스탄차 그와드코프스카

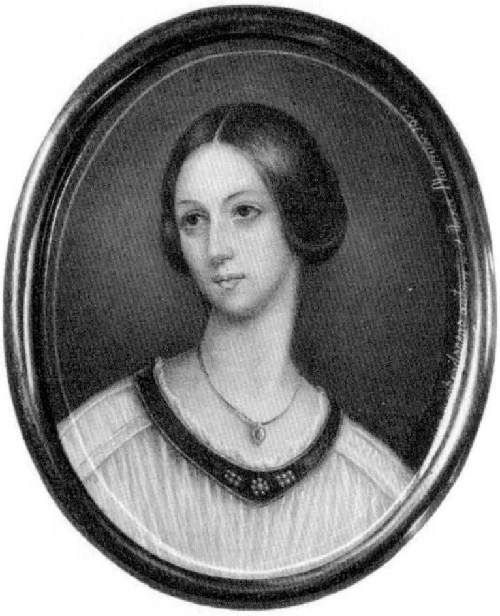

마리아 보진스카

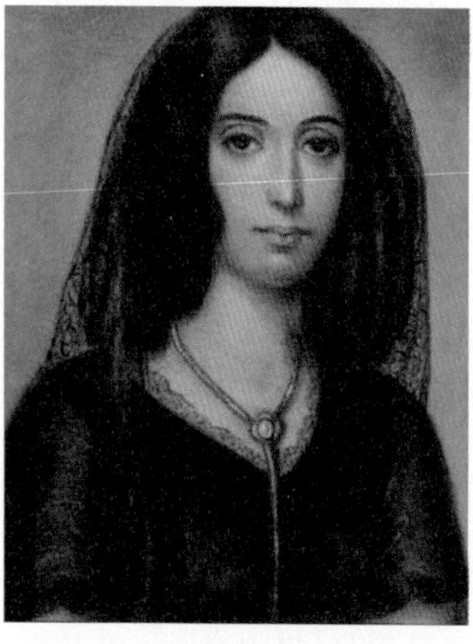

조르주 상드

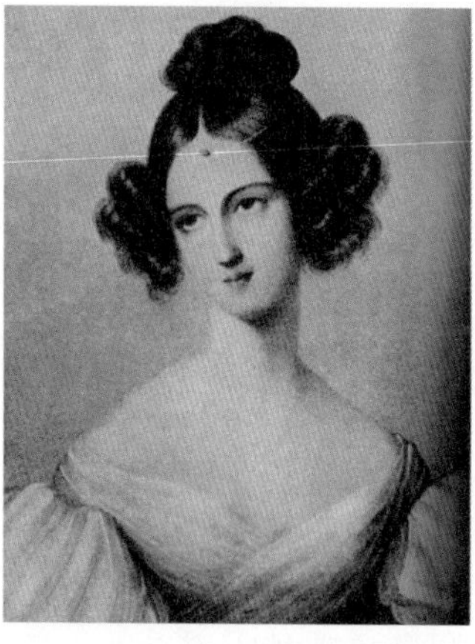

델피나 포토츠카 백작부인

세계의 작가 평론가들은 80종이 넘는 쇼팽전기를 쓰고 있지만, 한국에는 쇼팽을 쓴 작가가 없다. 유럽의 박물관, 기념관에는 육필로 된 쇼팽의 교우록, 일기장, 메모첩, 서한문, 콘스탄차의 일기, 보진스카의 편지다발, 상드의 회고록, 리스트의 쇼팽평전 등 책보다 더 진솔한 쇼팽 관련 자료가 보존되어 있다.

쇼팽 전기에 꼭 등장하는 제4의 연인인 포토츠카 백작부인. 절세의 미녀로 지성과 교양을 겸비한 귀부인이다. 쇼팽은 포토츠카 부인에게 그의 걸작 두 편을 헌정하고 있다. 쇼팽은 백작부인을 사랑했던 것일까? 쇼팽은 말이 없다.

쇼팽과 격의 없는 우정을 나눈 리스트는 같은 시대를 산 피아니스트 겸 작곡가다. 리스트는 쇼팽과 달리 떠벌리기를 좋아했다. 연애 편력도 대단했으며 스캔들을 뿌리고 다닌 플레이보이였다. 그렇기 때문에 리스트에게는 알려진 러브스토리가 많다.

| 피아노협주곡 제2번

나는 불행해질 거야. 여섯 달 전, 음악회에 나갔다가 내 이상의 여인을 만났기 때문이다. 그녀에게 고백도 못하고 혼자 가슴을 앓고 있으니…… 목련처럼 희고 청초하고 순수한 그녀의 모습. 그녀의 이미지로 나는 협주곡의 아다지오를 썼어. 오늘 아침에 쓴 '왈츠(Op. 70-3)'도 그녀에게서 받은 영감에서 비롯된 거야. 곡을 자네에게 보내기로 했네.

1829년 10월 3일, 친구 티투스 보이치에호프스키Tytus Woyciechowski, 1808-1879에게 보낸 편지의 부분이다. 협주곡의 '아다지오'는 〈피아노 협주곡〉 제2번 f단조 Op.21의 제2악장을 말한 것이고, '그녀'란 콘스탄차 그와드코프스카를 말한다. 1810년 6월 10일생, 왕실 여름궁전 관리인의 딸로서 음악원 기숙사에서 생활하는 성악과의 여섯 학생 가운데 한 명이었다. 그녀는 오페라 가수가 되겠다는 꿈을 가진 여성으로 아름다운 편도 못생긴 편도 아니었다고 한다. 콘스탄차는 러시아 장교들과 자주 어울렸으며 남자 사귀기를 좋아하는 활달한 아가씨였다. 장교들이 기숙사에까지 찾아올 때 엘스네르 원장은 불안했다고 한다.

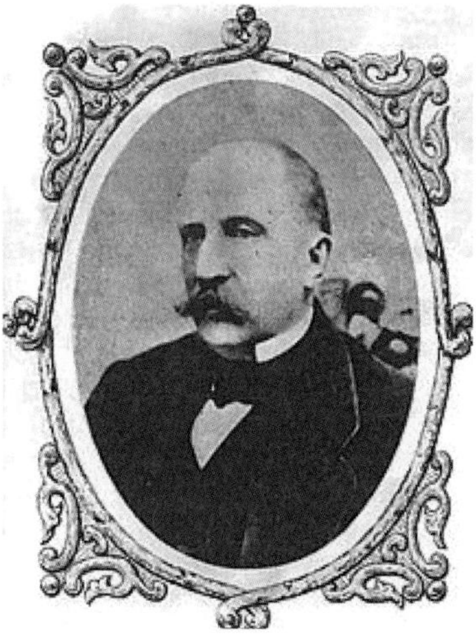

티투스 보이치에호프스키

쇼팽은 철저한 리얼리스트로 사람을 보는 눈, 인물을 관찰하는 시선은 소년 시절부터 이상하리만큼 예민했다. 냉혹하기까지 했다. 완벽을 추구한 그의 욕구는 음악에서든 인간관계에서든 차이가 없었다. 욕구가 충족되지 않을 때는 조개가 패각을 닫아버리듯 했고, 욕구가 생기면 그 욕구를 마음 깊숙한 곳에 숨겨놨다가 후일에 음악으로 토로하곤 했다. 그런 쇼팽의 마음을 끌어당긴 콘스탄차의 매력은 대체 어디에 있었을까.

19세의 쇼팽이 콘스탄차에게 마음의 전부를 뺏기게 되는 계기는 1829년 3월 21일이다. 이날 쇼팽은 음악원 연주회에 갔다가 동급생 콘스탄차의 아름다운 가성에 눈과 귀를 빼앗겼고, 그때의 감정을 평생동안 떨쳐 버리지 못했다.

쇼팽과 같은 시대를 산 프랑스의 문호 스탕달의 명저 《연애론》에는 '잘츠부르크의 나뭇가지'라는 유명한 대목이 있다. 모차르트의 고향 잘츠부르크는 암염 산지로도 알려진 곳. 소금을 파낸 다음 폐광에 마른 나뭇가지를 던져두었다가 석 달 후 꺼내보면 나뭇가지에 눈부신 소금 꽃이 돋아 무수한 다이아몬드처럼 빛을 낸다고 했다. 스탕달은 이것이 바로 '사랑의 결정'이며, 연인의 눈으로 보면 마른 가지도 다이아몬드로 보인다는 것이다. 지극히 즐거운 사랑의 이론이다.

쇼팽은 콘스탄차를 가슴 속 깊은 곳에 숨겨놓고 몽상으로 그녀를 바라보고 있었다. 콘스탄차와 쇼팽의 f단조 피아노 협주곡은 스탕달의 소금 꽃처럼 이상한 결정작용으로 눈부신 광채를 내면서 마침내는 '이상의 여인', 이상의 협주곡으로 승화된다.

콘스탄차와 f단조 협주곡의 관계는 옛날부터 관행적인 사랑과 음악이야기로 엮는 청춘소설이 되어 있다. 이러한 로맨틱한 곡과 사랑의 해석은 피아니스트들이 쇼팽을 연주하는 데에 불가결한 전통을 만들었다.

일본의 쇼팽 전문 피아니스트 나카무라 히로코는 아나톨 피스톨라리가 지휘하는 런던 심포니와 쇼팽 f단조 협주곡을 협연한 자기 레코드에 '첫사랑 연가'라는 에세이 코멘트를 달았다. 그 마지막 구절을 인용한다.

> 제2악장을 어떻게 평론해야 할런지 나는 그 어휘를 모른다. 이 악장에는 19세의 프레데릭 쇼팽이라는 천재의 숨결이, 음악이, 그의 모든 재능이 유감없이 주장되고 난 후에 끝을 맺는다. 싱싱한 젊은 꿈을 이렇게 열렬히 주장한 작품을 나는 아직 본 적이 없다.

쇼팽에게 이 협주곡을 쓰도록 영감을 준 콘스탄차는 대체 누구인가. 어떤 존재인가. 그것은 현실의 콘스탄차가 아닌 쇼팽 내면에 살아있는 '영원의 여성'일 것이다. f단조 피아노 협주곡이야말로 쇼팽의 청춘, 아니 우리들 청춘의 콘체르토다.

2 장미꽃 리본

쇼팽의 고별연주회가 1830년 10월 11일, 국립극장에서 열렸다. 쇼팽은 콘스탄차에게 찬조출연을 부탁했다. 연주회장에는 포토츠카의 얼굴도 보였다. 쇼팽이 고국을 떠나기 20일 전이었다.

콘스탄차는 흰 드레스를 입고 로시니의 오페라 〈호수의 미인〉 중 아리아 〈내 마음에 넘치는 사랑〉을 불렀다. 쇼팽은 자작의 〈피아노 협주곡〉 1번 e단조를 연주하여 열광적인 박수갈채를 받았다. 연주회가 끝나자 콘스탄차는 머리에 꽂았던 장미꽃 리본을 뽑아 쇼팽에게 주었다. 이 리본은 19년 후, 쇼팽이 사망한 날, 그의 유품 보따리에서 발견된다.

3 콘스탄차의 일기

바르샤바 쇼팽 박물관이 소장한 콘스탄차의 1830-39년 일기. 독일어로 쓴 그녀의 자필 일기장이다. 문장이 난해하고 장황했다. 필자는 이를 발췌하여 대화체로 간추렸다.

1830년 10월 27일.

눈이 시리도록 푸른 하늘. 사스키 궁전에 여름은 가고 없는데, 가을은 아직 멀리 있었다. 큰키나무와 교목, 프라타나스는 보름쯤 기다려야 가을 옷을 입을 모양이다. 가로수가 아름다운 길. 먼 나라로 길을 떠나는 프레데릭과 나는 사스키 궁전 길을 걸었다. 처음이자 마지막 아베크였다. 이 아베크가 그와의 영원한 이별이 될 줄은 꿈에도 몰랐다. 쇼팽이 먼저 입을 열었다. 그가 내게 먼저 말을 건 것은 이번이 처음이었다.

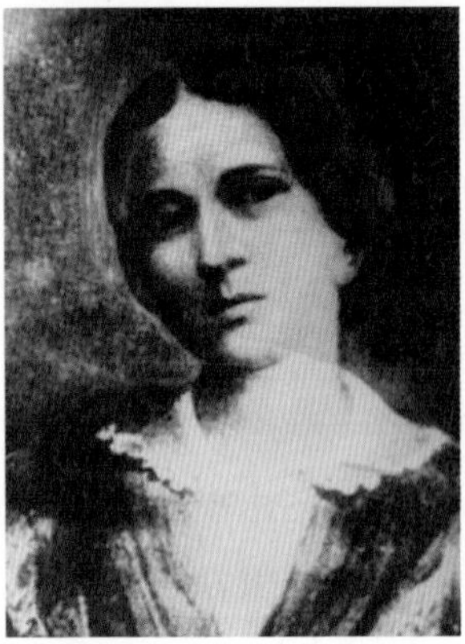

콘스탄차

"곧 떠날 겁니다."

"소문 들었어요. 빈이라고요."

"파리, 로마, 런던일지도 모르죠……. 우리 함께 갈까요?"

"안 돼요. 당신에게 짐이 되기 싫어요. 당신은 음악의 큰 별이 되어 하늘 높이 뜰 사람이라고 교수님들이 말씀하시더군요. 폴란드의 별, 폴란드의 보물 프레데릭 쇼팽이라고요. 저는 당신과 동창생이라는 것으로 만족하고 있어요."

사스키 궁전, 플라타너스 가도가 끝나는 십자로에서 프레데릭은 내게 메모첩을 내밀었다. 코멘트를 써달라고 했다. 나는 그의 메모첩에 떨리는 손으로 몇 줄의 글을 썼다.

> 프레데릭, 당신은 당신을 사랑하는 사람들이 사는 고향을 떠나는 겁니다. 먼 나라 낯선 땅에서 당신이 만날 사람들. 당신을 사랑하고 살펴 주겠지요. 그렇지만, 바르샤바의 우리들이 사랑한 만큼 그 사람들이 당신을 사랑하지 않을 겁니다.

프레데릭은 내 어깨에 손을 얹었다. 그는 나와 눈동자를 맞추고 있었다. 나의 눈시울은 젖어있었다. 극적인 순간이 다가올 것인가. 나는 숨을 죽이고 그 순간을 기다렸다. 백 마디 말보다 뜨겁고 진한 동작을……, 내 입술을 덮어 줄 따뜻한 키스. 그러나 그의 입술은 다가오지 않았다.

"콘스탄차!"

"…!?"

"작년, 당신의 음악회에 당신은 나를 불러 줬어요. 이번은 내 차례예요. 찬조출연 부탁합니다."

1831년 10월 11일의 연주회. 그의 고별 연주회였다. 프레데릭은 얼마 전 새로 만들었다는 <피아노 협주곡> 제1번을 연주했다. 훌륭한 곡이었고 연주도 훌륭했다. 청중은 프레데릭을 네 번이나 무대로 불러내 긴 박수를 보냈다. 출연한 나는 로시니의 오페라 <호수의 미인 La Dona dellago> 가운데 아리아 <마음속에 넘치는 사랑>을 불렀다. 내 자신, 놀라울 정도로 잘 불렀던 것 같다.

프레데릭이 그의 친구 마투신스키에게 나에 대한 얘기를 편지로 써서 보내왔다고 했다. 연주회에서 내가 부른 아리아는 훌륭했으며, 나를 '영원히 가슴 속에 새겨 두고 싶은 이상의 여인'이라고 했다는 것. 마투신스키는 프레데릭의 편지에서 나의 대한 대목을 베껴 내게 보내 주었다. 고마운 마투신스키.

마투신스키Jan Matusyński, 1808-1842에게 보낸 쇼팽의 편지.
그날, 콘스탄차의 흰 드레스는 막 내린 눈 위에 핀 하얀 목련화 같았어. 윤기 나는 갈색 머리칼에 빨간 장미꽃 리본을 꽂고, 그녀는 아리아를 불렀어. 우뢰처럼 박수가 쏟아졌지. 이날 바르샤바 신문의 음악 비평가는 계곡을 흐르는 물처럼 맑고 청아한 콘스탄차의 가성은 사파이어보다 더 반짝거렸고 코발트처럼 짙고 맑은 음색이었다고 극찬을 하더군. 내 생각도 같았어. 노래를 끝내고 콘스탄차는 머리에 꽂았던 장미꽃 리본을 뽑아 내게 주고는 말없이 무대에서 내려갔어.

프레데릭이 내게 직접 보낸 편지는 아니지만, 내게는 그 무엇과도 바꿀 수 없는 기쁨이었고 보람이었다. 그러나 솔직히 나는 그가 나를 찬미했다는 말을 친구를 통해 전해 듣는 것보다 직접 그에게서 사랑을 받고 싶었다. 오, 내 사랑하는 프레데릭 쇼팽. 내가 열아홉 살의 순정을 다 바친 사람. 사랑한다는 말도 못 하면서 내 사랑 전부를 바친 사람. 그가 내게 직접 준 편지가 아니고, 친구에게 보낸 편지의 구절이라도 좋아. '콘스탄차를 사랑한다'는 한 마디만 썼더라도 나의 기쁨은 몇 배, 몇 십배는 더 컸을 텐데….

1830년 11월 1일.
오늘은 프레데릭이 마지막 머무는 바르샤바의 밤이다. 그의 친구 라인 슈미트가 중심이 된 송별회가 열렸다. 물론, 나도 참석하게 되어 있었으나 용기가 나지 않아서 불참했다. 나는 그날 밤 마투신스키를 만나 '송별의 밤'에서 있었던 이야기를 들었다. 친구들은 바르샤바 사스키 공원의 흙을 담은 은컵을 프레데릭에게 선물했다고 했다. 나는 이 날의 일기를 다음 날 동 틀 무렵에 쓰는 것이다.

1830년 11월 2일.
오늘, 프레데릭은 바르샤바를 떠났다.

왕궁광장. 프레데릭을 전송나온 사람들이 삼삼오오 모여 있었다. 프레데릭은 부모님, 자매들과 석별의 정을 나누고는 네 마리의 말이 끄는 장거리용 마차에 올랐다. 커튼을 제치고 부모님과 자매들, 친구들의 얼굴을 번갈아 바라봤다. 그리고 누군가를 찾는 듯 두리번거렸다. 나를 찾는 모양이었다. 그렇지만, 나를 쉽게 찾지는 못할 거야…. 나는 광장 저쪽 구석에 서있는 사람들 뒷자락에 숨어 가슴으로 눈물을 흘리고 있었으니까.

1839년 5월 11일.
9년의 세월이 흘렀다. 프레데릭은 빈에서 잘츠부르크로, 하이델베르크, 다시 슈트트가르트를 거쳐 1831년 9월, 파리로 갔다는 소식을 들었다. 그 후 로마, 스페인에 가서 활약하고 지금은 유명한 음악가가 되어 이름을 날리고 있다는 마투신스키의 전언이 있었다. 그 후의 소식은 신문, 잡지, 파리에서 출간된 그의 서한문집을 보고 알았다.

그는 왜, 내게 사랑한다는 말을 안했을까. 아니 못 했을까. 아기 사슴처럼 청순하고 수줍어했고, 고개 숙인 금잔화 같은 남자. 바보야, 바보! 바보란 말이야…. 하지만 그는 바보가 아니었어. 프레데릭이야 말로 사랑의 진실을 누구보다 잘 아는 '오르페'였어. 그는 내게로 향했던 사랑의 열정을 가슴 속 깊은 곳에 담아두었다가 언어의 수단이나 키스가 아닌 피아노로 표현했던 거야.

프레데릭이 나를 두고 아니, 바르샤바를 뒤로 하고 떠난 2년 후, 나는 폴란드의 부유한 지주 유제프 그라보우스키와 결혼했고, 다섯 아이를 낳았다. 그리고 서른 다섯 살 때 녹내장에 걸렸고 4년 후, 실명했다. 눈이 먼 날부터 나는 일기 쓰는 일을 그만두었다.

번역 : 유현정 (고려대 국제어학원 겸임교수)

콘스탄차 그와드코프스카. 그녀가 실명 후 어둡고 괴로운 세월을 보내던 1849년 12월의 어느 날, 바르샤바 신문의 한 평론가가 그녀를 찾아와 "지난 가을, 파리에서 요절한 쇼팽이라는 폴란드의 천재음악가를 아느냐"고 물었다. 그녀는 보이지도 볼 수도 없는 눈을 껌벅이며 옛날을 회상하는 듯. 잠시 생각에 잠겼다가 말했다.

"쇼팽? 누구 얘기를 하는 건지… 기억이 안 나네요."

1849년 12월 21일자 크리에르 바르샤바프스카 신문. 바르샤바 국립박물관 소장

II

폴란드 음악여행

1. 마조프세 평원: 마주르카의 고향

손으로 들어올려 여닫는 홑겹 차창이 달린 낡은 객차. 30년 전, 한국의 통학열차 수준이었다. 급행도 다니지만, 내려야 할 역에 서지 않았다.

철교 밑에 중부 폴란드의 젖줄이라는 비스와Wisła강이 조용히 흐르고 있다. 마조프세 평원은 폴란드 최대의 곡창지대로 7세기라는 긴 영욕의 세월 동안 폴란드인이 피 흘리고 땀을 흘려 일궈놓은 들판이다. 차창에서는 싱그러운 풀냄새를 실은 바람이 시원하게 들어온다. 폴로네이즈의 바람이고 마주르카의 바람 같다.

일요일 아침 아홉 시, 바르샤바 발 워비츠Łowicz행 보통 열차. 바르샤바 중앙역에서 아우토부스로 서쪽 방향으로 10분쯤 가면 '바르샤바 그워브나(메인)' 역이 나온다. 좌판과 리어카 행상들이 와글대며 과일, 야채, 생선, 일용잡화를 사라고 소리를 지르는 노천 돛대시장이 있다. 이 장터 한복판에 성냥갑 같은 콘크리트 슬라브 단층건물이 그워브나 역이다. 대합실 같은 것은 없다. 역사 왼쪽으로 돌면 홈으로 내려가는 계단이 있다. 거기서 기차를 탔다.

승객은 많지 않았다. 좌석의 절반가량은 비어 있었다. 승객이라야 대부분 농민이었다. 열차는 비스와 강 철교를 건너간다. 곡물을 저

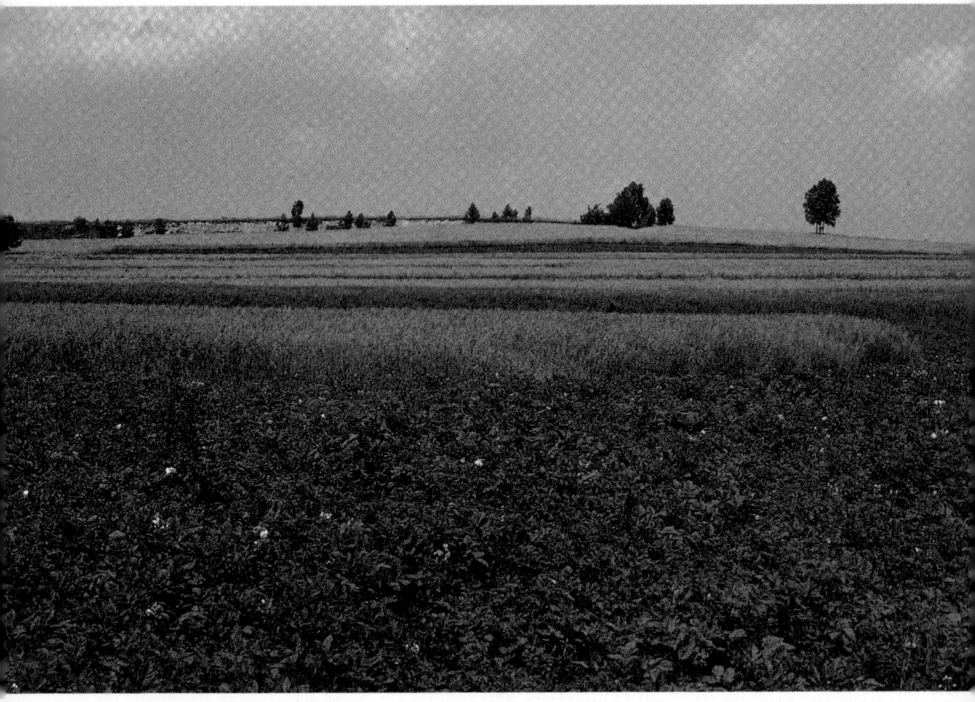

마조프세 평원

장하는 사일로silo가 여기저기 서 있다. 풍요로운 풍경이다.

두 번째 정거장은 오자루프 마조비에츠키 역이다. 타고 내리는 승객이 하나도 없다. 그런데 5분이나 정차하고 있다. 단선철로여서 대형열차를 먼저 보내는 '운전정차'인건가. 안내방송도 없다. 바르샤바 쪽으로 가는 상행열차가 들어온다. 급행인 모양이었다. 서지 않고 그냥 내뺀다.

차창 밖에는 아름답고 풍요로운 경치가 있다. 제철을 못 기다리고 서둘러 잎사귀에 빨강 물감을 들인 단풍나무 한 그루가 가문비나무 틈새로 삐죽이 얼굴을 내밀고 있다. 푸른 하늘 흰 국화, 누른 들판이 바람에 너울처럼 출렁인다. 아! 풍요롭고 평화로운 대지.

덜컹덜컹, 이리 흔들 저리 흔들 가쁘게 숨 쉬며 평원의 철길을 마라톤 선수처럼 달리고 있다. 가지런히 이랑을 돋운 사례긴 감자밭은 어찌 그리 한국의 농촌을 닮았을까……. 초원 저쪽 언덕에 초가집도 보인다. 시골 총각처럼 순박한 모습이다. 성당 종탑이 가끔 보인다.

보고 또 봐도 싫지 않은 지평선. 멀리 언덕 너머 목화 같은 구름송이가 여행자의 향수를 부른다. 이 평원이 마주르카라는 무곡을 만들어내기까지의 폴란드 비극의 음악사가 상기된다.

9세기 경, 마조프세 평원에 정착한 슬라브계 폴란드인은 스스로 라틴문화권의 민족을 자처하며 그리스도교를 받아들였다. 주변국들과 전쟁을 치르고, 열강에 밟히고 채찍을 맞으면서 칠전팔기하여 민족독자의 마주르카 문화를 가꿨다.

쇼팽이 활약한 19세기 초반, 폴란드 인들은 음악으로 나라를 사랑했다. 쇼팽이 조국을 떠난 직후, 러시아에 대항하는 시민봉기의 혼란 속에서도 음악가들은 애국가를 만들어 시민군의 사기를 진작시켰다. 쇼팽은 마조프쉐 지방에 전해오는 민족음악을 수집하여 마주르카와 폴로네이즈를 만들었다. 현재의 폴란드 국가 〈돔브로프스키의 마주르카〉도 이 시기에 만들어졌다. 모뉴시코, 비에니아프스키 등 역량 있는 음악가들이 출현해 끊임없이 애국활동을 했다.

폴란드 음악의 태양시대가 다시 열린 것은 1989년이었다. 44년 동안 지배받던 러시아로부터 해방되면서였다. 사회주의체제를 벗어난 폴란드의 예술과 문화는 서구의 대중제일주의 예술을 받아들였다. 오랜 침묵을 깨고 예술가들은 마조프세 평원을 다시 갈아엎고 새 마주르카 문화를 심는 힘찬 삽을 들었다.

2. 젤라조바 볼라: 쇼팽 생가

쇼팽 생가 가는 길

바르샤바 그워브나 역을 떠나 30여 분을 지나면 열차는 소하체프Sochaczew라는 작은 시골 역에 정차한다. 쇼팽의 생가가 있는 젤라조바 볼라 마을에 가려면 역 앞에서 다시 시외버스를 타야 한다. 쇼팽의 세례 성당이 있는 브로후프Brochów까지 가는 버스를 타고 북동쪽으로 20분쯤 가다 도중에 내리면 젤라조바 볼라다. 바르샤바 숙소를 나와 세 번 차를 갈아타야 하는 번거로움이 따랐지만 이런 것이 여행의 보람이고, 재미가 아닌가.

소하체프는 인구 4천 명 안팎의 시골 읍 마을이다. 한국 농촌의 5일 장터 같다. 낙후된 농축산업 외에 이렇다 할 특산물도 없는 마을. 젤라조바 볼라와 브로후프로 쇼팽을 찾아가는 여행자들이 여는 지갑 돈이 소득의 전부라고 버스에 동승한 포즈난의 한 중학교 교사가 귀띔한다.

젤라조바 볼라의 쇼팽 공원 앞에서 버스를 내렸다. 중앙선도 없고, 오고가는 차 한대가 겨우 비켜가는 길이다. 아무 데서나 내려주고 태우면 바로 거기가 정류장이다. 'Bus Stop' 표지판 같은 것이 있을 리 없다. 필자가 이곳을 처음 방문한 것은 8년 전인데 그때도 여름이었다. 별로 달라진 것 없는 젤라조바 볼라 마을.

그때 있던 벽돌집 레스토랑이 그대로 있고, 길 건너의 푸른 천막천으로 하늘을 가린 스낵 스탠드가 도넛과 핫도그, 오렌지주스를 팔고 있었다. 기념품과 토산품을 파는 가게도 없다. 사진엽서와 기념메달은 벽돌집 레스토랑 출입구 로비에서 판다. '식당이 간판도 없이 장사를 하나? 워낙 이름난 곳에 하나밖에 없는 식당이니 간판이 있어도 그만 없어도 그만이라는 생각인가?'

오후 1시, 생가에서 쇼팽 피아노 리사이틀이 열린다. 1972년 러시아 음악 콩쿠르 디플로마 1위로 입상한 안드레이 가브릴로프의 연주라고 한다. 아직 두 시간 남아 있었다.

레스토랑에서 좀 이른 점심을 먹었다. 입구 로비 벽에 대형 그린 소프트보드가 걸려 있다. 8년 전의 바로 그 보드다. 외국에서 온 방문객들이 자기나라 화폐를 압핀으로 꽂아 붙이는, 말하자면 세계의 지폐 컬렉션 보드다. 작은 탁자에 때 묻고 두툼한 방명록과 압핀 통이 놓여 있다. 한국 돈 5천 원 지폐 한 장이 꽂혀 있다. 내가 꽂아 놓았던 돈이다. 반가웠다. 그런데, 지금은 화폐 컬렉션을 구경하는 사람도 화폐를 꽂는 사람도 뜸하다. 폴란드만 아니고 유럽 나라들이 모두 유로화를 쓰기 때문에 그런가 보다. 유럽 나라를 넘나드는 여행자들 대개는 유로화를 쓴다. 똑같은 지폐를 꽂아놓아서는 컬렉션의 의미가 없다. 유로화를 안 쓰는 나라에서 온 방문객은 지금도 자기나라 지폐를 꽂아 놓는다고 한다.

레스토랑 내부는 전보다 많이 달라져 있었다. 테이블과 의자는 바로크 스타일로, 샹들리에와 조명, 인테리어가 모두 바뀌어 있었다.

메뉴 표를 보는데, 전에는 없었던 영문표기가 생겼다. 폴란드식 캐비지롤과 타트라 산지 특산 지비에츠 맥주를 주문했다.

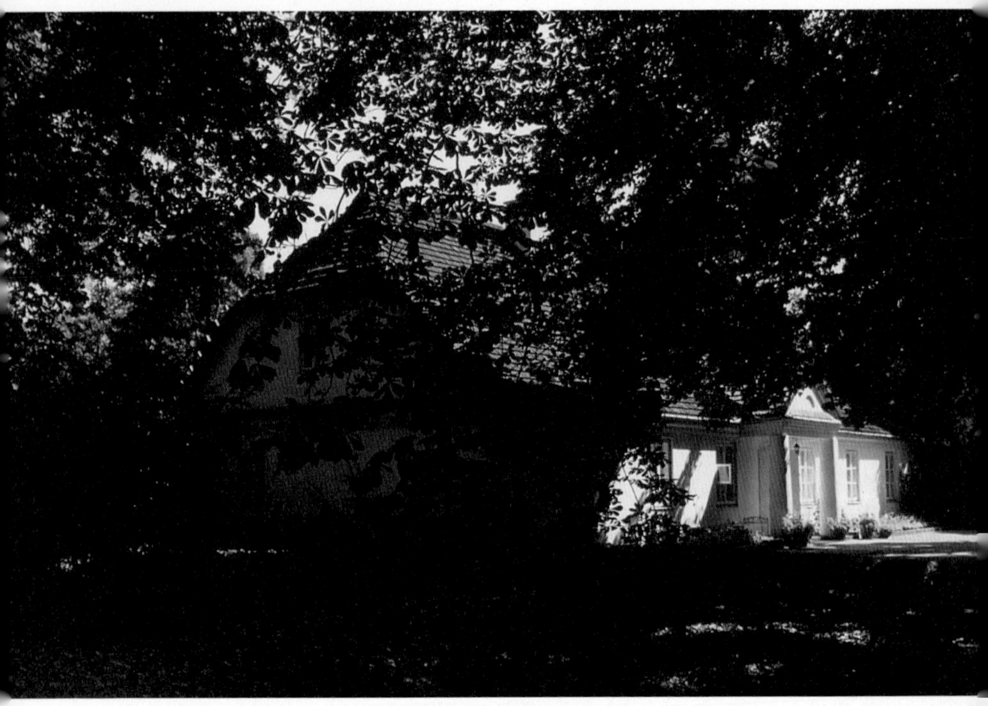

쇼팽 생가(1810년 3월 1일 쇼팽이 태어난 집)

2 쇼팽 생가의 역사

1810년 2월 22일(3월 1일 설이 있음). 프레데릭 쇼팽은 이 마을에서 출생했다. 그의 탄생에 얽힌 설화 하나가 전해온다. 쇼팽이 태어나는 순간, 마을 민속악대의 연주행렬이 생가의 안마당을 지나갔다. 쇼팽의 잠재된 뇌에 최초로 저장된 폴란드 민속음악. 이 선율은 후일, 마주르카와 폴로네이즈가 되어 다시 태어난다.

이후, 150년간 생가는 바람 잘 날이 없었다. 이 지방 세습 영주 스카르벡 백작이 자살하자 젤라조바 볼라는 1세대를 못 넘기고 다음에서 다음, 또 다음으로 지주가 바뀐다. 뜨내기 지주들은 땅을 가꾸는 요

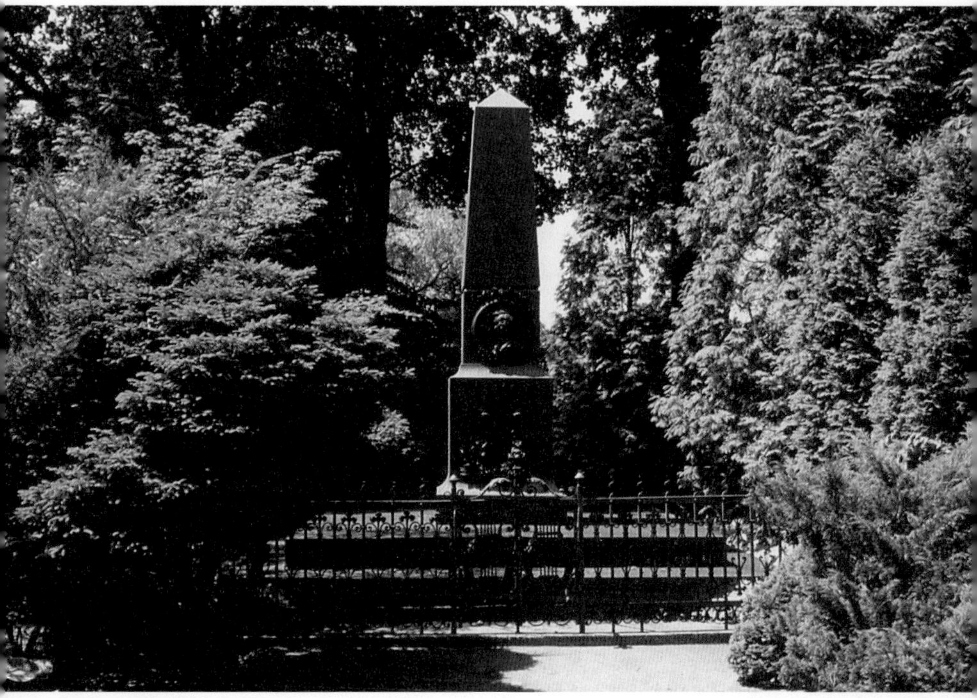

쇼팽 파필리온

량과 아량이 부족했다. 젤라조바 볼라는 옥토에서 박토로 피폐해져 갔다.

인문학의 '신비사상'을 제창한 안제이 토비안스키Andrzej Towiański, 1799-1878는 아들 아담에게 젤라조바 볼라에 쇼팽 기념탑을 세우라고 했다. 음악가를 거리의 춤꾼이나 광대쯤으로 여겼던 무식한 지주들은 펄쩍 뛰며 아담의 제안을 거부했다. 여기에 지주들은 더욱 오기를 부려 쇼팽의 생가를 농기구와 허드레를 넣어 두는 헛간으로 만들어 버렸다.

생가의 복원 문제가 본격적으로 제기된 것은 땅주인이 여섯 번째

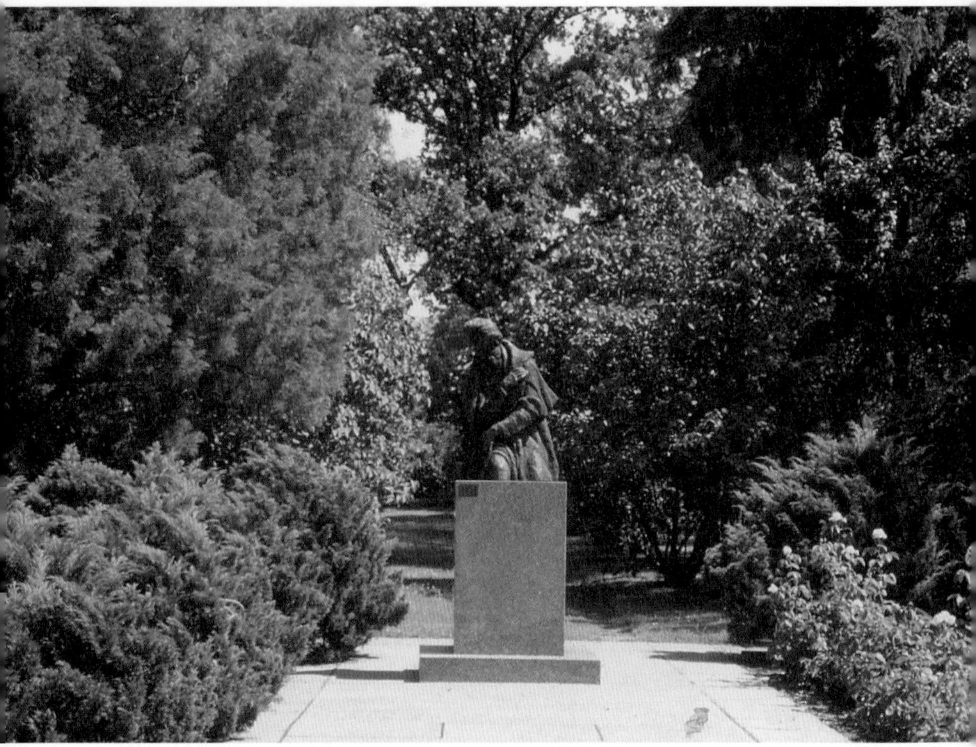

고스와프스키가 1969년 제작한 쇼팽상

바뀐 1891년의 일이다. 쇼팽을 높이 평가한 러시아 5인조의 수장 발라키레프Mily Balakirev, 1837-1910가 바르샤바를 방문해 문화청 관계자들을 만나 쇼팽 생가의 복원을 촉구했다. 발라키레프는 1860년대 러시아 5인조를 결성해 슬라브계 국민음악의 창달을 위해 활약한 작곡가이자 피아니스트 겸 지휘자다.

바르샤바 음악협회는 쇼팽 생가 주변 6만여 제곱미터의 땅을 사들여 공원을 조성하고 생가를 복원했다. 이것이 지금의 쇼팽 공원이다. 사유공원으로는 중부 폴란드에서 제일 큰 규모의 공원이다. 현재는 바르샤바 쇼팽협회가 관리, 운영하고 있다.

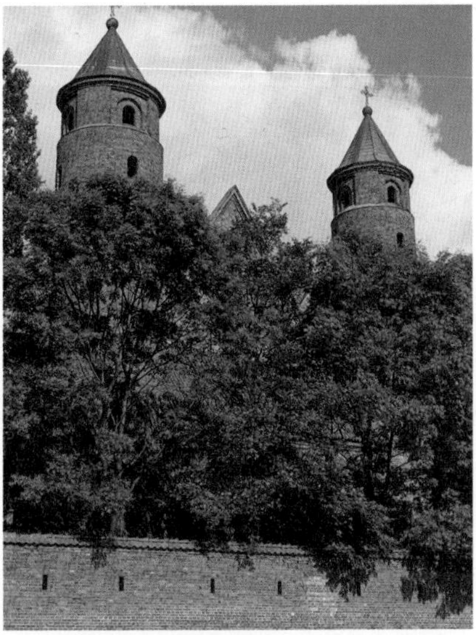
브로후프 마을의 성 로흐 성당

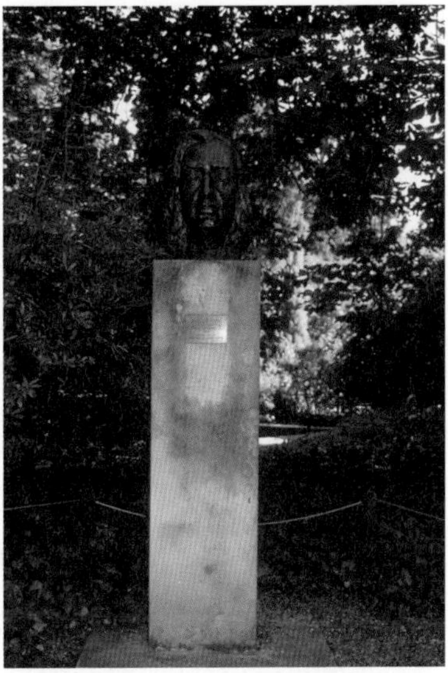
쇼팽 공원의 쇼팽 두상(젤라조바 볼라)

운명의 신은 한 번 더 젤라조바 볼라에 시련을 주었다. 복원한 지 몇 달이 채 안되어 2차 대전이 일어난다. 젤라조바 볼라를 점령한 독일군은 생가와 박물관을 부수고 유품을 약탈해갔다. 쇼팽의 음악이 지향하는 폴란드 민족정신을 말살시키려는 의도에서였다.

쇼팽 생가가 지금의 모습이 된 것은 2차 대전이 끝나고 5년 지난 1949년이었다. 쇼팽 서거 100주기에 맞춰 그해 10월 17일, 생가에 공원이 조성된다는 소식을 전해들은 유럽의 쇼팽 애호가들은 젤라조바 볼라에 1만 그루가 넘는 정원수를 기증했다. 마을 주민들은 이 나무를 정성껏 심고 가꿨다.

필자는 젤라조바 볼라에서 멀지않은 브로후프 마을 성 로흐St. Roch 성당을 찾아갔다. 성당이 보존하고 있는 젤라조바 볼라와 관계된 고문서록을 열람해 중요 부분들을 복사해 받았다. 16세기 후반, 젤라조 가문의 선조가 토지세를 냈다는 기록도 있었다. '젤라조바 볼라'라는 지명도 그때 세금을 낸 젤라조라는 사람의 이름에 연유했을 것이라는 생각을 했다.

성 로흐 성당은 니콜라와 유스티나가 결혼식을 올린 유서 깊은 성당이다. 프레데릭 쇼팽은 로마가톨릭 의례로 1810년 4월 23일 이 성당에서 세례를 받았고, 누나 루드비카도 이 성당에서 세례를 받았었다.

쇼팽 생가는 안내 책자 같은 것을 배포하지 않는다. 입장객 자신이 알아서 생가와 공원을 자유롭게 돌아보라는 취지인 것 같다. 여름 시즌 동안 주일마다 열리는 쇼팽 피아노 리사이틀 오후 1시, 생가의 음악 공간에서 피아노 연주를 시작하면 사방의 창문을 활짝 열어 제친다. 뜰에 줄맞춰 놓은 긴 나무벤치에 마음대로 앉아 음악을 감상하면 된다. 그 날의 레퍼토리와 연주자 이니셜을 쓴 차트가 창문 외벽에 나 붙는다. 벤치에 앉아 아름다운 피아노 선율에 지저귀는 새들의 노래를 믹스해서 듣는 즐거움은 이곳이 아니면 경험할 수 없는 음악의 향연이다.

3 쇼팽 생가에서

실버들이 솔솔바람에 춤을 추고 있다. 시냇가 둑 너머에 펼쳐진 싱그러운 초원에서 시원한 바람이 불어온다. 노랑나비, 들국화, 빨간 앉은뱅이 꽃이 꼭 폴로네이즈의 리듬 같다. 풍요 속에 평화가 숨을 쉬는 마을이다. 철따라 푸르게, 붉게 표정을 바꾸는 젤라조바 볼라. 대 작곡가 발라키레프는 "쇼팽의 피아노는 젤라조바 볼라의 영감"이라고 말했다.

쇼팽 일가는 1810년 10월, 바르샤바로 주거를 옮겼다. 쇼팽은 소년 시절에 해마다 젤라조바 볼라에 찾아와 여름을 났다. 고국을 떠난 후에도 늘 고향 젤라조바 볼라를 그리워했다.

생가(박물관) 출입문에 들어서면 다이닝 룸이다. 한마디로 고풍스런 분위기다. 200년 전, 쇼팽가가 쓰던 벽난로, 마호가니제 진열장에 주석제 주전자, 동제 차기들이 놓여 있다. 단란했던 쇼팽가의 일상을 엿볼 수 있었다. 쇼팽 가족은 모두 피아노의 달인이었다. 다이닝 룸 다음 방이 음악의 공간이다. 파리에서 활약한 네덜란드 화가 셰펠이 그린 쇼팽의 초상화가 걸려 있고, 일요 리사이틀용 그랜드피아노가 중앙에 있다.

서재에는 스카르벡 영주가 쓰던 중세 바로크 가구와 식탁 세트, 안락의자와 체스 테이블이 클래식한 분위기를 내고 있다. 쇼팽의 출생을 기록한 동제 명판과 양친, 자매들의 초상화가 차례로 벽에 걸려 있다. A. 미에르스키의 작품이지만, 모두 복제품이다. 진품은 1939년 독일군이 약탈해갔다고 한다. 성 로흐 성당이 인증한 양친의 결혼증명서, 쇼팽의 출생증명서와 세례증명서도 문갑 위 유리 상자 안에 전시되고 있다. 18세기의 바르샤바 풍경을 그린 동판화와 쇼팽이 친구들과 주고받은 편지가 있고, 날짜와 월부가 표시되는 19세기의 그랜드파도우 괘종시계가 지금도 철컥철컥 가고 있다.

어머니 유스티나의 침실과 쇼팽이 출생한 방에는 '질라파'라는 17세기의 건반악기가 있다. 울림통이 앞쪽으로 길게 나와 있는 것이 피아노나 클라비어와는 달랐다.

생가를 둘러싼 울창한 숲. 영국식도 프랑스식도 아닌 폴란드 독자양식으로 조경한 쇼팽공원이다. 한마디로 싱싱한 북국의 정글이다. 필자는 아름드리 너도밤나무 사이로 난 오솔길을 지나 연못 나무육교를 건너갔다. 등나무 줄기가 엉긴 통나무 정자에 올라가 잠시 삼림욕을 즐겼다. 21세기의 최첨단 헬스공원 같았다.

쇼팽 기념비가 있는 잔디광장에 수학여행 온 그단스크 초등학생들이 조잘대는 소리. 쇼팽의 명곡 〈타란텔라〉의 음색 같아서 시끄럽

1 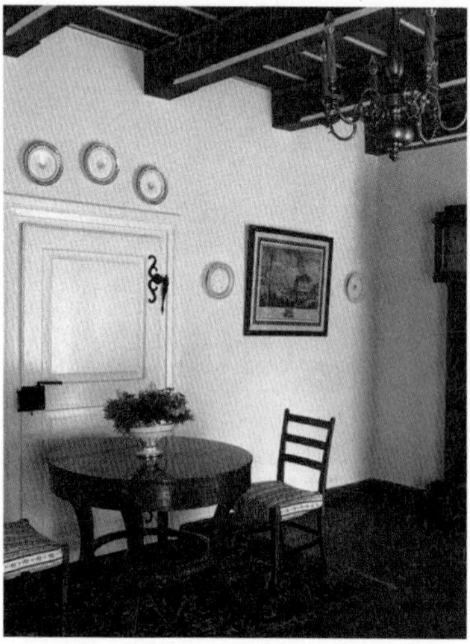 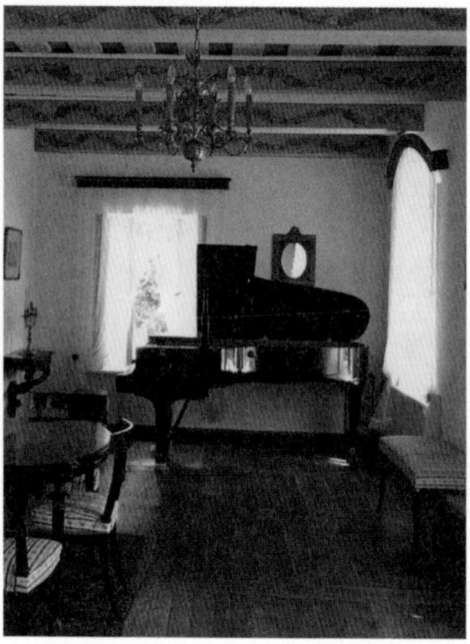 2

지 않았다. 가곡 〈타란텔라〉는 쇼팽이 1841년 여름 노앙에서 작곡한 곡이다.

쇼팽 공원 개장시간은 오전 10시에서 오후 5시다. 여름 시즌 동안 (5월-9월) 매주 일요일 오후 1시부터 1시간 동안 국내외 저명한 피아니스트를 초청해 생가 앞마당에서 쇼팽 피아노 리사이틀을 연다.

내비게이션이 있어도 그만, 없어도 그만……. 중앙역 북쪽 출구로 나와 동쪽으로 두 블록, 바르샤바 거리에 종합관광 안내소 오르비스ORBIS가 있다. 이곳에서 영문판과 폴란드어판 시내관광지도, 바르샤바 가이드 책자를 얻으면 OK. 이것만 있으면 바르샤바는 손바닥의 손금이다.

시내교통망은 그리 좋은 편은 아니다. 1998년 개통된 남북을 잇는 지하철과 트람바이Tramwaj이라는 노면전차가 있지만, 둘 다 직선행이고 주행거리가 짧다. 문화유적이나 명소탐방을 하는 데에는 시내를 지그재그로 운행하는 아우토부스Autobus 시내버스가 편리하다.

폴란드는 2003년 EU에 가입했으나 아직 자기나라 화폐 즐로티를

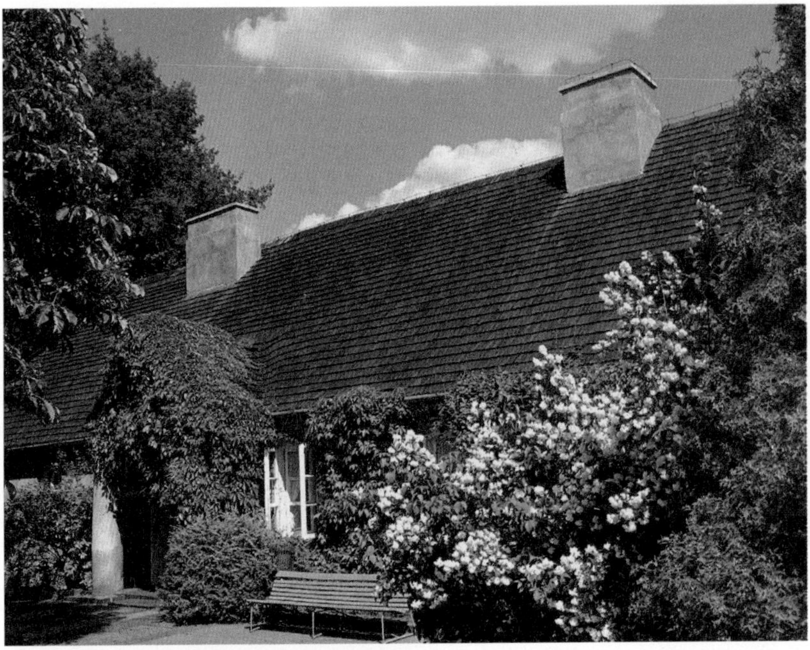

3

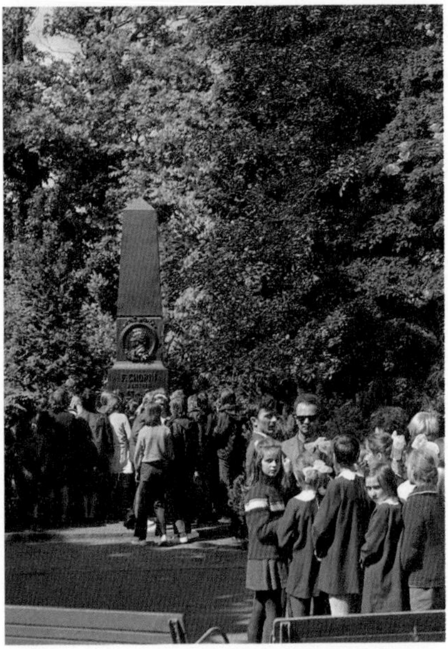

4

1 쇼팽 생가의 다이닝 룸
2 쇼팽 생가의 음악 공간. 여름철 매주 일요일에 연주가들이 찾아와 피아노 리사이틀을 연다
3 젤라조바 볼라 쇼팽 박물관
4 젤라조바 볼라 쇼팽 공원과 기념비

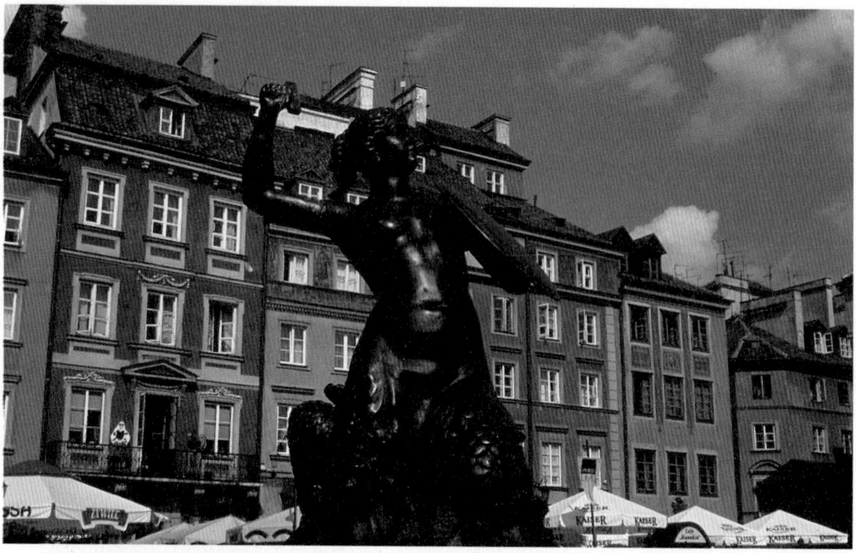

바르샤바 구시가 광장의 인어상

쓴다. 유로화는 아직 통용되지 않고 있다. 리스본 조약이 발효하면 곧 통용될 전망이지만, 현재는 백화점이나 호텔, 항공회사 같은 곳에서만 유로화가 통용된다. 달러도 마찬가지.

그런데 노면 전차에 왜 인어 그림을 그렸을까. 물속으로 다니는 것도 아닌데……. 알아봤더니 인어는 바르샤바 시의 심벌이고, 공인 로고라는 것. 아우토부스도 인어 로고다.

비스와Wisła 강에서 끝나는 구 시가지의 옛 성벽 강변 북로에 '인어 상Pomnik Syreny'이 있다. 인어 상 주변에는 테라스가 산뜻한 카페에서 폴로네이즈 리듬이 들린다. 강변로를 조금 더 걸어 내려가면 탐카Tamka 거리 십자로가 나온다.

여기에도 똑같은 인어상이 있고 주변 카페에서 폴로네이즈가 들린다. 폴로네이즈와 인어는 어떤 함수관계가 있을까? 독일 쪽을 향해 왼손에 방패, 오른손에 장검을 치켜든 위용이 인어 아가씨의 이미지로는 조금 아이러니하다. 원한과 분노로 부릅뜬 눈매. 그러나 인어는 어떤 전설을 얘기하고 싶은 그런 표정을 하고 있었다.

바르샤바에 얽힌 설화는 이렇다. 옛날 비스와 강가에 가난한 어부가 살았다. 아내는 잡은 고기를 먼 저자에 내다 팔았다. 어느 날 어부는 강에서 인어를 잡았다. 하반신은 물고기, 상반신은 아름다운 처녀였다. 어부는 인어를 집으로 데려다 길렀다. 인어는 강으로 돌려보내 달라고 애걸했다. 마음 착한 어부는 인어를 강에다 놓아주었다.

어부의 집 근처 강에서 고기가 많이 잡혔다. 어부들이 몰려들었고, 어시장이 서고, 마을이 조성되었다. 이 마을은 훗날 바르샤바가 되었다. 어부의 이름은 바르스Wars. 아내의 이름은 자바Zawa였다.

여행 정보

바르샤바 ↔ 젤라조바 볼라 교통편

철도 직행 코스는 없으나 전세 버스와 당일 관광버스 편은 많다.

직행 시외버스는 바르샤바 서역에서 브로후프 행(오전 8시, 10시, 12시 3편이 있고, 하행은 오후 3시, 5시, 6시 3편이 브로후프에서 출발).

쇼팽 생가와 브로후프 성 로흐 성당까지 들려오는 당일 오르비스 관광버스가 그랜드, 포럼, 홀리데이인, 빅토리아 호텔에서 토·일 오전 10시에 출발한다.

3. 바르샤바 (1): 쇼팽의 자취

바르샤바 새벽안개가 희뿌옇게 깔려 있다. 쇼팽의 입김이 연상되었다. 그의 뿌리를 캐러 온 필자가 바르샤바 중앙역에 내린 것은 새벽 다섯 시였고 대합실에서 해가 떠오를 때까지 기다려야 했다.

중앙역 남쪽 출구는 예로졸림스키에Aleje Jerozolimskie거리다. 바르샤바 중심가로 폴란드 최대 규모를 자랑하는 백화점 아카디아, 전 세계 스카이라인을 주름잡는 비행기 회사들, 이름난 호텔, 고층 빌딩들이 벽을 공유한 채 간판 전쟁을 벌이고 있다. 한국 대우자동차가 진출했을 때, 한국 기술자들이 지었다는 대우 코리아 빌딩을 외면할 수 없다. 간판을 내린 지 오래지만 '나도 높은 집 측에 든다'는듯 으스대고 있다.

폴란드 감독 로만 폴란스키의 영화 〈피아니스트〉가 생각났다. 독일군의 바르샤바 초토화 작전, 50만 개의 포탄으로 쓸어버리는 영화 속의 그 거리가 바로 예로졸림스키에 대로이고, 목숨 아깝다 하지 않고 독일군 탱크에 맨손으로 저항한 바르샤바 시민의 오뚝이 정신을 실감했다.

바르샤바를 여행하는 사람들은 '이상한 매력이 있는 도시'라고 말한다. 젊은 여행자들은 '대포를 겁내지 않는 시민', 음악 여행자들은 '피아노 음악의 메카', 아마추어 예술의 멋을 찾아 배낭을 메고 떠난 사람들은 '여기저기에 쇼팽이 앉아 있는 옛 도시'가 바르샤바라고 메모첩에 적는다.

어떤 여행 리포터가 "바르샤바는 북쪽의 잘츠부르크"라고 말하는 것을 들었다. 중세 역사의 향기가 은은하게 피어오르고, 숱한 전설을 지녔고, 공기는 맑고, 가로수는 푸르고, 바로크 교회의 첨탑들이 긴 세월의 수난의 역사를 말한다. 이래서 바르샤바는 한 번 가봤으면 싶은 도시일 수밖에……. 교회의 첨탑과 가로수가 정연한 거리에서는 쇼팽의 피아노가 메아리치며 들려온다.

I 성 십자가 성당(쇼팽 심장 안치) 바르샤바에 산재한 역사, 문화, 음악 유적을 찾아다녔다. 유적은 모두 쇼팽 관련 일색이었다.

구 시가지로 들어가는 크라코바스키에 거리 어귀에는 쇼팽의 심장이 안치된 성당이 있다. 바르샤바 대학 건너편 성 크르지자St. Krzyża 성당이다. 음악 여행자가 바르샤바에 오면 맨 먼저 가보고 싶은 곳이다.

1850년, 쇼팽의 누나 루드비카는 파리에서 쇼팽의 심장을 안고 왔다. 쇼팽을 사랑하는 바르샤바 시민들은 이 심장을 이 성당 안 돌기둥 속에 안치했다.

성당 안 석주에 붙어 있는 쇼팽의 안내판에는 '당신의 보물이 있는 곳에 당신의 마음이 있다'라고 쓰여 있다. 마태복음 6-21장을 헤드카피로 시작해, 작가 레이몬드, 폴란드의 발레리나 리진스키 자매의 추도사가 새겨진 명판은 보는 이의 마음을 숙연케 한다. 필자는 사제실에서 성당의 내력이 적힌 서적과 홍보 책자를 얻었다.

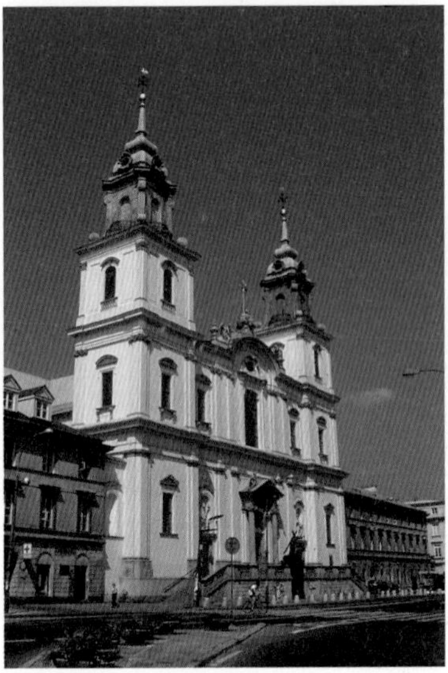

성 크르지자 성당(일명 십자가 성당).
쇼팽의 심장이 안치되어 있다

성 크르지자 성당. 1679년 건축가 J. 페로티가 설계, 착공했다. 공사 중 페로티가 사망해 그의 제자들이 승계하여 80년이 지난 1756년에 완공했다. 바르샤바 시민들은 이 교회를 '십자가 성당'이라고도 부른다. 하늘에서 내려다보면 성당 건물이 십자가 모양으로 보이기 때문이라고 한다. 정면 출입구 계단 왼쪽에 있는 '십자가를 멘 그리스도상'이 짧은 생애를 살다간 쇼팽을 위무하고 있다. 폴란드의 조각가 베론스키의 작품이다.

2차 대전 때, 성 십자가 성당도 독일군의 포격을 받았다. 이때, 석주에 안치된 쇼팽의 심장을 독일군이 꺼내갔다. 전쟁이 끝나자 바르샤바 시민들은 베를린으로 달려갔다. 도둑맞은 쇼팽의 심장을 되찾아 와 복원된 교회 석주에 다시 안치했다. 쇼팽 사거 95주 기일인 1945년 10월 17일이었다.

성당은 해마다 10월 17일(쇼팽의 기일)이 되면, 한 번도 거르는 일 없이 쇼팽의 추모미사를 올린다. 교회 합창단은 쇼팽 파리 장례식 때 장송음악으로 연주된 모차르트의 〈레퀴엠〉을 합창하고, 쇼팽의 〈피아노 소나타〉 제2번 중 〈장송행진곡〉을 바르샤바 필하모니가 관현악으로 연주한다.

2 라지비우 궁전

크라쿠프스키에 거리 46-48번지에는 폴란드 공연 예술의 요람 라지비우 궁전Pałac. Radziwiłłów이 있다. 폴란드 최초로 오페라 극장을 병설한 궁전이다.

라지비우 공작은 폴란드의 명문가 출신이었지만 신분의 귀천을 따지지 않는 계몽 귀족이었다. 그는 쇼팽과 돈독한 우정을 나눈 사이였다. 공작은 1765년에 궁전 일부를 개축하여 오페라 극장을 개설했다. 일반 시민들도 오페라를 즐길 수 있게 한 것이다. 공작은 개관 기념으로 최초의 폴란드어 오페라 〈침입자Natreci〉와 〈행복한 가난Nedzauszczsliwiona〉을 상연토록 했다. 궁전은 당시 폴란드의 유명 건축가 텐 카틀러의 작품이고, 광장에 있는 사자 상은 화가 란디니의 조각이다.

1818년, 쇼팽의 최초 피아노 연주회가 열린 곳도 이 궁전 연회장이다. 라지비브 공작의 주선이었다. 음악을 좋아한 공작은 파리 망명

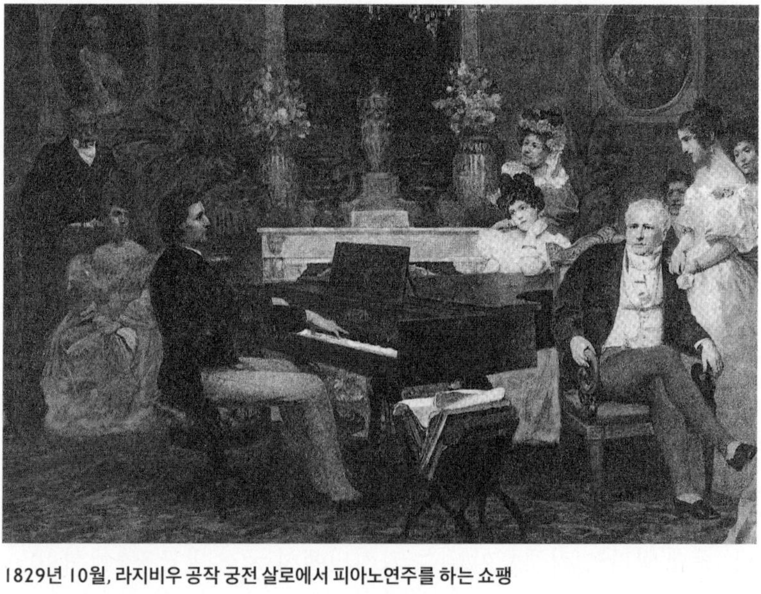

1829년 10월, 라지비우 공작 궁전 살로에서 피아노연주를 하는 쇼팽
오른쪽 의자에 앉아 있는 사람이 라지비우 공작, 그 옆은 공작의 장녀 엘리사 양

시절에 쇼팽을 크게 도와준 인물이다. 유럽 최대의 금융재벌 로스차일드 남작부인에게 쇼팽을 천거해 쇼팽이 입신양명하여 파리 시대를 구가할 수 있도록 조력했다.

2차 대전이 끝났을 때, 이런저런 정치적인 이유로 라지비우 궁전은 정부의 소유로 귀속되었다. 현재 폴란드 정부의 국무 회의실와 대통령 집무실이 있다.

---

3 카지미에시 궁전과 크라신스키 궁전

쇼팽이 그의 청춘과 음악을 가꿨던 바르샤바. 그가 살았던 주거를 돌아봤다. 세 곳 모두 궁전의 별관이었다. 《쇼팽·상드 사랑의 날들Chopin chez Georgue Sand a Nohant》을 쓴 프랑스 작가 드랙-무앙의 말로는 쇼팽이 바르샤바에서 세 번 이사를 했으며, 세 곳 모두 궁전의 별관이었다는 것이다. 바르샤바 쇼팽 협회가 보존하고 있는 〈쇼팽 일지〉에도 그렇게 기록되어 있었다.

첫 주거는 사스키 궁전 별관이었다. 지금은 건물이 없고 아름드리 떡갈나무들이 자라고 있는 공원이다. 두 번째 주거는 카지미에시 궁전Pałac Kazimierzowski의 제1별관이다. 쇼팽의 심장이 안치된 성 십자가 성당 건너 쪽 지금의 바르샤바 대학 구내에 있다. 궁전은 바지스와프 4세를 위해 1634년에 건립한 대리석의 네오클래식 건물이다. 1660년에 증·개축한 이 궁전은 얀 카지미에신 왕이 사용하면서 카지미에시 궁전으로 이름을 바꿨다. 후일, 포니아토프스키 왕정 때 궁정기사대학(사관학교)이 부설되었고, 1817년에는 별관에 리체움 중·고등학교와 바르샤바 음악원이 설립되었다. 쇼팽은 이 리체움과 음악원을 나왔다.

쇼팽의 부친 니콜라는 바르샤바 리체움의 프랑스어 교사로 있었다. 쇼팽 일가는 리체움이 있는 카지미에시 궁전 별관 3층에서 10년

1

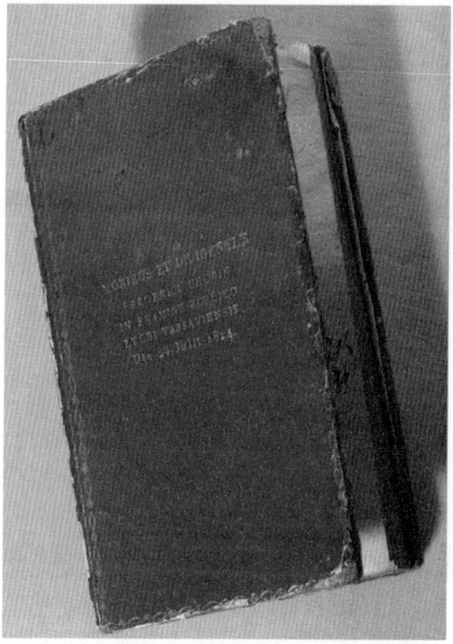

2

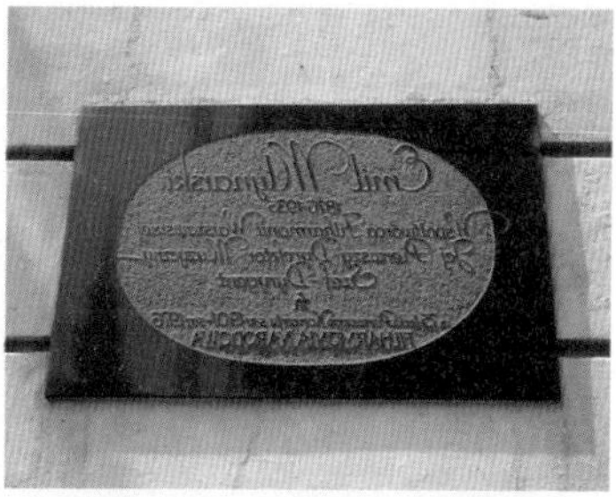

1 1820년 바르샤바에서 발행된 가스파르 몽주(Gaspar Monge) 저, 《학교용 자정력 강의록》. 학구력이 강하고 품행이 단정한 리체움 학생이었던 쇼팽에게 수여되었다. 쇼팽박물관 소장
2 바르샤바 필하모니아의 명판

동안 살았다. 지금도 건물은 당시의 모습대로 그 자리에 남아 있고, 외벽 3층 창변에 쇼팽 일가가 살았다는 안내판이 붙어 있다.

바르샤바 대학교 건너편에는 바로크 양식의 크라신스키 궁전이 있다. 이 궁전의 별관이 쇼팽가의 바르샤바 세 번째 주거다. 쇼팽은 1830년 11월, 폴란드를 떠날 때까지 이 집에서 살았다. 이 별관이 쇼팽의 바르샤바에서의 마지막 주거다. 현재 도로에 면한 아래층은 '쇼팽가의 살롱Salonik Chopinow'으로 문을 열고 성업 중이다. 쇼팽 협회가 직영하고 있다.

4 오스트로그스키 궁전 (쇼팽 박물관)

바르샤바에서는 행인에게 길을 물을 필요가 없다. 얼핏 보기로는 복잡한 것 같은 도시지만 알고 보면 손바닥처럼 훤한 도시다. 쇼팽의 행적과 그의 행동반경을 미리 알아두면,

1
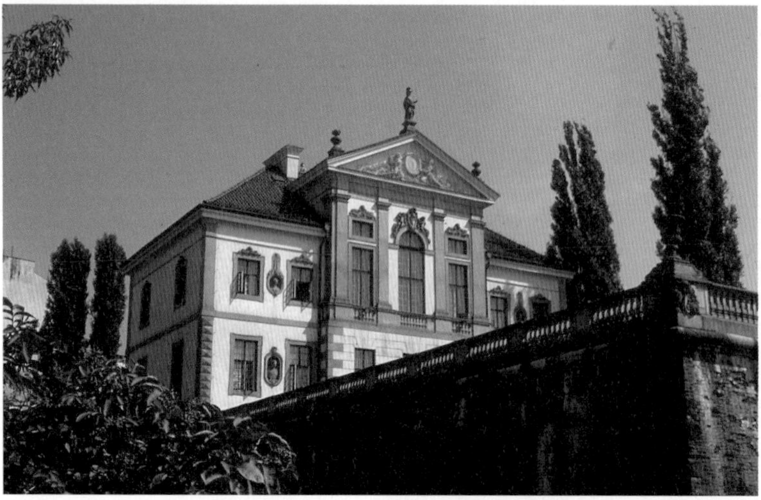

2
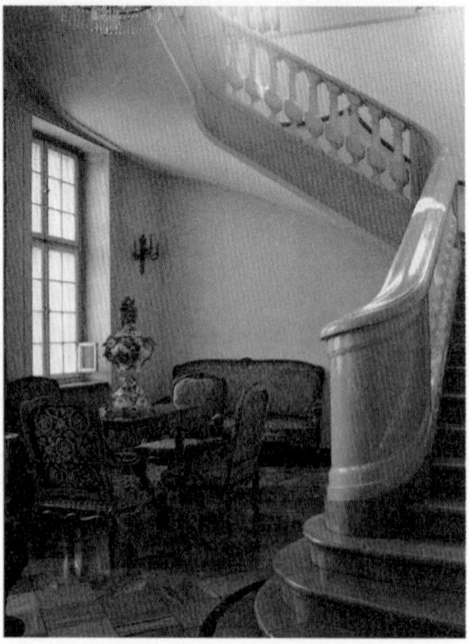

1 쇼팽협회 건물

2 오스트로그스키 궁전, 쇼팽 박물관 로비

시내에 산재한 쇼팽 유적은 쉽게 찾아갈 수 있다. 지도를 보고 오스트로그스키 궁전Plac. Ostrogskich을 찾아갔다. 이 궁전에 쇼팽 피아노 음악의 총본산 '국제 쇼팽 협회'와 쇼팽 박물관이 있다.

16세기에 크라쿠프의 기사 오스트로그스키는 폴란드의 위상을

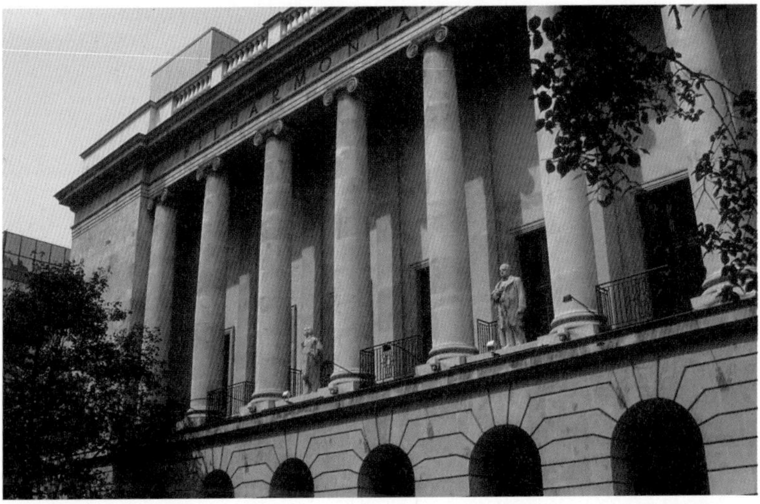

바르샤바 필하모니아 홀

높이려고 이 궁전을 지었다. 현재 쇼팽 협회, 쇼팽 연구소와 쇼팽 박물관, 국제 쇼팽 피아노 콩쿠르 사무국이 있다. 박물관에는 쇼팽 전반에 관한 많은 자료들이 보전 전시되고 있다. 젤라조바 볼라의 쇼팽 박물관보다 훨씬 큰 규모다.

쇼팽의 자필보, 친구 폰타나와 프랑숌이 필사한 쇼팽의 악보, 양친, 자매, 친구들과 교신한 편지, 델피나 포트츠카와 주고받은 메모장, 첫사랑의 연인 콘스탄차 그와드코프스카의 일기, 만년에 쇼팽이 사용한 플레이엘 피아노. 그리고 그의 유품들이 전시되어 있다.

전시물 가운데는 루빈시테인이 쇼팽에게 보낸 서한문, 약혼녀 마리아 보진스카로부터 되돌려 받은 수십 통의 편지, 파혼과 절교를 고한 그녀의 서찰 등 한 보따리의 편지 묶음은 보는 이의 가슴을 찡하게 한다. 편지 다발을 묶은 포장에 "Moja Bieda(나의 슬픔)"이라고 적힌 쇼팽의 친필 표제가 애틋한 감회를 준다.

박물관 사무국에 요청해서 콘스탄차의 일기를 복사해 받았다. 그리고는 오스트로그스키 궁전에서 도보로 5분 거리에 있는 쇼팽 음악 아카데미와 대극장, 바르샤바 필하모니 회관을 향해 걸었다.

---

5 **쇼팽 음악 아카데미**

쇼팽 음악 아카데미는 폴란드의 유서 깊은 교육기관이다. 바르샤바 중앙역에서 아우토부스를 타고, 오르디나츠카Ordynacka 정거장에서 내리면 된다. 오스트로그스키 궁전에 못 미치는 엷은 아이보리색 5층 건물이 쇼팽 음악 아카데미다. 이곳에는 24시간 피아노 소리가 들린다.

폴란드어 오페라 창시자 보구스와프스키W. Bogusławski, 1757-1829는 1810년, 국민극장 부속연극학교를 설립했다. 이 연극학교의 석좌교수였고 쇼팽의 스승이던 엘스네르는 연극학교와 별개로 바르샤바 음악전문학교를 설립했다.

바르샤바 음악전문학교는 1979년 정식 대학 과정인 '쇼팽 음악 아카데미'로 승격되었고, 2008년 '프리데릭 쇼팽 음악대학'으로 이름을 바꾸어 오늘에 이르고 있다. 폴란드에 일곱 개 음악 대학 중 가장 긴 역사와 전통을 갖고 있는 명문이다. 작곡가 시마노프스키K. Szymanowski, 1882-1937도 이 대학 출신이다. 쇼팽 피아노 음악에 전념했던 시마노프스키는 후일, 바르샤바 고등 음악학교 초대 교장에 취임해 폴란드의 음악 인재 양성에 크게 공헌한 인물이다.

쇼팽 음악 아카데미는 한국 계명대학과 연계학위제를 맺고 한국의 피아노 인재를 양성하고 있다. 2007년 3월, 쇼팽 음악 아카데미 학위 수여식에서 계명대학교 신일희 총장이 쇼팽 음악 아카데미 명예박사 학위를 받았다. 테너 플라시도 도밍고, 루빈스타인 등 저명한 음악가 20인이 이 학위를 받았으며 음악인이 아닌 사람으로는 신 총장이 최초다. 또한 계명대학교는 대학원 레벨의 '한국 쇼팽 음악원'을 설립하여 한국의 피아노 인재 양성에 진력하고 있다.

6 바르샤바 대극장

폴란드 최대의 극장인 바르샤바 대극장Teatr Wielki은 이중으로 된 파사드가 웅장감을 주는 국립극장이다. 정면 입구 양쪽에 조각가 슈쳅코브스키Szczepkowski가 제작한 폴란드 오페라의 선구 보구스와프스키와 모니우스코의 상이 의연하게 서 있다. 폴란드에서 처음 오페라가 상연된 것은 이 극장이 개관하기 전인 18세기 초반, 사스키 궁전과 라지비우 궁전의 연회장에서였다. 1778년에는 국민 극장과 함께 세 곳의 궁전에서 오페라를 상연했다. 국민 극장에서 처음 상연된 폴란드어 최초의 오페라는 보구스와프스키가 대본을 쓰고 카미엔스키Kamieński가 작곡한 〈행복한 가난Nędza uszczęśli-

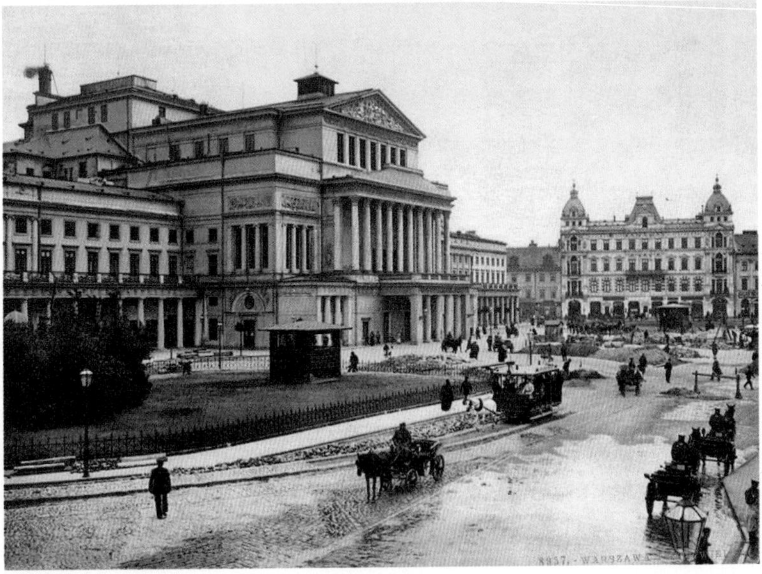

바르샤바 대극장(1900)

wona〉이었다.

1833년에는 건축가 코라치의 설계시공으로 바르샤바 대극장이 완성되었다. 개관 기념공연으로 로시니의 〈세빌리아의 이발사〉가 상연됐고, 폴란드의 오페라를 대표하는 모니우스코Stanisław Moniuszko, 1819-72의 〈할카Hallka〉를 위시해 주 3, 4편의 오페라를 상연했다. 카르초, 살랴핀, 파가니니 등 저명한 음악가들이 찾아와 그들의 명연을 남겼다.

2차 대전 때 포격으로 정면 파사드만 남고 전관이 소실되어 20년 동안 폐허로 방치되어 있다가 1965년에 복구됐다. 내부는 유럽의 오페라극장 표준구조인 말굽 형이며 박스를 합쳐 총 1,900석 규모다. 바르샤바 음악주간에는 국립오페라단과 발레단의 정기공연이 상연된다. 대극장은 부속 오페라 박물관을 병설하여 폴란드 오페라 발전사에 관한 귀중한 자료들을 전시하고 있다. 자료에 따라 요청하면 복사본을 받을 수 있다.

바르샤바 대학을 지나 잠코비 왕궁 광장 쪽으로 크라코프스키에 거리를 걸었다. 시민들은 이 거리를 '왕의 거리'라고 부른다. 쇼팽 시대의 왕족, 공후백작들의 옛 저택이 당시 모습대로 남아 있어 영고성쇠의 바르샤바 중세사와 쇼팽의 자취를 읽을 수 있다.

폴란드인들은 외국인을 적대시하는 경향이 있는 것 같다. 역사가 있고, 문화도 있으며 피아노로 마주르카를 노래하는 기량도 있지만 시민들은 피해망상증에 걸려 있다. 왜 자기나라에 찾아와 돈을 쓰는 외국인에게 그리 인색하고 배타적인지……. 그동안 사회주의 사고에 찌들어서 그런 것일까.

바르샤바는 파리, 프라하, 부다페스트와는 달라서 구시가와 신시가의 구획선이 따로 없다. 바르샤바의 구시가는 크라코브스키에 거리와 신세계 거리Nowy Swat 중간 중간에 부분적으로 산재한다. 역사지구 안에 있는 구시가도 마찬가지다.

구시가의 길은 납작한 돌이 깔린 18세기의 마찻길이다. 르네상스, 바로크의 고풍스런 건물들이 벽을 공유한 크라코프스키에 거리는 중세의 풍정이 물씬한 역사의 거리다. 폴란드 왕국의 영광이었고 새 공화국의 어머니로 불린다. 구시가는 2차 대전 때 85%가 파괴되었으나 전쟁이 끝난 뒤 제 모습으로 복원했다.

---

7 사스키 공원 (쇼팽 거주지)

문화궁전을 지나 북쪽으로 꺾어지는 마르샤우코프스카 거리를 10분쯤 걸어 올라갔다. 사스키 공원Ogarod Saski이다. 아름드리 떡갈나무와 큰 키의 나무들이 죽죽 뻗어 올라 있다. 18세기 중엽, 폴란드의 왕 아우구스트 2세가 자기의 궁전을 헐어버리고 조성한 공원이다.

이 공원을 바르샤바의 쇼팽공원이라고 부르는 사람들이 있다. 쇼팽 일가의 바르샤바에서의 첫 번째 주거였고, 쇼팽이 고국을 떠나기 전 첫사랑의 연인 콘스탄차와 마지막 산책을 했던 곳이며, 쇼팽이 그의 대표작 〈피아노 협주곡〉 e단조의 악상을 굳힌 곳이다.

풍운의 역사를 지닌 사스키 공원. 서쪽 출입구에 '승리의 광장pl. Zwyciestwa'이 있다. 1925년에 조성한 무명용사 묘역이다. 폴란드 사람들이 꼭 머리를 숙이고 지나다니는 성역이다. 사계절, 예복으로 정장한 위병이 부동자세로 서 있다. 출입구 헌충문에는 영혼불멸을 상징하는 꺼지지 않는 불꽃이 타오르고 있다. 화로에서 짙은 향내음이 산책하는 시민들을 숙연히 고개 숙이게 한다. 청동분화로 가장자리에는 '평화는 영원히 이어지리라'는 비명이 새겨져 있다.

광장에서는 매일 오전 9시 이후, 매시 정각에 위병 교대식이 거행

된다. 텔레비전이나 영화에서 가끔 보는 모스크바 붉은 광장의 크레믈린 궁전의 근위병 교대 의례식과 비슷하다.

사스키 공원과 담장을 함께 한 국립극장 광장pl. Teatralny 앞에 유명한 니케의 상이 있다. 폴란드의 동상 가운데 가장 다이내믹하다는 이 기념비는 1942년부터 3년 동안 독일군에 대항해 목숨 바쳐 고군분투한 바르샤바 방위군과 시민군의 장렬한 죽음을 추모하는 기념비다. 아름다운 처녀가 독일 쪽을 향해 장검을 내리치는 위세가 당당하다. 1964년, 조각가 마리안 코니에치니Konieczny의 작품이다.

바르샤바에서 제일 높다는 빌딩에 올라가 시내를 내려다보면서 사진도 촬영했다. 중앙역 북쪽 출입구에서 그리 멀지 않은 곳인 데필라드Defilad 광장에 있는 37층짜리 문화과학 궁전pałac. Kultury i Nauki이다. 러시아가 지배하던 시절, 스탈린이 기증했다고 한다. 1955년 러시아의 건축가 루드니에프가 설계하고 시공한 이 빌딩에는 폴란드 과학아카데미, 국영 바르샤바 TV와 3,000석 규모의 콘서트홀, 이 밖에도 연극관과 영화관이 있다. 콘서트홀에서는 수시로 쇼팽의 피아노 리사이틀이 열리지만 공산정권 시절 정부의 고위관료와 노동당원들이 우쭐댔던 곳이어서 시민들은 부정적인 시각으로 보는 것 같았다.

---

8 빌라누프 궁전

바르샤바 양대 중심가와 나란히 있는 예로졸림스키에 지하도로 들어섰다. 빌라누프 궁전, 와지엔키 공원 쪽으로 가는 180번 아우토부스를 타기 위해서였다.

예로졸림스키에 지하보도에도 쇼팽의 현신이 있었다. 환전소, 기념품 가게, 일용잡화를 파는 올망졸망한 매점들이 즐비한 언더그라운드 상가. 행인들이 발을 멈춘 곳에 거리음악가가 키보드로 마주르카

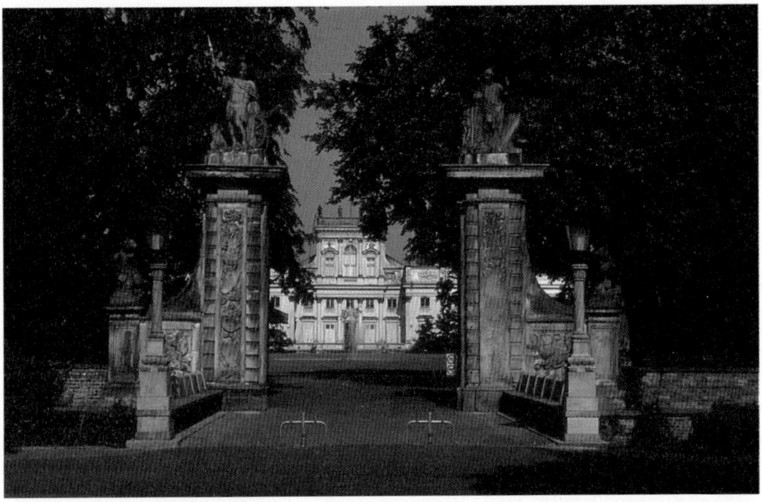
빌라누프 궁전(현재 역사박물관)

를 연주하면서 동전을 걷고 있다. 청바지를 입은 젊은 악사들이었다. 한참을 서서 구경하다 통에 소액의 지폐 한 장을 던져 넣고 가던 길을 갔다. '여기도 쇼팽의 마주르카가 있구나! 여기서 만난 쇼팽이 오래 기억 됐으면 좋겠는데…….'

이제 세 시간이 지나면 바르샤바의 하늘은 주황빛으로 물들 것이다. 빌라누프 궁전을 둘러봤다. 이 궁전 연주 홀에서 매주 토요일, 와지엔키 공원 쇼팽 야외 콘서트와 같은 시간대인 오후 한 시에 쇼팽 피아노 리사이틀이 열린다. 궁전 입장료만 내면 리사이틀은 공짜다. 궁전 정원 관람은 표를 따로 사야 한다. 이 궁전은 17세기 얀 조비에스키 왕의 여름 별궁이었다.

로코코 양식의 화려한 외관을 자랑하는 궁전, 그 내부는 더 호화찬란하다. "베르사유 궁전의 태양왕 루이 14세가 뭐 대단하냐"고 큰소리치던 폴란드의 태양왕 얀 조비에스키가 눈만 뜨면 자랑했다는 다이닝 룸의 인테리어는 눈이 핑핑 돌 만큼 찬란하고 호화롭다. 조비에스키 왕은 1683년 빈에 출정하여 투르크 군에게 핍박받던 오스트리아를 해방시켜 폴란드 왕국의 위상을 크게 높인 왕이다.

빌라누프 궁전은 왕궁 박물관을 따로 두고 일반에 개방하고 있다. 역대 폴란드의 왕과 왕족들이 쓰던 생활용품 수집품과 16-17세기에 제작된 100여 점의 인물화와 초상화가 볼 만하다. 여름 시즌에 궁내 장미 정원에서 공연하는 무대극은 쇼팽의 음악을 이해하는 데 크게 일조를 한다. 중세의 민속의상으로 성장한 연극대의 마주르카 무용극과 기사단의 폴로네이즈 무용은 살아있는 쇼팽 음악의 핵심이다.

9 와지엔키 공원(쇼팽 동상)

와지엔키 공원Park Łazienkowsi의 서쪽 출입구. 오후 6시 50분이었다. 하늘이 뉘엿뉘엿 노을에 젖고 있다. 거대한 쇼팽상의 대비가 선명하다. 쇼팽상은 바르샤바를 찾아오는 관광객의 카메라 포지션 제1호. 노을에 보거나 촬영해야 작품이 나오는 동상이다.

공원은 바르샤바 시민들의 보람이고 자랑이다. 사람 키 여섯 배 높이의 거대한 주석제 동상. 쇼팽은 겉보기로는 겁쟁이 같았지만, 높은 곳을 겁내지 않는 당찬 기질의 음악가였다. 파리 시절, 키 큰 거구의 리스트를 제치고 '피아노의 공작, 피아노의 시인'으로 사교계의 인기를 독차지하였다.

공원은 스타니스와 포니아토프스키 왕이 1766년부터 30년 동안이나 조경한 유럽 굴지의 대공원이다. 맑고 잔잔한 연못에 그림자를 드리운 와쟁키 수상 궁전은 역대 왕들의 여름 별궁이었다. 와지엔키는 '목욕장'이라는 뜻의 폴란드 말이다. 공원 경내 여기저기에 온천수가 솟아나 붙은 이름이다.

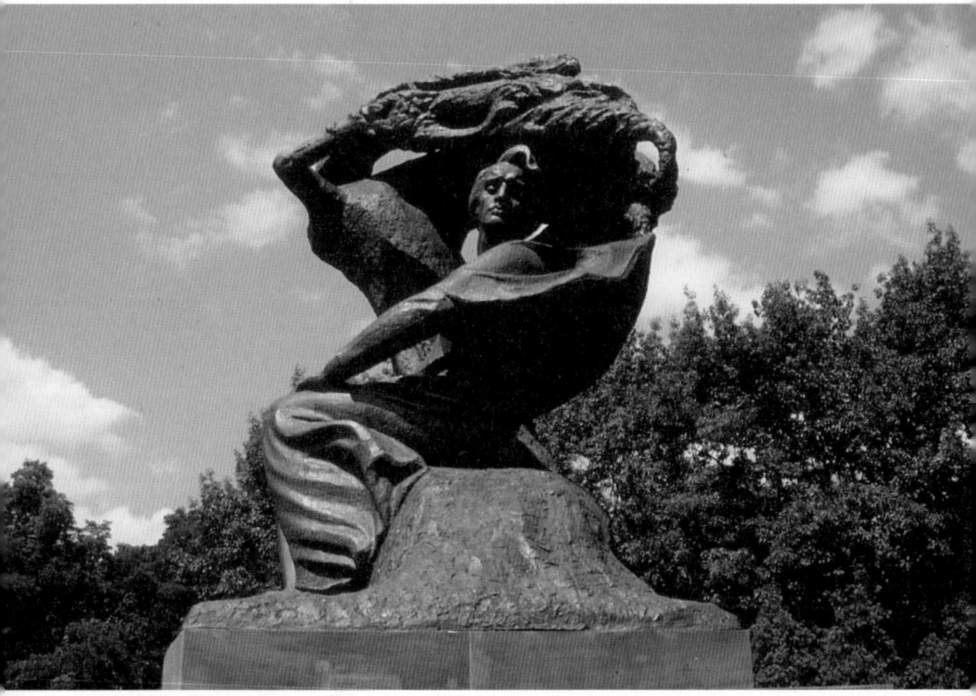

와지엔키 공원의 쇼팽상

포니아토프스키 왕 시대의 폴란드는 러시아, 오스트리아, 프로이센 등 3국의 지배를 받았다. 국토가 3등분으로 쪼개져 한때 지도에서 사라진 적도 있었다. 러시아 황제의 연인 예카테리나는 포니아토프스키 왕을 측은하게 생각했다. 예카테리나는 황제에게 포니아토프스키를 폴란드 왕으로 제수해달라고 간원했다. 포니아토프스키는 실권 없는 허수아비 폴란드 왕이 되었다. 왕은 와지엔키 공원을 조경하는 일로 소일했다.

포니아토프스키왕이 죽자 공원은 다시 러시아의 소유가 되었다가 1918년 폴란드가 독립할 때 돌려받았다. 2차 대전 때, 독일군이 수상 궁전에 있는 미술품 전량을 베를린으로 실어갔고, 퇴각하면서 궁전에 불을 질러 소실되었으나 종전 후에 복원했다. 현재 바르샤바 국립박물관 분관으로 공개되고 있다. 17-18세기의 회화와 조각을 전시한다.

바르샤바에 오는 음악 여행자들은 와지엔키 공원 서쪽 출입구 버드나무 정원에 있는 거대한 쇼팽 동상을 보는 순간 입을 딱 벌린다. 조각가 바츠와프 시마노프스키1859-1930의 1924년 작으로 쇼팽이 둘레가 10미터나 되는 버드나무 등걸에 기대앉은 형상이다. 매 일요일 정오와 오후 4시에 동상 대좌 아래 무대를 가설하고 세계의 저명한 피아니스트들이 연주하는 쇼팽 피아노 콘서트가 열린다. 객석은 따로 없고 주변 벤치와 잔디밭에 발 뻗고 앉아 감상하면 된다.

4. 바르샤바 (2): 현재의 모습

잠코비 광장 장난감 색동퍼즐로 짜 맞춘 소꿉도시같이 아기자기한 역사의 광장. 프라하 구시가지 광장 주변에는 거미줄 같은 미로 골목이 없다.

성벽 아래 포장 지붕 스탠드에서 커피를 마셨다. 광장 건너에 대좌의 높이까지 20미터 쯤 되는 동상이 서 있다. 십자가를 든 지그문트 3세 동상이다. 1644년 이탈리아의 조각가 로치·텐칼라·몰리 3인의 합작이라고 한다. 지그문트 3세는 반 종교개혁을 강력하게 추진했던 폴란드 왕이다. 번번이 패하지만 러시아까지 쳐들어갔고, 스웨덴, 터키와도 전쟁을 벌인 폴란드의 돈키호테 왕이다. 검 대신 십자가를 들고 있는 것이 이채로웠다. 지그문트 3세는 크라쿠프에서 바르샤바로 수도를 옮긴 맹렬군주였다.

광장에는 외국인들이 많았다. 까만 정장 차림의 신사숙녀 관광객들은 유럽 도시의 구시가지에서 보기 드문 풍경이다. 예사 관광객 같지가 않다. 한국인도 더러 눈에 띈다. 쇼팽 탄생 200주년 전야축제 '2009 국제 음악제'에 온 연주자와 스태프들이었다.

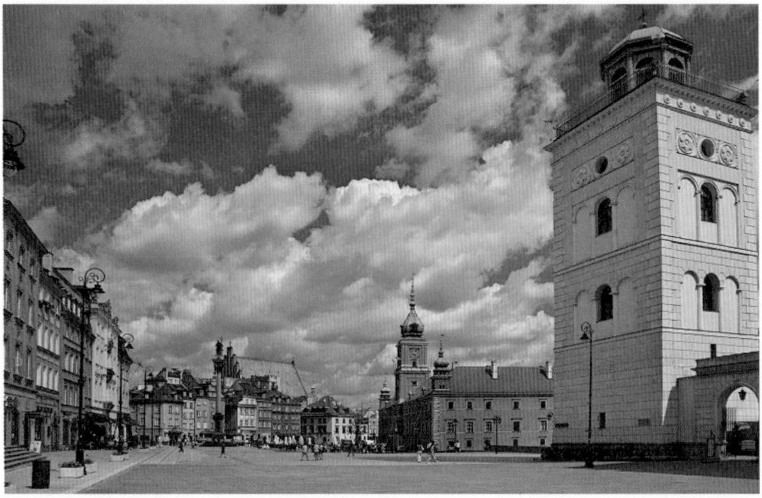

잠코비 광장(위키백과)

잠코비Zamkowy 왕궁 광장은 '2009 쇼팽 국제 음악제(2009.10.15-31)'의 열기로 술렁이고 있었다. 2010년으로 다가온 쇼팽 탄생 200주기 축제와 16회 쇼팽 국제 피아노 콩쿠르 전야제는 대단한 열기였다. 대회 주회장은 바르샤바 필하모니 회관이었다. 쇼팽 협회 사무국에서 대회 일정표를 얻었다. 필자는 내심 놀라지 않을 수 없었다. '쇼팽과 당대의 유럽'이라는 타이틀로 열리는 이 축제는 관현악 콘서트가 11회 열리고, 피아노 리사이틀이 13회 열린다. 수십 개국에서 온 참여 연주자만 3백 명이 넘는다.

잠코비 광장은 피아노의 신들이 모여 유희하는 올림푸스 동산의 정경이다. 피아노의 여제 마르타 아르헤리치(1965 쇼팽콩쿠르 1위), 엠마누엘 엑스, 니콜라이 루간스키, 알렉산드르 멜니코프, 당 타이 손(1980 쇼팽콩쿠르 1위)등 당대의 정상급 피아니스트들이 다 모여 있었다. 대회에 참여하는 지휘자의 면면 또한 매머드 급이다. 유럽의 정상급 아티스트들인 바르샤바 필하모니 상임 지휘자 안토니 비트, 프란츠 브뤼헨, 샹젤리제 오케스트라 상임지휘자 필립 헤레베헤를 비롯해 고전과 현대를 넘나드는 중량급 악단들의 타이틀이 화려하다.

음악제 홍보 포스터 스탠드가 쭉 늘어선 18세기 가도 솔리다모시치 거리Aleja Solidamości를 걸었다. 가로등이 고풍스럽고, 납작돌을 모자이크로 깔아놓은 중세의 포장도로가 가로등과 근사한 코디네이션을 이루고 있다. 한국에는 이런 길이 없지만, 중국과 일본에는 있다. 일본에서는 이시다다미(돌 돗자리)라고 하며, 유럽에서는 벨지움 로드라고 부른다. 길가 레스토랑과 카페에서 마주르카의 리듬이 들린다. 밤이었더라면 은은한 가스등 빛이 중세의 풍정을 더 업그레이드시킬 텐데…….

구 왕궁Zamek Królewskie은 폴란드의 역대 왕들이 기거한 궁전이다. 16세기 지그문트 왕조 시대에는 바로크 양식이던 것이 17세기 초 스타포니아토프스키 왕조 시대에 로코코 양식으로 개축하여 더 호화로운 궁전이 되었다. 2차 대전 때 소실된 것을 1994년에 원형대로 복원했다. 궁전 2층 왕비의 거실은 눈이 핑핑 돌만큼 현란하다. 궁정무용회장의 벽을 장식한 〈폴란드 역사의 회화〉는 이탈리아 화가 바치아렐리Marcello Bacciarelli, 1731-1818가 그린 파스텔화다.

스타니스와프 2세의 옥좌, 집무실, 침실, 서재, 식당은 모두 찬란한 금은칠보로 장식되어 있고, 22폭의 벽화가 있는 대 연회실은 현재 정부기관이 행하는 역사적인 의례행사, 대규모 전시회, 마주르카와 폴로네이즈 공연을 위한 연무장으로 쓰인다.

잠코비 광장 남쪽 모퉁이에는 벼룩처럼 톡톡 튀는 고물시장이 선다. 손수레 좌판에 온갖 잡동사니를 올려놓고 파는 노천시장이다. 헌 식탁에 70년대 소니 카세트 라디오 하나를 달랑 올려놓고 손님을 기다리는 노인, 백 개가 넘는 소라·고동 껍질을 수북이 쌓아놓고 떠들어대는 노파의 쉰 목소리. 전근대의 시장 풍경이다.

소년은 땅바닥에 앉아 피리를 불고, 소녀는 눈을 감고 폴로네이즈 조의 노래를 부르고 있었다. 소녀는 앞 못 보는 맹아였다. 없는 것이 더 많은 이 풍물시장에서 눈먼 소녀의 노래는 또 다른 쇼팽의 현신이 아닌가 하는 생각이 든다. 소녀의 노래는 쇼팽의 가곡 〈17개 폴란드의 노래〉 가운데 제6번, 미츠키에비치의 시에 의한 〈내가 볼 수 없는 곳에Precz z moich oczu!〉였다. 눈먼 소녀의 노래를 들으러 바르샤바에 온 것 같다는 착각에 떨어진다.

왕궁과 교회와 공원에서는 늘 쇼팽의 피아노가 들린다. 실제 바르샤바에는 많은 쇼팽이 존재하고 있었다. 필자는 감탄, 또 감탄을 연발했다. 2010년, '쇼팽 탄생 200주년 기념축전'과 5년에 한 번 열리는 '쇼팽 피아노 콩쿠르' 주간이 되면, 바르샤바는 또 한 번 쇼팽의 물결이 쓸고 갈 것이다. 그리고 5년 만에 세계 제일의 피아니스트가 한 사람 탄생하겠지…….

쇼팽의 심장이 안치된 성 십자가 성당 건너편에 세계 최초로 지동설을 제창한 천문학자 코페르니쿠스Nicolaus Copernicus, 1473-1543상이 있다. 여기서 크라코프스키에 거리가 끝나고 '신세계 거리'가 시작된다. 신세계 거리에는 규모는 작으나 베르사유 궁전에 비유되는 호화로운 빌라누프 궁전이 있고, 바르샤바 대학과 그 밖에 왕조시대의 영화를 구가하던 건물들이 담을 잇대고 있다. 시민들은 이 거리를 '바르샤바 왕도의 길'로 부른다.

---

2 바르샤바 필하모니

5년마다 열리는 국제 쇼팽 피아노 콩쿠르 주간이 되면 바르샤바는 쇼팽 열기로 들뜬다. 콩쿠르 주 회장인 바르샤바 필하모니 회관이 위치한 야스나Jasna 거리 여기저기에 쇼팽

현수막이 펄럭인다.

1901년에 창립되어 1세기가 넘는 역사와 전통을 자랑하는 바르샤바 필하모니는 폴란드 최고·최대의 오케스트라다. 악단의 전신인 음악협회 부설악단 시절까지 가산하면 1850년대에 창설된 베를린 필하모니에 필적하는 긴 역사를 가진 오케스트라다.

1901년, 오케스트라의 초대 상임 지휘자 겸 예술 감독은 영국, 미국 등지에서 활약한 지휘자 무이나르스키E. Młynarski, 1870-1965다. 창립 기념 공연에서 무이나르스키는 파데레프스키가 협연하는 쇼팽의 피아노협주곡 1·2번을 지휘, 연주하여 세계에 이름을 떨쳤다. 창립 이래 바이올린의 귀재 사라사테, 이자이, 디보, R. 슈트라우스, 메뉴인, 지휘자 쿠벨릭, 오이스트라흐를 비롯해 로스트로비치가 찾아와 지휘, 협연했다.

현재의 상임 지휘자 겸 예술 감독은 안토니 비트다. 지난 2004년 6월, 단원을 이끌고 한국에 찾아와 비르투오소 백건우와 협연하고 연주 실황을 CD 앨범으로 펴내기도 했다. 비트는 영화음악에도 남다른 열정을 보여 폴란스키가 감독한 〈피아니스트〉의 주제곡 〈게토로 옮겨지다Moving to the Ghetto〉를 작곡했고, 바르샤바 필하모니의 단원들을 출연시켜 자신이 지휘, 연주하는 장면을 연기하기도 했다. 이 악단은 5년에 한 번 개최되는 쇼팽 콩쿠르에 필수적으로 참가하는 악단이다. 정기 연주회 외에 매년 9월, 국제현대음악제 '바르샤바의 가을'도 주도한다.

3 쇼팽 국제 피아노 콩쿠르

일정한 시한을 두지 않고 쇼팽을 능가하는 피아니스트를 발굴하기 위해 개최하는 세계 최고 수준의 피아노 콩쿠르가 5년에 한 번 바르샤바에서 열린다. 벨기에의 엘리자베스 피아노 콩쿠르, 러시아의 차이코프스키 피아노 콩쿠르, 프랑스의 롱 티보 피아노 콩쿠르와 함께 세계 4대 피아노 콩쿠르 중 하나다.

쇼팽 콩쿠르는 참가 신청 단계부터 매우 까다로운 수속 절차가 따른다. 3회의 예선, 본선, 결선을 거쳐야 하고 콩쿠르 본부가 지정하는 과제곡을 시연해야 한다. 물론, 과제곡은 쇼팽의 피아노곡에 한정된다는 것이 이 콩쿠르의 특색이다. 대개 세계 각지에서 매년 개최되는 피아노 콩쿠르와는 달리 쇼팽 콩쿠르에는 참가자 연령의 하한선과 상한선이 정해져 있다. 참가신청자의 국적이 있는 국가에 본부심사위원급 직원을 파견하여 그 나라 음악 관계기관과 합동으로 예심리허설을 열어 참가후보를 선발한다.

1927년 바르샤바에서 제1회 창립 기념 콩쿠르 때, 쇼팽 콩쿠르 제정이 발의되었다. 바르샤바 고등음악학교(현 쇼팽 음악 아카데미)의 주라플레프 Jerzy żurawlew 교수는 쇼팽의 피아노곡에 대한 일반의 오해와 해석의 혼동을 바로잡아야 한다고 주장했고, 그 대안으로 쇼팽 콩쿠르의 제정을 발의했다. 바르샤바 음악협회는 1927년 1월, 쇼팽 국제 피아노 콩쿠르 운영 위원회를 조직하고 창립 기념 콩쿠르를 필하모니 회관 메인 홀에서 개최했다.

제1회 콩쿠르에는 열 명의 피아니스트가 출전했으나 5년 뒤, 제2회 콩쿠르(1932)에는 유럽과 아시아 지역 17개국에서 55명의 피아니스트들이 대거 출전해 콩쿠르의 미래를 밝게 했다. 제3회 콩쿠르(1937)에서 동양인으로는 처음으로 두 일본 여성이 전통의상을 입고 출전했다. 두 사람은 각각 디플로마상과 인기상을 수상해 피아노 음악계를 놀라게 했다.

1939년 2차 대전으로 폴란드는 독일군에 침탈당했고, 주회장인 필하모니 회관이 소실되는 등 궤도에 오르기 시작한 콩쿠르는 중단

되었다. 재개된 것은 12년 후, 필하모니 홀이 복구되던 1949년이었다.

1949년, 제4회 콩쿠르에서는 벨라 다비도비치와 체르니 스테판스카가 1, 2위를 차지했다. 콩쿠르 운영 위원회는 예전처럼 매 5년을 주기로 하되, 끝자리가 0자와 5자로 끝나는 해에 개최하기로 규정을 고쳤다. 개최 일시도 10월로 변경했다.

1955년, 5회 쇼팽 국제 콩쿠르에서는 블라디미르 아쉬케나지가 2위로 입상했다. 중국 출신의 푸총이 3위를 획득하고 마주르카상을 받아 동양인들의 피아노 실력에 대한 해소시켰다.

제7회 콩쿠르는 1965년에 열렸다. 이 무렵, 한국은 군복을 입은 관료를 우대했다. 그 시절 한국에는 '클래식'이라는 단어를 제대로 아는 사람이 드물었다. 폴란드라고 하면, 기껏해야 초등학교 교과서에 잠깐 나오는 퀴리 부인의 나라쯤으로 알았고, 피아노라고 하면 장관이나 대기업 사장 집에나 있는 값비싼 가구로 알던 시대였다. 한마디로 클래식 음악의 암흑기였다. "쇼팽 피아노 콩쿠르"라고 물으면 "쇼팽은 누구고, 콩쿠르는 뭐하는 거냐?" 되묻던 그런 시대였다.

1960년 제6회부터 1985년 제11회까지 콩쿠르에서는 20세기 최정상급 피아니스트 마우리치오 폴리니, 마르타 아르헤리치, 크리스티안 지메르만, 당 타이선, 스타니슬라프 부닌 등이 부문별 1위를 차지하여 주목을 끌었고, 1980년 제10회 콩쿠르에서는 1위 후보에 올랐던 구 유고슬라비아 출신 이보 포고렐리치의 평점을 둘러싸고 심사위원 간에 분규가 생겼다. 심사를 맡았던 마르타 아르헤리치와 루이스 켄트너가 콩쿠르 본부에 이의를 제기했으나 받아들여지지 않자 두 사람은 심사위원직을 사퇴하고 본국으로 돌아가는 등 한때 유럽 피아노계를 긴장시키기도 했다.

해를 거듭하며 발전을 거듭해온 쇼팽 콩쿠르는 1995년, 제13회 대회를 기점으로 피아니스트들이 쇼팽 피아노음악의 건반 테크닉을 어떻게 해석해서 연주하느냐에 대한 심사위원 간 견해의 차이를 없애기 위한 구체적인 방안이 모색되고, 따라서 심사방법을 바꿔야 한다는 논의가 있었으나, 콩쿠르위원회는 다른 대안을 내놓지 않고 창립 당시에 정했던 룰을 그대로 시행하고 있다. 2005년, 제15회 콩쿠르에서는 한국의 임동혁이 3위로 입상, '피아노 한국'의 위상을 드높였다.

제2악장
쇼팽과 프랑스

I

프랑스 시절의 쇼팽

쇼팽 여행 포인트 II: 프랑스

• 파리(서쪽 → 동쪽 코스)

1 플레이엘 홀(Salle Pleyel)
252 Rue du Faubourg Saint-Honoré
www.sallepleyel.fr/francais/accueil.aspx

2 몽소 공원(Parc de Monceau) 내 쇼팽-상드 석상
35 Boulevard de Courcelles

3 마들렌 성당(L'église de la Madeleine)
Place de la Madeleine
www.eglise-lamadeleine.com

4 쇼팽 최후의 집
방돔광장 12번지(12 place Vendôme)

5 카페 드 라 페
www.cafedelapaix.fr/fr/index.php

6 쇼팽 거처: 푸아소니에르 가 27번지
27 Boulevards Poissonnière

7 쇼팽 묘소: 페르-라셰즈
www.pere-lachaise.com

8 파리 폴란드 도서관(Bibliotheque Polonaise de Paris) 내 쇼팽 박물관
6 quai d'Orléans 75004 Paris 4e
www.bibliotheque-polonaise-paris-shlp.fr

9 카페 프로코프 www.procope.com

• 노앙(프랑스 중부 베리 지방)

1 노앙 조르주 상드의 집(Maison de George Sand à Nohant)
Maison de George Sand, 36400 Nohant-Vic
www.maison-george-sand.monuments-nationaux.fr/en

1. 화려한 데뷔

1831년 9월, 스산한 바람에 낙엽이 한잎 두잎 떨어지는 가을날.

파리에 도착한 쇼팽은 블르바르 푸아소니에르 27번지27Boulevard Poissonnière에 작은 아파트를 임대(1831.9-1832.6)했다. 파리 시내가 파노라마처럼 한눈에 들어오는 5층이었다. 1831년 9월 10일은 쇼팽이 처음 파리의 이방인이 되는 날이었다.

파리에는 폴란드에서 온 망명귀족들이 많았다. 이들은 폴란드 해방을 위한 정치운동을 벌였다. 쇼팽은 가끔 망명시인 미츠키에비치, 망명귀족 포토츠카 백작부인, 라지비우 공작과 만났다. 그러나 음악에 대한 이야기를 나눴을 뿐, 폴란드 독립에 관한 이야기는 하지 않았다.

이 무렵, 독일에서 발원된 낭만주의 운동의 물결이 파리에도 일고 있었다. 파리에 체류하던 시인 하이네가 중심적인 역할을 했고, 파리 쪽에서는 문호 발자크, 위고, 메리메, 뮈세, 뒤마, 샤토브리앙, 화가 들라크루아, 셰펠, 코로, 앵그르, 루소가 동조했다. 음악계에서는 로시니, 리스트, 베를리오즈, 멘델스존, 슈만, 쇼팽이 합류하고 있었다. 파리오케스트라와 오페라 가르니에 악단도 기금을 내놓는 등 프랑스 낭만주의예술 구현에 일조를 했다.

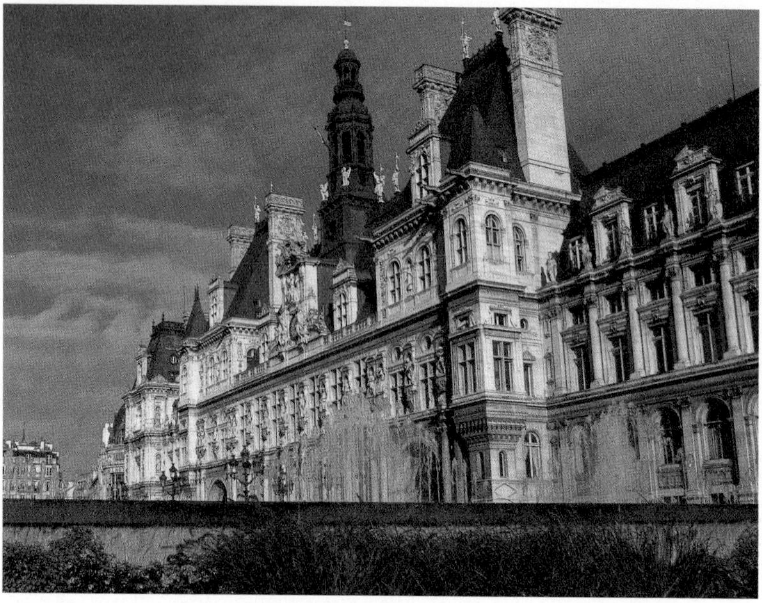

파리 시청사

낭만주의 운동을 계기로 쇼팽은 궁정악단 지휘자 파웰과 이탈리아 오페라 극장 총감독 로시니, 피아니스트 칼크브레너 등 파리에서 활약하는 쟁쟁한 음악가들과 친교를 맺는다. 가운데서도 칼크브레너는 연주 기량이 뛰어나 파리에서 '피아노의 왕'으로 추앙받는 대 피아니스트였다. 쇼팽은 칼크브레너의 연주를 보고 심취한 나머지 그를 마음의 스승으로 받들었고, 칼크브레너도 쇼팽의 뛰어난 재능에 감동하여 쇼팽의 아파트를 찾아가거나, 자기 집으로 쇼팽을 불러 연주기법에 대해 여러 가지 조언을 했다.

쇼팽은 작곡가 겸 피아니스트 페르디난트 힐러와도 가깝게 지냈다. 아름답게 조용히 흘러가는 센 강의 시정, 때로는 이글거리는 태양, 불꽃 같은 정열을 토로하는 힐러를 흠모했다. 힐러도 쇼팽의 음악적 재능을 높이 평가하고 있었다.

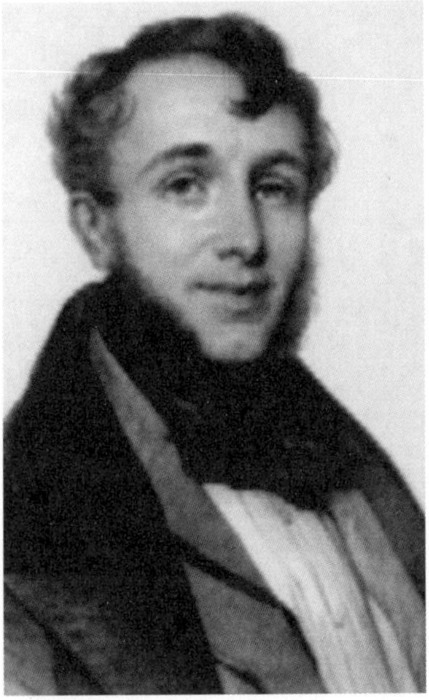

칼크브레너

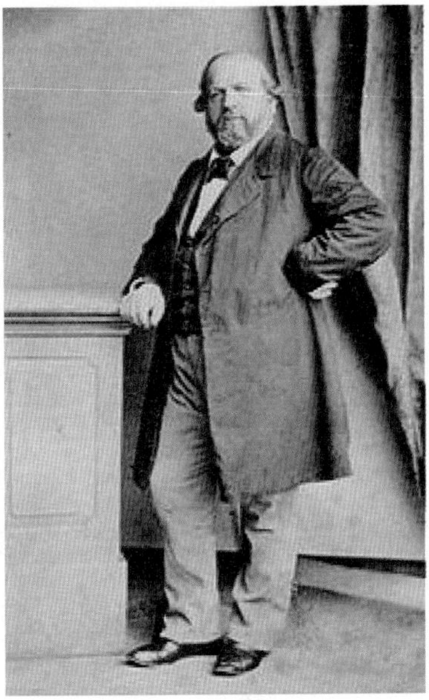

힐러

힐러는 쇼팽에게 멘델스존과 헝가리 최고의 작곡가 겸 피아니스트 리스트를 소개했다. 이 무렵 파리에서는 멘델스존의 서곡 〈핑갈의 동굴〉의 인기가 높았다. 멘델스존은 이전부터 쇼팽을 경애하고 있었다.

열정적이고, 대음량의 건반기교를 유감없이 발휘하는 리스트도 소음량이면서 섬세하고 우아한 쇼팽의 연주기법과 그 작품의 신비성에 내심 감격하고 있었다. 로마대상을 획득하고 이탈리아 유학을 마치고 돌아온 베를리오즈도 쇼팽의 음악적 재능을 흠모하여 두 사람의 친교는 날이 갈수록 두터워졌다. 베를리오즈는 1830년, 그의 걸작 〈환상 교향곡〉을 발표하고 당대 프랑스 최고의 음악가로 두각을 나타내고 있었다.

쇼팽은 샹젤리제 거리 카페에 하릴없이 앉아 있거나 구 오페라극장에 들어가 시간을 보냈다. 극장 천정마루에서 자라처럼 목을 빼고 가수들의 정수리를 내려다봐야 하는 오페라 룸펜 신세로 전락해가고 있었다.

쇼팽 vs 리스트

쇼팽과 리스트는 파리 피아노 음악계의 쌍벽을 이루기 시작했다. 쇼팽은 소프트한 음을 선호하여 플레이엘 피아노를 애용했고, 리스트는 반대로 에라르 대음량 피아노를 애용했다. 두 거장의 이 같은 상대성 연주는 오늘까지 평론가들이 리스트와 쇼팽을 비교·평가하는 하나의 잣대가 되고 있다.

데뷔콘서트를 치르고 3년 후, 1835년에 쇼팽은 파리고등음악학교 메인 홀에서 리스트와 협연하여 〈안단테 스피아나토와 대 폴로네이즈〉를 오케스트라의 도입으로 연주해 대단한 성공을 거두었다. 이 연주회를 자기 스스로 평가한 쇼팽은 "피아노로 시적인 감흥을 자아내려면 악기의 음량을 최소화하는 방법밖에 없다"고 생각했다. 그는 소음량의 주법이 커다란 홀에서 효과가 떨어진다는 것도 알고 있었다.

반면, 리스트는 청중을 대량 수용할 수 있는 커다란 홀에서 대음량을 구사하며 경천동지하는 열정으로 청중을 압도해버리는 주법을 구사했다. 리스트의 인기는 하늘 높은 줄 모르고 치솟았다. 쇼팽은 리스트를 작곡가가 아니라 피아노를 치는 흥행사라고 폄하한 반면, 리스트는 쇼팽을 천재 작곡가, 천재 피아니스트라고 경찬했다.

쇼팽의 인기도 리스트 못지않게 높았다. 사람들은 쇼팽을 연주가로서 환호하기보다 작곡가로서 존경하고 있었다. 이 무렵, 쇼팽은 후세에 피아노 명곡으로 남은 〈스케르초〉 1번, 〈환상즉흥곡〉, 〈발라드〉 1번 등을 작곡했다.

유럽 예술사는 19세기 중반에서 20세기 초두까지를 낭만주의시대로 설정하고 있다. 또 쇼팽이 죽은 1849년을 기점으로 낭만주의는 전기와 후기로 다시 구분하고 있다. 고전파 시대의 음악에서는 형식을 중시하였으나 낭만파 시대에서는 이 형식의 틀이 깨져 작곡가 개개인의 감성이 중시되었다. 특히, 음악분야에서는 직설적 묘사형식인 '표제음악'이 등장하여 문학과 회화와 음악의 관계가 밀착된다.

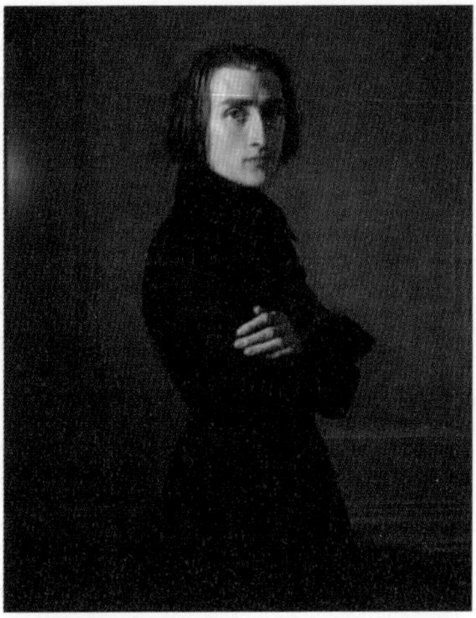
프란츠 리스트

악기의 개량 또한 급진전하던 시대다. 건반악기 가운데 피아노의 경우, 대음량을 낼 수 있게 개량된다. 따라서 음악계는 개량된 악기에 부응하는 음악작품을 요구하기에 이른다. 쇼팽과 리스트의 '음량의 겨룸'도 실은 피아노의 대음량화로 야기된 경합이었다. 오케스트라도 마찬가지. 편성이 비대해지기 시작한다. 대규모의 청중을 수용할 수 있는 넓은 연주회장이 필요하게 되고, 관악기, 현악기도 대음량화가 요구되었다.

19세기 후반에는 쟁쟁했던 낭만파 음악가들이 하나 둘 사라져가기 시작했다. 사라져가는 중진작곡가들의 작품은 열 번, 스무 번 반복해서 연주해도 청중은 줄지 않았다. 이전에 볼 수 없었던 콘서트의 패턴이 등장한 것이다. 작곡가는 연주가를 겸하는 것이 상식이 되고 있었다. 슈만, 멘델스존, 쇼팽, 리스트가 그랬다.

이 시대에 작곡가들은 일회용 작품을 다작하는 것보다 시간이 걸려도 수백, 수천 번이 연거푸 연주되는 베토벤의 〈운명〉 같은 명곡을 만드는 데 부심했다.

2 쇼팽 연주회 평

1832년 2월 26일, 파리에서 쇼팽의 첫 연주회가 열렸다. 장소는 플레이엘 홀이었다. 칼크브레너의 주선이었는데, 레퍼토리는 칼크브레너의 〈6대의 피아노를 위한 대 폴로네이즈〉였다. 이 콘서트에는 파리의 피아노계를 리드하는 거물급 피아니스트들이 대거 참여했다. 칼크브레너, 스타마티, 오즈본, 소빈스키, 힐러가 동조 출연을 했다. 쇼팽은 피날레로 자작의 〈피아노 협주곡〉 제1번을 연주했다. 플레이엘 홀 개관 이래 최대의 박수와 갈채를 받았다.

이 콘서트에서 쇼팽의 기품과 건반 기교를 본 리스트와 멘델스존은 큰 감명을 받았다고 후일 그들의 서한문에서 토로했다. 권위 있는 평론가 조세프 페티스는 파리의 유력한 음악평론지 《레뷰 뮤지컬 Revue musical》에 쇼팽을 극찬하는 논평을 실었다. "멜로디에 혼이 살아 있었다. 작곡가의 상상력은 풍부했고, 매우 독창적이었다. 그의 연주는 서정이 흘러넘쳤으며 섬세하고 화려했다"라고.

칼크브레너는 쇼팽을 카미유 플레이엘에게 추천했다. 카미유는 플레이엘 피아노 회사의 소유주였다. 카미유는 런던에 유학가서 피아노 제작 기술을 습득한 후, 파리에 돌아와 선발주자인 '에라르 피아노'를 누르고 세계 제일의 피아노 메카로 우뚝 선다. 플레이엘은 쇼팽이 데뷔 콘서트에 성공한 것을 계기로 칼크브레너를 공동 경영자로 영입하고 쇼팽을 적극적으로 후원한다.

파리 음악평론가 최고권위를 자랑하는 프랑수아 조세프 페티스 Fétis는 쇼팽의 파리 데뷔 평론기사에서 쇼팽의 작품이 독창성으로 가득 찼다고 했다. 그러나 연주에 대해서는 비평도, 칭찬도 격하하지도 않은 채 그냥 얼버무렸다.

젊은 예술가는 연주가로서도 훌륭한 자질을 갖고 있다. 그의 연주는 우아하고 자유로우며, 감정이 넘쳤으며 섬세하고 화려했다. 그는 시종 소음량으로 연주했다.

페티스는 자기의 소신대로 쇼팽의 연주를 품평한 것 같다. 그러나 페티스가 덧붙인 한 마디를 오늘의 피아니스트들이 어떻게 받아들여야 할 것인가. 재고 삼고할 여지가 있다.

그는 작은 음밖에 내지 못했다….

페티스는 쇼팽의 연주기법에 대해 이렇게 평점했다. 그 책임을 회피하려고 의도적으로 얼버무린 표현이었다고 생각할 수도 있다. 쇼팽의 음이 소음량이라는 것은 이미 1829년, 빈 데뷔 콘서트에서 지적된 바 있고, 또 그것이 기정사실로 알려져왔다. 쇼팽 자신도 "빈 사람들은 피아니스트들 대개는 있는 힘을 다해 건반을 두드려 큰 음량을 내야만 직성이 풀리는 사람들이니까…"라고 말하고 있다.

그러나 그 후에도 쇼팽은 연주회마다 번번이 똑같은 지적을 받아왔다. 페디스가 본 쇼팽의 연주회는 회관 자체가 소규모인데다 오케스트라 파트도 겨우 현악 5중주가 가능한 정도였다. 구태여 대음량을 내야 할 이유는 없었다. 이런 상황에서 청중과 비평가들은 소음량에 불만은 없었다는 것이 다른 평론가들의 견해다.

그렇다면, 쇼팽이 '대음량을 내지 못했다'냐, '내지 않았다'냐를 명확하게 가름하지 않은 페티스의 평론에 미묘한 뉘앙스가 감춰져 있다고 볼 수도 있다. 페티스는 쇼팽의 음을 평점하기 이전, 먼저 악기가 지닌 문제점을 분석했어야 했다. 당시, 프랑스에서는 플레이엘과 에라르가 양대 피아노메이커로 경쟁하고 있던 때다. 에라르 피아노는 대음량이었던 것에 비해, 플레이엘 피아노는 섬세하고 터치의 변화

음색도 고왔다. 쇼팽은 플레이엘 피아노를 선호했고, 평생 이 피아노를 사용했다.

이런 점으로 볼 때, 쇼팽이 연주기교에서 음량표현을 얼마나 세심하게 관리해왔는지 알 수 있다. 쇼팽은 제자를 지도할 때 "포르티시모의 음을 내려면 힘껏 두드리지 말라"고 주의를 주곤 했다. 쇼팽은 강약을 음량에만 의존해서는 안 되며 표정과 뉘앙스의 연출로 강약을 표현해야 한다고 강조했다.

> "소음량은 인간의 감성을 어루만지듯 자극한다. 소음량은 결코 피아노 연주기법상의 결점이 아니다."

어쨌든 쇼팽의 연주는 리스트의 연주와는 달리 대규모 홀 취향은 아니었다.

쇼팽이 대규모 홀 연주를 꺼렸던 것은 사실이다. 소음량 자체를 연주가의 치명적인 결함이라고 할 수는 없다. 실제 일류 피아니스트들 가운데 스테이지에 올랐을 때 긴장이 된다고 고백한 사람들은 많다. 대음량을 내지 않으면 좋은 연주 같지 않다고 호소하는 피아니스트도 있다. "대음량을 내지 않는다고 연주가 엉망이 되는 것은 아니다"라고 쇼팽은 제자들에게 이르고 있다. 또, 릴랙스가 지나쳐 "긴장을 모두 풀어버린 상태에서 연주하면 연주는 김빠진 술이 될 것이다"라고도 말했다.

쇼팽의 경우, 긴장했거나 긴장을 풀었거나 실패한 연주는 단 한 번도 없었다. 그의 완벽한 기교와 섬세한 표현은 긴장감과는 전혀 관계가 없었다. 쇼팽은 생애 동안 연주회 횟수를 아꼈다. 당시 쇼팽의 인기는 정점에 있었기 때문이다. 결점이 발견될 수도 있는 연주회를 무리해서 열 필요가 없었다.

3 호화 생활

고독한 파리의 이방인 쇼팽은 어느날 갑자기 호사스런 생활을 하게 된다.

파리 생활 1년이 되던 날, 행운의 여신은 예고없이 쇼팽을 찾아온다. 1832년 4월의 어느 날, 어깨를 축 늘어뜨린 쇼팽은 그랑 불르바르 거리를 걸어가고 있었다.

"프레데릭!"

쇼팽을 부르는 사람이 있었다. 마차를 타고 가던 라지비우 공작이었다. 공작은 폴란드의 유력한 명문 귀족. 쇼팽과는 바르샤바 시대부터 돈독한 사이였다.

"로쉴드(로스차일드) 남작 댁에 가는 길일세. 함께 안 갈 텐가?"

로스차일드가는 21세기인 지금도 유럽서 알아주는 금융 부호다. 당시는 유럽의 역사를 움직일 수 있을 만큼 재력 있는 가문이었다. 쇼팽으로서는 동행을 거절할 이유가 없었다. 이날 밤 로스차일드 남작 저택 살롱에서 쇼팽은 피아노를 연주했다. 둘러서 있던 귀족들과 부호들은 피아노의 선율에 넋을 잃고 만다.

남작부인은 거두절미, 쇼팽에게 피아노 지도를 청했다. 1회 20프랑이었다. 파격적인 보수였다. 이 일이 있고부터 파리 사교계의 귀부인들은 쇼팽에게 레슨 받으려고 줄을 서기 시작했다. 레슨료 외에 따로 보너스를 주겠다는 공작부인도 있었다.

파리 최상위급 명문 노와이유Noailles 공작 저택의 살롱에서, 국왕의 최측근 드 벨츄이 백작의 으리으리한 성관에서, 유럽 최대의 땅 부자 에스테르하지 백작의 성관에서, 쇼팽의 피아노 연주를 들은 다수의 상류계층은 쇼팽을 찬미했고, 귀부인들과 영양들이 다투어 쇼팽에게 레슨을 청했다.

1년 후, 쇼팽의 일기를 보자.

> 파리 최상급 사교계의 스타덤에 올랐다. 지금 나는 외국대사와 공작, 후작, 백작, 대 부호들과 교제하고 있다. 기적이 아니고서야...... 출세하려고 어떤 의도적인 행위를 한 일이 없는데......

쇼팽의 행운의 여신은 다른 사람 아닌 로스차일드 남작부인이었다. 부인이 제시한 시간 당 20프랑의 레슨비는 곧바로 쇼팽의 주가가 되어 버렸다. 그는 후일, 그의 걸작 〈발라드〉 제4번 f단조 Op.52와 〈왈츠〉 c단조 Op.64-2를 로스차일드 남작부인에게 헌정했다.

쇼팽은 의상에도 세심한 신경을 썼다. 살롱에서 연주할 때, 단정한 인상을 받기 위해서였다. 그의 의상과 매너, 그리고 그의 이름과 인품은 파리 사교계에 이미 소문이 나 있었다.

그때, 1회 레슨 20프랑을 지금의 화폐 유로로 환산하기는 어렵다. 쇼팽의 연인 상드와 발자크의 소설에서 당시 파리 대학생의 생활비를 언급한 대목이 나온다. 학비와 생활비를 합쳐 한 달 60프랑을 넘지 않고 있다. 또, 이들 소설에는 1850년 전후의 파리 중산층 근로자 연간 수입 총액도 나온다. 900프랑에서 2,000프랑이었다.

쇼팽은 하루에 4~5회 레슨을 했다. 수입은 연간 레슨비만 3만 프랑이 넘었다. 여기에 살롱 연주사례, 악보 출판사에서 나오는 인세를 합치면 4만 프랑이 넘었다. 쇼팽은 어느 귀족 부럽지 않은 호화로운 생활을 했다.

프레데릭 쇼팽은 스타 작곡가로 파리 사교계를 누볐다.

파리는 걸어 다니는 도시, 보행의 천국이다. 파리에서 걸어 다니지 않는 사람은 바보다. 파리지앵들은 마로니에가 아름다운 보도를 걷는다. 돈 많고 재주 좋은 사람은 마차를 타고, 천재는 걸어 다닌다.

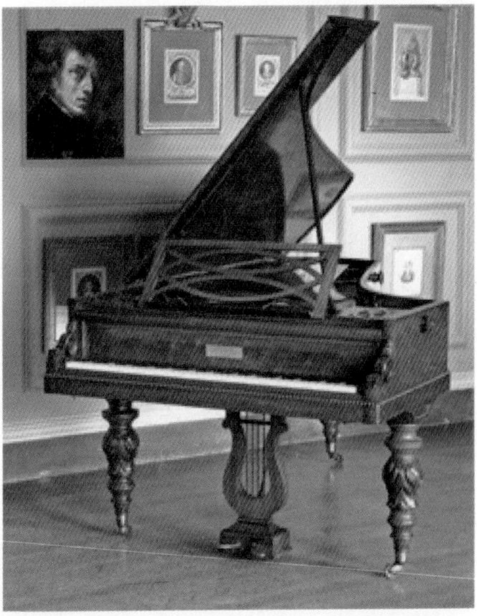
플레이엘 피아노

자동차가 나오기 이전, 《18세기 파리 풍물기》를 쓴 세바스티앙 메르쉐의 파리관이다.

2세기 전의 이야기다. 그 시절, 쇼팽은 자가용 마차를 타고 다녔다. 메르쉐는 이 책에 쇼팽을 돈 많은 사람 쪽에 끼워 넣었다. 200년 후의 파리를 내다본 그의 혜안이 대단하다.

쇼팽은 레슨비만 낸다고 아무에게나 레슨을 허락하지 않았다. 일정한 수준의 음악적 재능이 있고, 악보를 읽을 수 있는 사람에게만 피아노를 가르쳤다. 그의 레슨 지침은 일대일 레슨이었다. 제자의 개성에 맞춘 지도를 했다. 일단 레슨을 시작하면 제자에게 엄격했으며 한치의 오차도 없는 건반 기교를 강요했다. 또 페달은 되도록 쓰지 않도록 일렀다.

쇼팽의 수입은 많았다. 파리 제일의 고급주택가 쇼세 당탱 루에 5번지로 이사했고, 로즈위트제 바로크가구, 서재와 작곡실에 플레이엘제 그랜드피아노와 업라이트 피아노가 하나씩 있는 실크 모슬린 커튼으로 치장한 넓고 아늑한 고급 아파트였다.

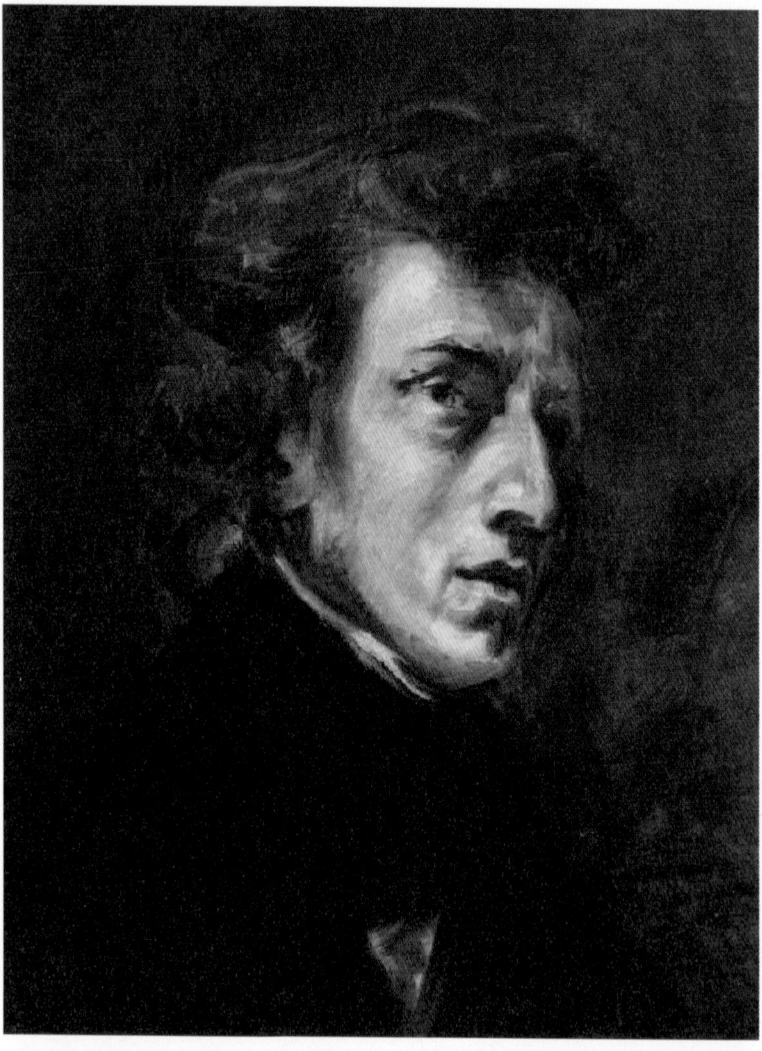

들라크루아가 그린 쇼팽 초상

쇼팽은 테르노 아브뉴의 고급 테일러를 단골로 삼아 최고급 양복을 맞춰 입었다. 세련된 검정, 감색, 그레이, 베이지 색을 선호했다. 그가 즐겨 끼고 다닌 흰색 양피 장갑은 한때 파리 상류계층에 크게 유행하기까지 했다. 레슨이나 살롱연주에 나갈 때는 마부가 달린 자기 소유의 마차를 탔다. 귀부인들은 쇼팽을 '파리의 연인', '피아노의 시인'으로 선망했다.

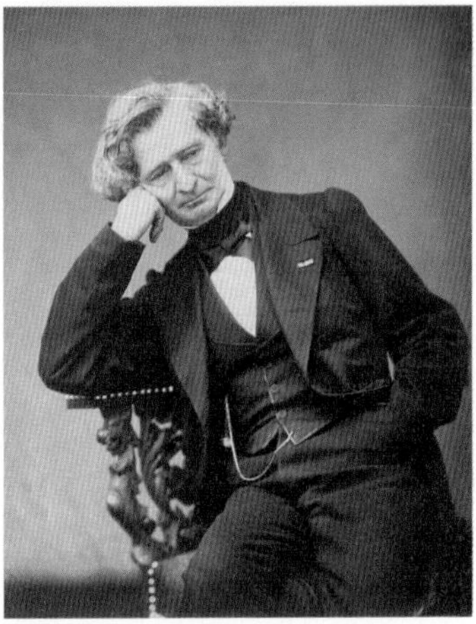
베를리오즈

문호 빅토르 위고는 예술의 자유를 위해 '고전주의 양식에서의 해방'을 제창했다. 1830년 2월, 낭만주의 문학을 대표하는 그의 희곡 〈에르나니〉가 상연되자 고전주의 예술가들은 반 낭만주의를 외치며 벌떼처럼 일어났다. 그러나 결과는 낭만주의의 승리였다.

화단에서는 외젠 들라크루아가 낭만주의를 제창하고 나섰다. 그의 걸작 〈민중을 이끄는 자유의 여신〉은 '7월 혁명'의 이념과 사상을 적나라하게 표현한 명화다.

쇼팽과 돈독한 우정을 교류한 들라크루아는 후일에 또 하나의 걸작 〈쇼팽의 초상〉을 그렸다. 쇼팽은 들라크루아를 존경했으나 그의 낭만주의 이론에 공감하지는 않았다. 쇼팽은 낭만주의를 지향했지만, 낭만파 예술가들과 어울리지 않았다.

음악가로는 베를리오즈가 낭만파를 대표했다. 7월 혁명이 일어난 그날, 로마 대상 후보 경연 콩쿠르에 응모할 악보를 탈고하자마자 튈르리 공원으로 직행하여 권총을 빼 들고 라 마르세유(프랑스 국가)를 부르며 군중을 선도했다. 그해 가을, 그는 영예의 로마 대상을 받고 이탈리아 유학길에 올랐다. 쇼팽은 베를리오즈의 인물 됨됨이를 높이 평가하고 있었으나 그의 음악을 탐탁하게 여기지 않았다.

2. 쇼팽의 연인

약혼녀 마리아 보진스카

쇼팽은 1837년, 마리엔바드(현 체코 마리안스케 라즈네) '백조 팬션(현재 쇼팽기념관)'에서 여름 한 달을 보냈다.

같은 해 7월, 보진스키 백작의 막내딸 보진스카와 그녀의 어머니 테레사 백작부인은 보헤미아의 휴양지 마리엔바드에 체제하고 있었다. 테레사 부인은 '올 여름을 마리엔바드에서 보낼 예정'이라는 편지를 쇼팽에게 띄웠다. 쇼팽은 9일 밤낮을 마차로 달려 마리엔바드 '백조 팬션'에 도착하여 8월 한 달 동안 팬션에서 마리아 보진스카 일가와 즐거운 여름을 보냈다.

쇼팽은 마리아에게 신작 〈에튀드〉 Op.25-1, 2의 주법을 지도했다. 마리아는 쇼팽의 초상을 수채화로 그렸다. 귀공자의 모습으로 젊은 날의 쇼팽을 묘사한 이 초상화는 많은 쇼팽의 초상화 가운데 가장 실상에 가깝다는 평가를 받는 작품이다. 현재 바르샤바 쇼팽 박물관이 소장하고 있다.

마리아의 어머니 테레사 백작부인은 쇼팽과 보진스카가 서로 좋아하고 있다는 것을 진작부터 알고 있었다. 8월 말, 쇼팽은 독일 드레스덴으로 떠나는 보진스카 일가를 따라 동행하여 보름 동안 드레스덴에서 지내면서 보진스카에게 청혼한다. 몇 가지 조건이 제시되지만 테레사 부인도 이 청혼을 받아들였다.

쇼팽은 돌아오는 길에 라이프치히를 방문하여 슈만을 재회, 클라라 슈만을 처음 만난다. 그는 〈발라드〉 제1번 Op.23을 슈만을 위해 연주했다. 감격한 슈만은 '천재의 걸작'이라고 극찬했다.

그해 10월, 파리로 돌아온 쇼팽은 이미 도착해 있던 테레사 부인과 마리아의 편지를 읽는다. 테레사 부인은 쇼팽의 건강을 걱정했다. 마리엔바드에 체제 중 그의 건강상태는 그리 좋지 않았다. 수행했던 보진스키 가의 주치의 파리스 박사는 쇼팽을 진찰하여 폐결핵이라고 테레사 부인에게 보고했다.

1836년 10월 말, 보진스카와 테레사 부인은 바르샤바로 돌아갔다. 당시 파리 바르샤바 간의 우편사정은 좋지 않았다. 테레사 부인은 파리에 사는 친지를 통해 쇼팽의 일거수일투족의 동향을 소상히 보고받고 있었다. 쇼팽은 청혼 당시의 약속을 지키지 않고 매사에 절제 없는 생활을 하고 있었다. 모녀와 드레스덴에서 헤어질 때, 다음해인 1837년 여름에 드레스덴에서 다시 만나자는 약속을 했었다. 보진스키 일가는 이 약속을 지키지 않았다.

테레사 부인은 냉철했다. 쇼팽이 병약한 체질이라는 것을 미리부터 알고 있었다. 그러나 중증의 결핵이라는 사실까지는 모르고 있었다. 거기다 쇼팽 자신이 결혼조건으로 제시한 '절제하는 생활'을 하지 않고 있었다. 명문귀족 보진스키 가문과의 신분상의 격차, 쇼팽가는 학문과 사회적 명성은 있었어도 토지와 재산이 없었다. 여러 가지 상황을 고려한 부인은 쇼팽은 보진스키 가문의 사위가 될 수 없다는 결론을 내렸다.

전부터 테레사 부인은 쇼팽을 친자식처럼 여겼다. 이 같은 부인

1

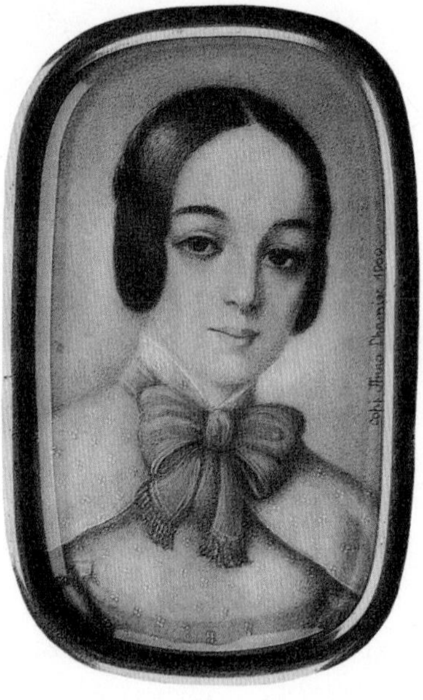

2

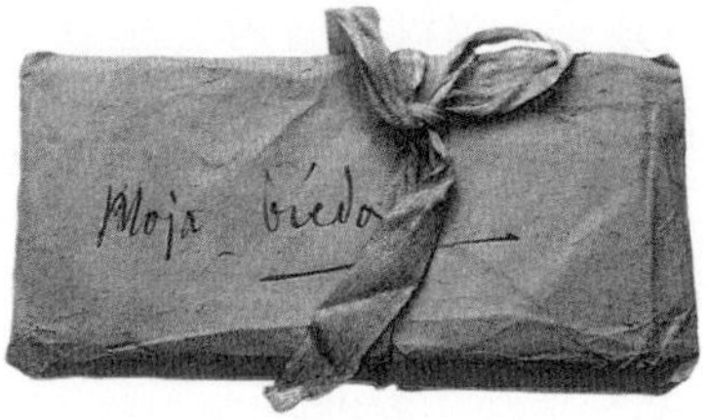

1 마리아 보진스카(1819-96). 바르샤바 쇼팽 협회 소장

2 쇼팽이 주고받은 편지묶음. 겉봉에 "나의 슬픔"이라는 쇼팽의 친필이 적혀 있다

의 친애의 정은 차츰 냉각되기 시작했고, 보진스카의 애정도 하루하루 식어갔다. 결국 마리아와의 사랑은 '폐결핵'이라는 직격탄을 맞고 파괴된다. 이들의 약혼은 결국 '없었던 일'이 되고 말았다.

쇼팽의 상처는 컸다. 테레사 부인과 마리아는 한 보따리의 편지 묶음을 쇼팽에게 보냈다. 그동안 오고 간 편지와 쪽지를 싼 보따리였다. 쇼팽은 되돌려받은 편지보따리 겉포장에 "모야 비에다(Moja bieda, 나의 슬픔)"라고 써 넣으면서 눈물을 흘렸다. 생애 처음으로 흘린 눈물이었다. 이 편지 묶음은 바르샤바 쇼팽 박물관에서 볼 수 있다.

1837년 7월, 쇼팽은 허무한 마음을 달랠 겸 피아노 제작업자 카미유 플레이엘을 따라 런던을 방문, 오페라를 관극하는 등 마차를 전세내 명소를 두루 관광하면서 보진스카와의 사랑의 추억을 지우려고 애썼다.

4년 후, 1841년 보진스카는 폴란드 변방의 영주 요제프 스카르벡 백작과 결혼한다. 요제프 백작은 쇼팽의 대부이고 젤라조바 볼라의 영주였던 스카르벡 백작의 아들이다. 보진스카는 결혼 7년차에 요제프와 이혼하고 7년 뒤 스카르벡의 소작인이던 브와디스와프 오르피제프스키와 재혼하지만, 1년 후, 브와디스와프는 폐결핵으로 사망한다.

보진스카의 어머니 테레사 부인은 쇼팽이 결핵을 앓는다는 이유로 딸과 파혼에 이르게 한 장본인이다. 후일 그녀의 사위도 결핵으로 죽었고, 딸 보진스카의 아들도 결핵으로 죽는다. 운명의 여신은 쇼팽을 버린 보진스카를 저주한 것인지, 보진스카는 1896년 77세로 사망했다.

2 조르주 상드와 첫 만남

파리, 1836년 쇼팽의 마차는 개선문이 있는 에투알 광장을 돌아(쇼팽시대에 개선문은 없었다) 샹젤리제 대로에 들어선다. 막 불을 밝힌 가스등. 가스등은 파리의 애수라고 노래한 베를렌의 시가 녹아 물든 석양이었다. 리스트의 연인 다구 백작부인의 살롱에서 여는 무지크 레이늄 파르티 음악회의 밤에 가는 길이다.

> "세계의 재능들이 모이고, 또 모여들 예술의 도시, 희망의 도시 파리에서 살아야 하는데... 사랑의 파정이 왔다고 눈물을 흘린대서야..."

보진스카와의 약혼은 '없었던 일'이 되고 말았다. 쇼팽은 보진스카를 잊어야겠다고 생각하면서도 그녀에 대한 연민의 정은 잊을 수가 없었다.

마리 다구 백작부인의 문예 살롱.

피아노 코너에서 리스트와 마리 부인, 파리 주재 스페인 영사 부

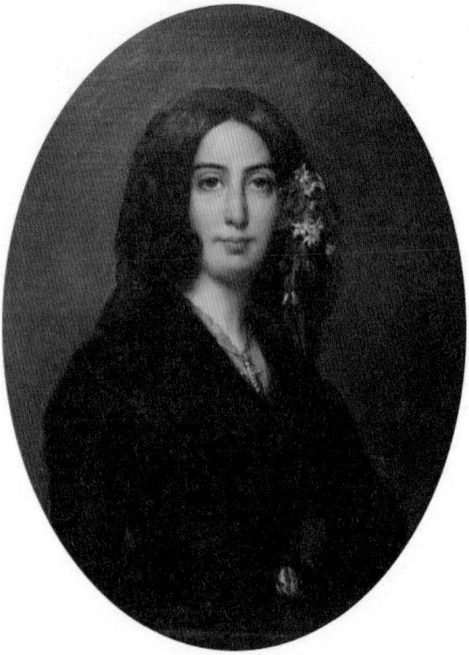

조르주 상드

인 샬로테 마를리아니, 시인 하이네와 미츠키에비치, 음악가 마이어베어와 베를리오즈, 힐러, 로시니, 칼크브레너, 슈베르트의 가곡을 프랑스에 소개한 가수 누리, 망명 폴란드인 기업가 코지미안, 화가 들라크루아, 문학가 셰펠 등 쟁쟁한 파리의 엘리트들이 모였다. 검정 재킷에 빨간 승마바지, 시가를 입에 문 땅딸막한 청년이 눈길을 끈다. 청년은 명사들과 어울려 담소를 나누고 있었다.

"소개합니다. 이 사람이 화제의 프레데릭 쇼팽입니다."

리스트는 신사숙녀에게 쇼팽을 소개했다.

"쇼팽 씨를 프랑스의 귀족이라고 말들을 합니다마는 실은 폴란드에서 온 음악가입니다. 빈에서 폴란드로 돌아가던 중 바르샤바 폭동 소식을 듣고 파리로 왔죠. 오늘, 이 무지크 레이늄 파르티는 쇼팽 씨의 피아노로 활기를 더해줄 겁니다."

리스트는 쇼팽에게 빨간 바지를 입은 청년을 소개했다.

"쇼팽 씨, 소개하고 싶은 여성… 조르주 상드입니다."
"…… ?"

'여자가 바지를 입어?' 쇼팽은 대경실색했다.

상드의 본명은 아망틴 오로르 루실 뒤팽Amantine Aurore Lucile Dupin. 당년 서른 두살의 소설가. 그녀는 남자들과 대등하게, 아니 한 단계 더 위에 올라서서 남자들을 내려다보는 여성이었다. 처음 만나자마자 상드는 쇼팽에게 마음을 빼앗긴다.

1838년 5월 23일자 스페인 영사 부인 마를리아니에게 보낸 편지에서 상드는 쇼팽의 첫 인상을 다음과 같이 적고 있다.

현기증이 쨍하고 왔어요. 호리호리한 몸, 가늘고 매끈하고 길고 예쁘장한 손, 쇼팽의 일거수일투족은 빈틈이 없었어요. 세련된 매너야말로…. 나는 이성을 잃고 말았어요. 얌전히 빗어 넘긴 갈색머리는 명주실 같고, 오른쪽으로 약간 기운 콧날은 더 매력적이고, 우아한 몸가짐은 어디로 보나 귀공자의 기품이었어요.

이 무렵, 쇼팽도 바르샤바의 부친께 편지를 썼다.

유명인사들과 교제하고 있습니다. 공작부인, 후작부인, 백작부인 그리고 부유한 남작부인들이 다투어 제게 피아노 레슨을 청합니다. 머리를 조아려가면서… 제 레슨 매너가 명령적이고 까다롭다는 소문이 났는데도 말입니다. 저는 파리 제일의 값나가는 피아노 선생이 되었습니다. 돈을 벌기 위해 힘겨운 연주회는 이제 안 해도 될 것 같습니다.

편지에 상드의 이야기도 쓰고 있다.

유명한 소설가 뒤드방 부인을 만났습니다. 부인은 프랑스의 유명한 소설가입니다. 그런데, 매너는 소설가답지 않더군요. 부인은 제게 친교 그 이상의 것을 기대하는 모양 같습니다마는 저는 부인에게 호감을 가지고 있지 않습니다.

한 달 후, 12월 13일, 쇼팽은 부친께 또 편지를 썼다. 상드와의 사이가 점점 가까워진다는 내용의 편지였다.

상드 부인과 몇몇 예술가 친구들을 집으로 초대했습니다.

이 무렵, 쇼팽은 〈폴로네이즈〉 1, 3번, 〈마주르카〉 1, 2, 3번, 〈왈츠〉 9번과 12번을 완성한 데 이어 그의 최고 걸작으로 되어 있는 〈피아노 협주곡〉 제1번, 〈녹턴〉 7, 8번 외에 리스트가 자주 연주하여 유명해진 〈24개의 전주곡〉의 전반부 12곡을 출판한다.

이 무렵, 상드는 인간의 욕구불만 해소를 주제로 한 《앵디아나Indiana》와 《발랑틴》을 발표했고, 1833년 7월에 발표한 《렐리아Lélia》는 공전의 대히트를 날렸다. 상드의 명성은 하늘로 치솟고 있었다. 《렐리아》는 소설이기 이전에 인간의 고뇌와 비탄과 절규를 토로하는 내

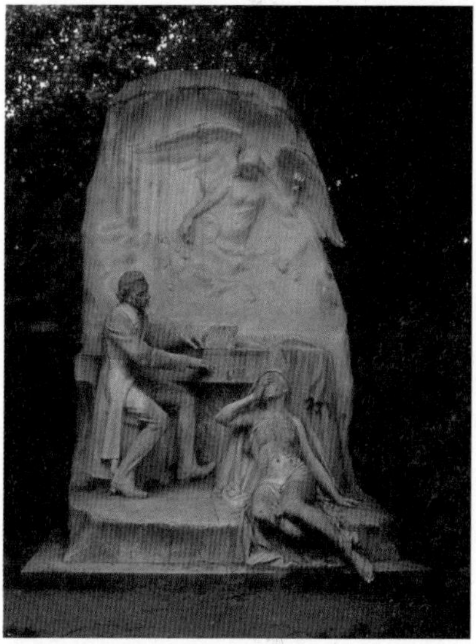
파리 몽소 공원의 쇼팽·상드 기념상

용으로 프랑스 문학계에 커다란 파문을 던진 문제작이다. 문학평론지 '카포 드 피이드'는 《렐리아》를 신랄하게 혹평했으나 샤토브리앙과 뮈세 등 일부 문인들은 《렐리아》를 극찬했다.

1836년 6월, 상드는 남편 뒤드방과의 이혼소송에 승소하여 자유의 몸이 된다. 그녀는 '파리의 톱 스캔들 메이커'로 사교계의 곱지 않은 시선을 받지만, 이에 아랑곳 않고 자기 취향대로 행동했다. 상드는 사회적으로 여성의 권익을 위한 길고 외로운 싸움을 하여 승리를 쟁취한 여성작가다. 파리 문단은 여성해방운동가 상드의 활동을 주목하기 시작했다.

쇼팽은 그녀를 탐탁지 않게 여겼다. 자신의 피아노 제자와 상드를 비교하곤 했다. 제자들은 모두 지체 높은 귀부인, 명문가의 따님들이었다. 상드는 소설가이기 이전에 자유분방한 여성이었다. 제자들과 비교한다는 것 자체가 난센스라고 생각했다. 그의 '이상의 여인상' 콘스탄차, 백작의 막내딸 보진스카와 상드를 비교했다. 콘스탄차는 초원에 만발한 들국화, 보진스카는 푸른 하늘에 떠가는 목화구름, 상드는 탁류에 휩쓸려 떠내려가는 나무토막과 같다고 생각했다.

검은 머릿결이 풍성하고 검은 눈동자와 검은 눈썹은 에스파뇰라의 정열이 이글이글 타는 뜨거운 여인, 풍만한 가슴은 에로스의 S라인 같다.

뮈세는 저서를 통해 상드를 이렇게 찬미했다. 쇼팽과 정반대의 시각이었다.

상드는 19세기 프랑스를 대표 작가 중 하나지만 문학보다 남자관계 스캔들로 더 유명했고, 세간의 평판도 좋지 않았다. 다른 사람들이 쇼팽과의 관계를 말할 때, 상드를 가해자, 쇼팽이 피해자라고 빈정대는 평론가가 많았다. 쇼팽이 단명으로 요절한 책임을 상드가 져야 한다고 주장하는 전기작가도 있었다.

쇼팽이 상드와 동거한 기간은 28세에서 37세까지 9년 동안이다. 아이러니하게도 39년이라는 길지 않은 생애 동안 작곡가로서 가장 다작, 다연한 황금기였다. 그녀와 헤어진 1847년 이후, 쇼팽은 〈왈츠〉 b단조, 〈마주르카〉 제43번, 단 두 곡밖에 쓰지 못했다. 상드의 열정과 숨은 애정이 쇼팽의 창작활동에 크게 영향을 주었다고 말하는 평론가들도 많았다. 이는 부정할 수도 없고, 부정해서도 안 되는 엄연한 사실이다. 《닥터 지바고》로 노벨 문학상을 수상한 러시아 문호 보리스 파스테르나크1890-1906는 말했다.

> "쇼팽의 음악은 매우 자전적이다. 그의 작품에는 조르주 상드의 색깔이 나타날 때가 있다. 짧은 그의 인생처럼 그의 명곡은 짧고도 아름답다."

쇼팽의 명작에 작곡자 자신의 인내와 사상, 그리고 상드의 사랑이 가미된 것은 사실이다.

3 사랑의 도피 여행

1837년 12월 쇼세 당탱 거리, 쇼팽의 아파르트망에서 조촐한 이브닝 파티가 열렸다. 리스트와 다구 백작부인, 하이네, 뮈세, 작곡가 브르조프스키, 베를리오즈, 상드 외에 10여 명의 예술가들이 모였다. 가수 누리는 슈베르트의 〈보리수Der Lindenbaum〉를 쇼팽의 반주로 불렀고, 리스트와 쇼팽은 듀오로 쇼팽의 〈피아노 소나타〉 제1번을 연주했다. 브조프스키Józef Brzowski, 1805-1888는 이날을 회고하면서 '쇼팽의 연주는 일품이었다. 평생 처음으로 본 굉장한 연주'라고 후일 그의 일기에 적고 있다.

작가로서의 인기가 높아지면서 상드는 도에 지나치는 남성편력증을 드러내기 시작했다. 1833년 알코올 중독으로 활동을 중단하고 있던 시인 뮈세와의 동거생활을 했으며 뮈세의 주치의와 삼각관계에 빠지기도 했다. 1835년 3월에는 뮈세와 헤어져 배우 보카제, 소설가 말되 등과 사귀었다. 변호사 브르주와 동거생활에 들어갔다.

1838년, 파리 생 라자르 거리 오를레앙 광장에 있는 스페인 영사 마르리아 백작 저택의 디너 파티에서 쇼팽에 대한 상드의 구애작전은 시작된다. 이날, 파티에서 쇼팽은 피아노를 연주했다. 시정 흘러넘치는 아름다운 선율, 백조의 군무처럼 밀려왔다 밀려가는 건반의 율동, 흔들림 없는 단아한 자세, 상드는 '견딜 수 없어요. 사랑하지 않고서는…, 당신을 사랑하는 여자가 여기 앉아 있습니다'라고 적힌 쪽지를 쇼팽에게 건넨다. 쇼팽은 이 쪽지를 앨범에 넣어 죽을 때까지 간직했다.

조르주 상드를 질타하는 악성 루머가 돌았다.

> "천명이 넘는 남자와 정을 통한 분방한 여인 상드가 이번엔 쇼팽에게 큐피트의 화살을 쏘았고, 쇼팽은 그 화살을 피할 수 없었다."

II

프랑스 음악여행

1. 파리 산책

쇼팽은 파리의 가을을 노래했다. 미츠키에비치의 서사시 〈콘라드 발렌로드〉에 의한 그의 〈발라드〉 제1번 g단조 Op.38은 그 시대 쇼팽의 샹송이다. 쇼팽 시대에는 파리에 샹송이 없었다.

이브 몽땅과 코라 보케르는 지금 천국에 있다. 그런데, 그들의 샹송이 샹젤리제에서 들리고 있었다. 나는 이 거리를 하루도 안 빠지고 한 달 동안을 걸어서 왔다 갔다 했다. 몽땅과 보케르의 샹송을 이 거리에서 분명히 들었다. 〈파리의 마로니에…〉, 〈고엽의 파리…〉. 세상 사람이 다 아는 애잔한 낙엽의 노래다.

소녀 취향에 퇴색해버린 애수. 그래서 낙엽과 샹송이 역겹다는 젊은이들이 있다. 젊은이들이여, 파리에 한번 와보라! 샹송과 낙엽이 진짜 파리의 낭만이라는 것을 알게 될 테니까. 거장 루이 마르가 감독하고 카트린 드몽조가 출연한 〈지하철 소녀 쟈지〉라는 영화가 있다. 낙엽이 수북이 쌓인 튀를리 공원이 무대다. 영화 속의 낙엽은 황금색 아라베스크 융단처럼 아름답다.

촉촉하게 비에 젖은 낙엽의 샹젤리제 길을 걷는다. 〈지하철 소녀 쟈지〉에는 샹젤리제 카페를 대표하는 '푸케Le Fouquet's'가 나온다. 낙엽

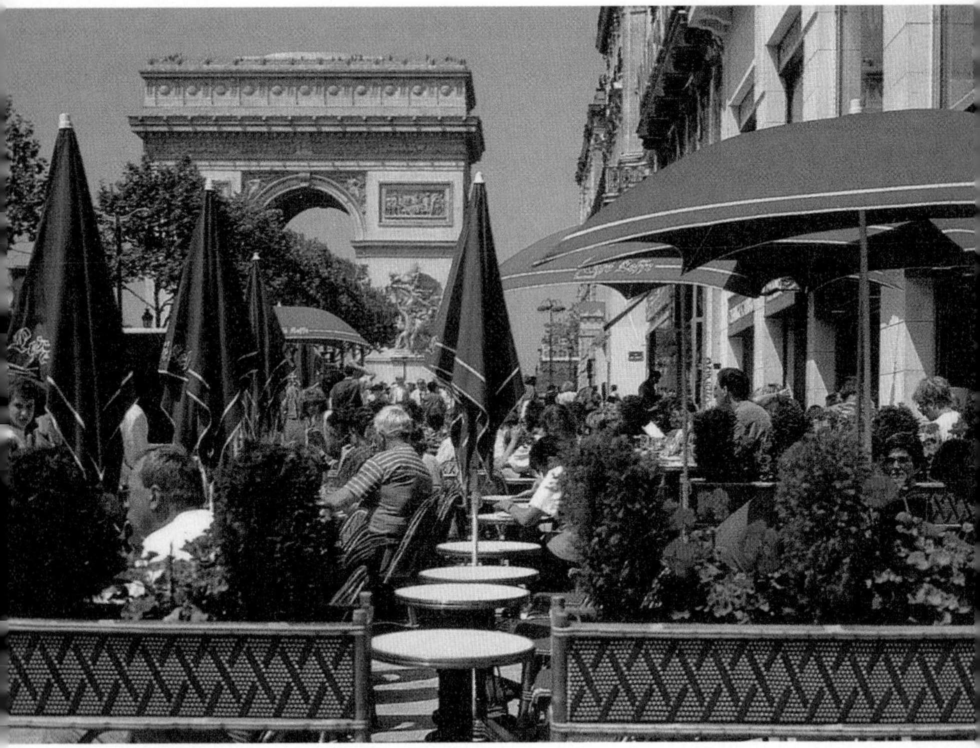

상제리제 카페

과 카페를 빼놓고 파리의 얘깃거리는 없다. 보도에 빨강 차양을 친 '푸케'의 카페 테라스에서 아메리칸 커피를 시켜놓고 반나절을 앉아 있었다. 쇼팽과 이브 몽땅, 낙엽과 카페, 마로니에를 따로 얘기하면 재미가 없다.

카페 푸케는 1899년에 문을 열었다. 개업 이래 인테리어를 바꾼 적이 없다고 했다. 파리 카페의 고전을 자부할 만하다. 샹젤리제 보도가 바로 푸케의 테라스다. 저명인사, 작가와 시인과 가수와 배우, 영화감독과 음악가와 화가들을 하루 종일 테라스에서 볼 수 있다.

파리에는 한 해 두 번 풍취의 계절이 찾아온다. 마로니에 꽃이 하얗게 피는 5월과 떨어지는 잎이 바람에 쓸려 다니는 10월이다. 에펠탑에 밀레니엄의 네온을 밝힌 것이 엊그제 같은데, 어느새 10년의 세월이 흘러갔다. 샹젤리제의 낙엽이 휘날리는 길을 걸어가는 사람들 가운데 이방인과 관광객 열 중 여덟은 청바지에 운동화를 신었다. 청바지는 파리의 새 풍물로 등장하고 있다. 10년 전만 해도 가을의 파리는 신사와 숙녀의 바바리코트가 거리의 주류였다. 바람에 펄럭이는 코트 자락이 낙엽의 풍정 못지않은 파리의 매력이었다.

파리 페스티벌

매년 9월부터 10월까지 개최하는 파리 무지칼레 드 파리 페스티벌 시즌이 오면, 파리는 춤을 추기 시작한다. 샹젤리제 극장Théâte des Chanps Elysées은 페스티벌의 메인 스타디움이다. 샹젤리제 대로 알마 광장 이면도로 고급 주택가15 Av. Montaigne에 있다. 1913년, 페스티벌에 처음으로 참가한 극장이다. 첫 프로그램으로 러시아의 전설적인 무용가 바츨라프 니진스키와 디아길레프, 베이스 가수 표도르 샬리아핀 등이 국립 러시아 발레단을 이끌고 와 공연하여 열광적인 박수와 갈채를 받았다.

시즌 동안 오케스트라 콘서트가 열리는 잘 플레이엘Salle Pleyel은 개선문이 있는 에투알 광장에서 와그람Wagram 거리를 지나는 생토노레 거리 252번지에 있다. 홀 외관은 다소 우중충해 보이지만 내부는 2,000석 규모의 정결한 분위기다.

시즌 동안 피아니스트이며 지휘자인 알프레드 코르토가 설립한 에콜 노르말 고등음악학교의 연주 홀과 에펠탑에서 가까운 샤요 궁전 콘서트 홀, 센 강 남안 제14구에 있는 카나다회관에서 쇼팽피아노 콘서트와 실내악 콘서트가 열린다. 또 에펠탑 다리 건너에 있는 세르

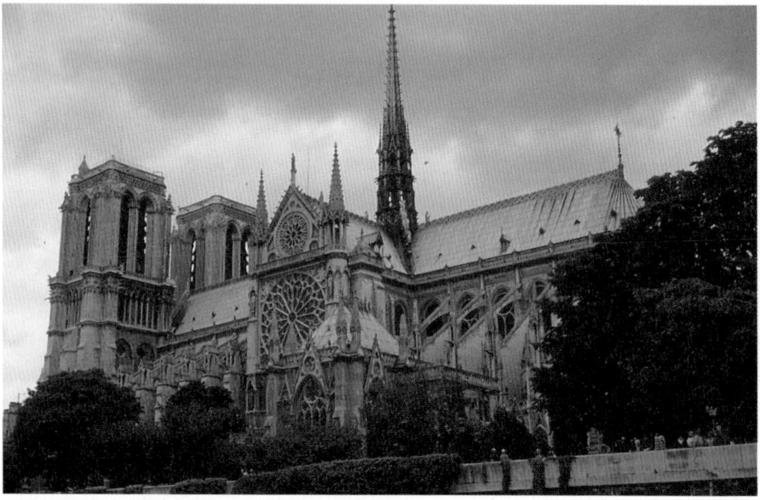

파리 노트르담 사원 풍경

게이 라흐마니노프 러시아 음악학교는 레코딩을 위한 피아노 라이브 콘서트를 연다. 시테 섬 건너 센 강변 샤틀레 광장의 샤틀레 극장도 페스티벌에서 한몫을 단단히 하고 있다. 광장에 22미터 높이의 대 원주탑이 있는 이 극장은 나폴레옹 3세의 명으로 개설된 극장이다.

페스티벌에서는 독일 교회음악의 전형인 오르간 콘서트를 파리에서 보는 즐거움도 있다. 시즌 동안 오르간 콘서트는 노트르담 사원에서 열리는데, 높이 32미터의 파이프에서 울리는 음향은 장엄하다. 또 시테 섬의 생 쉴피스 성당Eglise Saint Sulpice 남쪽 탑에서도 오르간 연주회가 열린다. 이 탑 연주 홀에 있는 금장무늬의 흰색 오르간은 비운의 왕비 마리 앙투아네트가 베르사유 궁전에서 쓰던 것이라고 한다.

ㅣ 카페 드 라 페

팔레 루아얄 광장 앞 코메디 프랑세즈 극장에서 북서쪽으로 확 트인 대로가 블루바르 오페라다. 중세 바로크, 네오클래식 건물들이 길 양쪽을 꽉 메운 파리 제일의 화려하고 번화한 거리다. 15분쯤 걸어가면 르네상스 양식의 오페라 가르니에 국립파리 오페라극장Theatre National l'Opera de Paris이 T자형으로 길을 막아선다.

오페라 대로에는 블록마다 십자로가 있어 사통팔달할 수 있다. 어느 길 어느 골목 할 것 없이 모두 고급 브랜드가 모여 있는 상가다. 하루쯤 시간 여유가 있으면 눈 딱 감고 무작정 거리를 걸어보라고 권하고 싶은 거리. 생토노레 거리, 평화의 거리, 방돔 광장, 마들렌 광장은 파리 부티크의 천국이다. 여름철의 여행자는 대개 반바지에 T셔츠 차림으로는 명품점 출입이 어렵다. 그러나 여행자라도 가슴을 쫙 펴고 거리를 활보할 수는 있다. 그냥 쇼윈도우를 들여다보는 아이쇼핑을 말리는 사람은 없으니까…….

오페라 대로 주변을 만보하자. 이 지역에는 연극관, 영화관, 오페라관이 있고, 시인과 문인, 극작가, 음악가, 배우와 가수들이 단골로 드나든 수백 년 된 카페도 있다.

오페라 극장 왼쪽에 200년 전 오픈한 전설의 카페가 있다. 쇼팽과 상드, 리스트와 멘델스존, 베를리오즈, 하이네와 들라크루아가 자주 드나들던 '카페 드 라 페Café de la paix'는 오페라 극장을 설계한 샤를 가르니에가 내부를 장식했다고 한다. 당시의 인테리어를 그대로 보존한 채 손님을 맞고 있다.

카페 드 라 페에서 서쪽으로 꺾어지는 가도가 카푸신Capucines 거리인데 이 거리를 곧바로 내려가면 마들렌 광장이 나오고 광장 한 가운데 4면 모두 파사드로 된 마들렌성당La Madeleine이 있다. 마치 그리스의 거대한 신전을 통째로 옮겨다놓은 것 같다. 1839년 10월, 쇼팽의 장례식을 치른 사원이기도 하다.

카푸친 거리는 파리 최대의 액세서리, 양품점, 화장품점이 밀집해 있는 쇼핑가지만, 영화관이나, 연극관도 점점 자리하고 있다. 주로 가수들의 리사이틀과 쇼를 공연하는 유명한 올랭피아 극장L'Olympia도 이 거리에 있다. 이 거리 14번지에 유럽 최초로 영화를 상영한 '영화탄생의 집'이 있다. 1895년, 뤼미에르 형제가 16밀리미터 필름을 사용한 다큐멘터리 무성영화를 제작 상영한 곳이다. 영화 탄생의 집에서 서쪽으로 50보쯤 내려가면 옛 외무부 연락 사무소가 있다. 이곳은 1842년, 작가 스탕달이 뇌일혈로 쓰러져 불귀의 객이 된 장소다. 동쪽으로 500미터 거리인 푸아소니에르 27번지에 쇼팽 거주 건물이 있다.

---

2 카페 프로코프

프랑세즈 아카데미 학술원에서 오른쪽으로 꺾어드는 마자랭Mazarine 거리를 지나 코메디Comedie 거리로 들어가는 초입 13번지에 붉은 차양을 내린 18세기 문학 카페 '프로코프Le Procope'가 있다. 1686년에 개점한 파리 카페 역사 제1호의 전통을 지닌 카페다. 문을 연 당시에서 개축과 개장을 안 했다고 한다. 생탕드레 통행로 뒷길 일변에 있는 이 프로코프는 이쪽 모퉁이에서 저쪽 모퉁이까지 전면을 다 차지하고 있어 찾아가기 쉽다.

유명한 파리 가이드 북 《미슈랑》 빨강 표지판 책에 안내도가 실려 있다. 음식 값은 우리 돈으로 1인당 5~9만 원 내외다(2008). 싼 값이 아니지만, 지배인은 찾아오는 손님을 18세기로 시간여행시키는 값을 더해 받는다고 당당하게 설명한다.

정치사상가 루소, 단톤, 로베스피에르가 이 카페에 드나들었고, 당대의 문호, 시인, 철학자, 정치가, 음악가, 화가, 가수, 배우들이 담론하며, 새 세상, 새 시대정신, 새 예술 사조를 창출했다. 달랑베르가 프랑스판 대 백과사전을 기획한 곳도 이 카페였다. 19세기에는 쇼팽과 상드, 리스트, 미츠키에비치, 베를렌, 화가 들라크루아, 문호 발자크가 이곳에 드나들며 그들의 예술을 피력했다.

동양의 고대성어 한 구가 생각난다. '새 술은 새 부대에'라는 말이다. 그러나 생활의 지혜와 사상과 예술은 새 부대에서는 숙성되지 않는다. 반대로 낡고 누더기가 된 헌 부대에서 싹트고 뜸이 든다. 시인 릴케는 낡고 충충해 보이는 집들이 빼곡히 들어선 파리의 골목길에 들어서면 인간은 거기서 새 시야, 새 지혜를 발견하게 된다고 반박했다.

프로코프 메뉴표에 '발자크 커피'가 눈에 띈다.

일본서 유학 왔다는 아르바이트 여대생이 서빙을 하고 있었다.

"발자크 커피?"

일본어로 물어보았다.

"뭐, 특별한 브랜드의 커피는 아니고… 1835년경 이 카페 단골손님 발자크 씨가 명명한 커피랍니다."

문호 발자크가 대단한 커피광이었다는 것을 나도 안다. 하루에 블랙으로 백 잔을 마셨다는 기록도 있다. 발자크 커피를 주문했다. 시큼하면서 역겨운 냄새가 났고 잔에 두 번 입을 대기 싫었다.

"이 커피를 하루에 백 잔을 마시면 소설가가 된다고? 소설가 되기를 포기하면 했지 난 이 커피 백 잔 못 마셔!"

아메리칸 커피를 다시 주문했다. 소설가가 되는 게 이렇게 어렵구나! 아메리칸 커피 마시기는 이리 쉬운데…. 나는 여대생에게 빙긋 웃어 보였다.

3 쇼팽 최후의 집

세계의 부호, 귀부인들이 우쭐대는 보석 쇼핑가가 있다. 방돔 광장Place Vendôme이다. 마들렌 광장 왼쪽 길로 들어서면 세계적인 브랜드 샤넬 화장품 본 건물이 보이고, 다시 고급 양복점, 양화점, 의상실이 밀집한 카푸친 가도를 내려가면 여섯모꼴의 넓고 고풍스런 광장이 나온다. 유명한 보석의 거리 방돔 광장이다.

나폴레옹의 동상을 받치고 높이 솟은 원기둥 탑은 방돔 광장의 심벌이다. 보석과 귀금속점, 최상급의 호텔이 밀집해 있다. 세계 각국에서 귀족과 부호 등 상급계층 귀부인들이 찾아온다. 광장 오른쪽에 있는 명문 리츠호텔은 빌리 와일더가 감독한 명화 〈하오의 연정〉(1957)의 무대이기도 하다. 영화에서 오드리 헵번이 맨발로 카페트 바닥을 걸어 다녔던 것처럼 임페리얼 스위트 호텔이다. 호텔과 보석점들은 정숙한 차림의 신사숙녀라야 출입이 가능하다. 돈보다 출입자의 기품과 인격을 최우선시하기 때문이다.

방돔광장에는 쇼메Chaumet와 부슈롱Boucheron이라는 유명한 보석점이 있다. 그중 쇼메는 나폴레옹 대관식 때 황제의 검과 왕관을 제작한 보석점이다.

보석상 쇼메가 있는 12번지의 2층은 쇼팽이 1849년 10월, 그의 생애를 닫은 최후의 주거였다. 건물 출입구 위, 2층 창문 외벽에 쇼팽이 살았다는 대리석 안내판이 붙어 있다.

'프레데릭 프랑수아 쇼팽, 폴란드 제라조바 볼라에서 1810년 2월 22일 출생, 1849년 10월 17일 이 집에서 운명했다.'

1

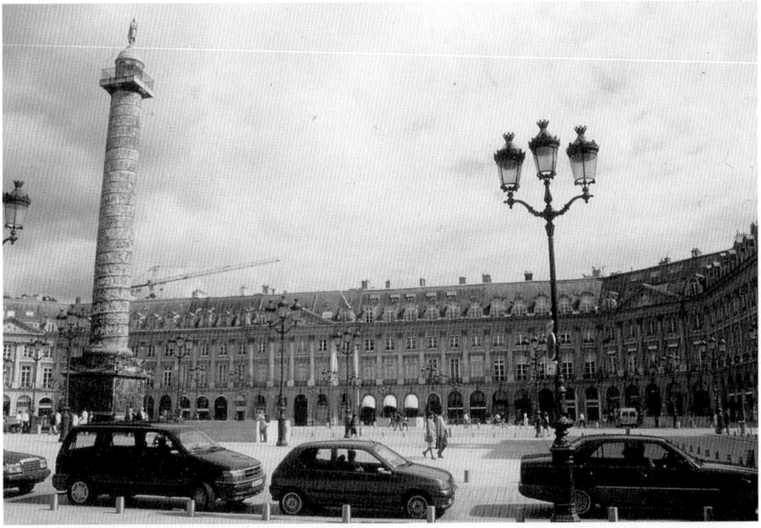

2

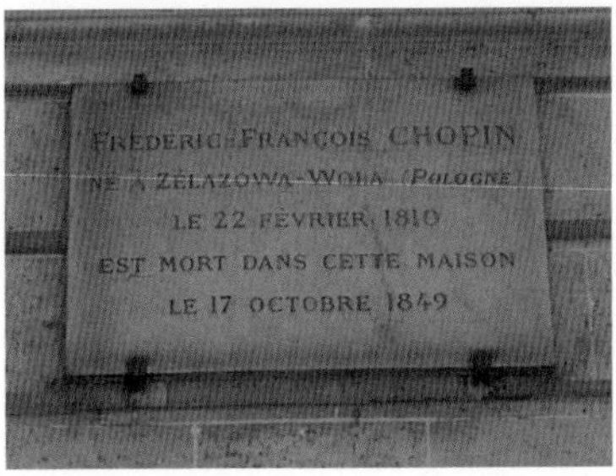

3

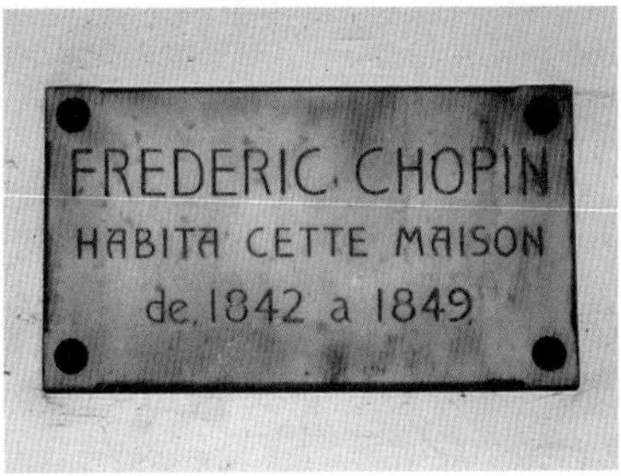

1 파리 방돔 광장, 쇼팽 최후의 집 주소 12 Place Vendôme.

2 파리 방돔 광장, 쇼팽의 명판

3 쇼팽이 살던 아파르트망 명판주소 27 Boulevard Poissonnière.

2. 쇼팽 묘소
– 페르 라셰즈 순례

페르 라셰즈

파리의 묘지는 어두운 이미지가 없다. 시민들은 여름이면 우거진 녹음, 가을이면 낙엽 쌓인 샛길을 한가로이 산책한다. 파리의 묘지는 죽은 사람들의 세계가 아니다. 산 사람들이 자기의 훗날을 볼 수 있고, 훗날의 자화상을 통해 가치관을 찾는 삼면 거울의 세계, 이것이 파리의 묘지다.

오페라광장에서 갈리에니Gallieni 행 3호선 메트로를 탔다. 열 정거장째가 페르 라셰즈Père Lachaise역이다. 석조예술의 극치라는 쇼팽의 묘비를 보러 페르 라셰즈 묘지를 찾았다. 아름드리 마로니에 그늘 드리운 잔디밭에 새하얀 벤치가 놓여 있다. 책을 읽는 여인이 있고, 여름엔 시원하고 낙엽의 계절에도 쓸쓸하지 않고, 눈 내리는 겨울에도 돌비석은 차갑지 않다. 이것이 파리 묘지의 인상이다.

후세에 이름을 남겨 놓은 음악가와 화가, 시인과 작가, 한 시대를 풍미한 가수와 배우가 깨지 않는 긴 잠을 자는 곳이다. 프랑스인이 아니라도 파리를 사랑하다 죽은 이방인들의 묘도 많다. 제 나라 사람이든 다른 나라 사람이든 가리지 않고 포용하는 파리의 아량을 여기서도 읽을 수 있다.

필자가 버리지 못하는 버릇 하나. 유럽에 가면, 꼭 이름난 예술가들의 묘지를 찾는다. 물론, 참배가 목적은 아니다. 아무에게도 방해받지 않을 수 있는 나만의 사색을 위해서다. 이 나라 저 나라의 큰 묘지에 가보면, 흙무덤에 떼잔디를 입힌 한국의 무덤과는 개념이 다른 무덤들이다. 파리의 묘지, 아니 유럽의 묘지는 석조 예술의 야외 전시장이기도 하다.

종일토록 서서 봐도 진력이 나지 않는 묘비명에는 하나같이 문학이 있고 철학이 들어 있다. 십만 개가 넘지만, 닮은꼴이 하나도 없는 묘비, 각각 다른 개성과 주장을 가진 묘비들, 영원불변하는 돌에 죽은 사람의 가치관을 새긴 당당한 모습을 한 묘비들이다.

물론, 한국의 묘지와 유럽의 묘지 개념을 비교하고 평가하는 것은 곤란하다. 한국인은 묘지 하면, 먼저 음습한 공동묘지를 떠올린다. 이런 선입견 때문에 사람들은 공동묘지에 가기를 망설인다. 서울 망우리 묘지는 한국을 대표하는 묘지다. 이 묘지에도 파리의 묘지가 그렇듯이 저명한 인물들의 묘가 많다. 그런데, 참배객이나 산책하는 이의 발길이 뜸한 것이 파리의 묘지와 다른 점이다. 망우리 묘지에 시인 박인환의 묘와 화가 이중섭, 소설가 계용묵, 〈님의 침묵〉을 쓴 만해 한용운, 어린이날을 만든 소파 방정환의 묘가 있다는 것을 아는 이가 드물다. 역사적 문학적으로 저명한 이분들의 묘에 고작 고인의 이름을 새긴 돌 팻말뿐 비명을 따로 새긴 묘비가 없다.

유럽 사람들은 죽은 사람도 산 사람과 똑같은 대접을 한다. 변함없는 애정으로 망자의 개성을 존중하며, 유해를 땅에 묻고 몇 달, 몇 년의 시일이 걸려 묘비를 쪼고 다듬어 고인의 유택에 세운다. 그리고 그 묘지에 가서 경건하게 고인을 추모한다.

인류에 공헌한 학자, 예술가의 묘지는 그 지역 문화기관이 안내원을 따로 배치하는 등 참례자를 위해 여러 가지 편의를 제공한다. 생전의 인생은 짧은 것이지만 예술은 긴 것이어서 예술가의 묘지에 한하여 이 같은 배려를 하는 것이다. 이런 배려는 비단 파리의 3대 묘지에만 있는 것은 아니다. 빈의 중앙 묘지, 본의 알테 묘지, 프라하의 비셰흐라드 묘지도 그렇다.

당신이 유럽을 여행할 때, 평소 관심 있던 예술가의 묘지에 가볼 기회가 생긴다면, 한 시간 두 시간, 시간을 아까워 말고 비석에 새겨져 있는 묘비명을 읽어 보고 그 비명이 지니는 의미를 되새겨보시라. 거기 잠들어 있는 주인공이 생전에 주장한 사상과 개성을 꼼꼼하게 짚어보면 그 주인공의 전기를 여러 번 읽는 것 이상의 성과를 얻을 수 있을 것이다.

파리에는 역사상으로 이름을 남긴 사람, 위대한 학자, 예술가들이 잠들어 있는 세 곳의 묘지가 있다. 페르 라셰즈, 몽마르트, 몽파르나스 묘지다.

페르 라셰즈는 프랑스 제일 규모의 공설 묘지이며, 세계적으로 널리 알려진 대 묘역이다. 1804년 5월 21일, 나폴레옹 때 개장했다. 오페라 광장역에서 지하철 3호선 갈리에니Gallieni 행으로 10번째 정거장 페르 라셰즈 역에서 내린다. 정문 옆 관리사무소에서 묘지 배치도를 무료로 준다.

이 묘역에는 쇼팽을 비롯하여 로시니, 비제, 가수 에디트 피아프, 이브 몽땅, 작가 모리에르, 콜래트, 빅토르 위고, 발자크, 화가 들라크루아, 코로 등 많은 예술가들이 잠들어 있다. 정문을 들어서기 전 오른쪽 담장을 끼고 좌회전하는 동쪽 담벽을 보아두면 좋다.

파리 사람들은 이 담장을 뮈르 페데레Mur des Fédérés라고 부른다.

프랑스혁명 때는 집단 총살 형장이었다. 잔혹했던 프랑스혁명사 피의 흔적이 배어 있는 담장이다. 1871년, 노동자계층이 주동이 된 사회주의 혁명전선 '파리 코뮌Commune de Paris이 무력봉기했으나 두 달 후, 정부군에 진압되어 코뮌 당원 147명이 이 담장에서 총살당했다. 쇼팽의 연인이던 조르주 상드도 당시 파리 코뮌의 홍보부장이었다. 일이 터지자 급거 노앙으로 피신하여 화를 면했지만…….

아름드리 마로니에가 양쪽에 있는 묘역 안 중앙통로, 그 정경은 묘지가 아닌 궁전의 정원 통로로 착각할 만큼 아름답다. 100미터쯤 올라가면 묻힌 사람들의 영혼을 위무하는 흰 대리석조 '천국으로 들어가는 문'이 있다. 문으로 들어가는 망자들의 석상은 인생의 무상과 허무를 상기시킨다.

'천국으로 들어가는 문'에 못 미쳐 오른쪽으로 꺾어지는 제11지구 초입에 천사가 고개를 숙이고 슬피 우는 아름다운 묘비가 있다. 피아노의 시인 쇼팽의 묘비다. 사시사철 꽃을 든 시민들이 길게 줄을 서 있어서 찾기가 쉽다.

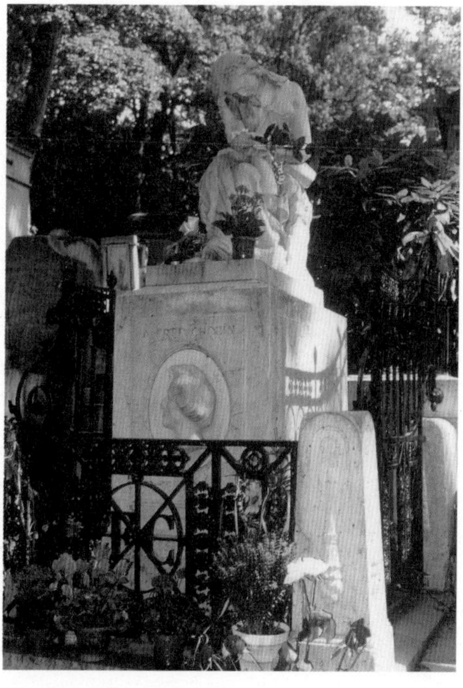
파리 페르 라셰즈, 쇼팽의 묘비

프랑스의 묘지 관계 법령은 매장 50년이 지나면 관리 유지비 지급이 중단된다. 역사상 이름을 남긴 저명인과 예술가는 예외로 영구 관리해준다. 현재 페르 라셰즈 묘지에는 100년이 넘은 관리 묘지 250기가 있다. 모두 예술가, 역사상 저명인의 묘다.

쇼팽의 여동생 에밀리아의 목숨을 앗아간 결핵이 1838년에는 쇼팽을 겨냥하고 있었다. 1947년, 상드와 애정의 파탄…, 쇼팽의 창작력은 하루가 다르게 무뎌져갔다. 다시 2년, 쇼팽은 바르샤바에 있는 누나 루드비카를 파리로 부른다. 결핵이 최악의 상태로 발진하고 있었다. 그해 10월 17일, 쇼팽은 전설과 비밀과 수수께끼, 그리고 수백 곡이 넘는 피아노 명곡을 세상에 남기고 39세의 나이에 생애를 닫았다. 그가 마지막으로 남긴 말이 있다.

> 어머니, 사랑하는 나의 어머니. 먼 이역 땅에서 죽은 아들을 평생 동안 생각하실 나의 어머니. 육신은 파리에 묻힙니다마는, 저의 심장은 어머니가 계신 나의 고향, 나의조국 바르샤바로 가져가 주세요. 아. 사랑하는 나의 어머니…

지금, 페르 라셰즈에 잠들어 있는 쇼팽의 유해에는 심장이 없다. 그의 심장이 안치된 바르샤바 성 십자가 성당의 쇼팽 안내판에는 '당신의 보물이 있는 곳에 당신의 마음이 있다'는 성구가 새겨져 있다. 쇼팽의 심장은 지금 이 성당 석주 안에 안치되어 있다.

쇼팽 사후 1주기인 1850년 10월 17일, 쇼팽의 묘지에 친구들과 제자들이 모여 묘비 제막식을 거행했다. 묘석 위에서 흐느껴 울고 있는 천사상은 솔랑주의 남편 클레쟁제의 작품이다. 이날 제막식에 포토츠카 백작부인과 스코틀랜드의 스털링 양도 참석했다.

2 페르 라셰즈의 유명인사

쇼팽의 묘열 아래 줄에 프랑스 근대 오페라의 형식을 정립했고, 파리음악 대학원장을 지낸 이탈리아의 음악가 게르비니Luigi Cherubini, 1760-1842의 묘가 있지만, 찾는 사람은 뜸하다. 등잔 밑이 어둡다는 격이다. 쇼팽의 묘 그늘에 가려 그런 것 같다.

20세기 전반, 프랑스 심리소설의 최고봉 마르셀 프루스트Marcel Proust, 1871-1922의 묘도 쇼팽과 같은 11지구에 있다. 프루스트는 독창적인 작법으로 과거를 재구성한 대작 심리주의 소설《잃어버린 시간을 찾아서》전 7부 13권을 발표한 프랑스의 작가다.

쇼팽의 묘 왼쪽 제4지구에 프랑스 낭만파 3대 시인의 한 사람 뮈세Alfred Musset, 1810-57의 묘와 평생을 독신으로 지낸 바르비 종파 신 고전주의 화가 카미유 코로Camile Corot, 1796-1875의 묘, 또 이탈리아 출신 소프라노 가수로 유럽 오페라계에 이름을 떨친 그랜드 프리마돈나 아델리나 파티Adelina Patti, 1843-1919의 묘가 있다.

시집《알코올》로 프랑스 문단에 전위파 풍조를 일으킨 시인 아폴리네르Guillaum Apollinaire, 1880-1918의 묘는 쇼팽의 묘 한 블록 아래 제12지구에 있고, 여기서 왼쪽으로 두 블록을 더 가는 제13지구에 쇼팽과 상드, 리스트와 절친했던 낭만파 화가 들라크루아Eugene Delacroix, 1798-1863가 잠을 자고 있다.

동물을 소재로 한 소설로 유명한 프랑스의 여성작가 콜레트Claudine Collet, 1873-1954의 1지구 묘에서 가까운 제27구에 낭만주의 운동의 중심에 섰던 문호 빅토르 위고Vitor Hugo, 1802-85의 묘가 있고, 파리 코뮌이 집단 총살된 바로 그 담장 가까운 제89지구에는 영국 출신의 소설가 오스카 와일드Oscar Wilde, 1854-1900의 묘가 있다. 와일드는 1854년 10월 아일랜드 더블린에서 의학자의 아들로 태어나 33세 때 동화〈행복한 왕자〉, 희곡〈살로메〉를 발표하여 유럽 문단에서 크게 주목을 받은 작가다.

비제의 걸작 오페라 〈아를의 여인〉의 원작자로 시적 정서와 음악적 정감이 풍부하기로 정평이 난 작가 알퐁스 도데Alphonse Daudet, 1840-97의 묘는 제6지구에 있고, 배우로 한 시대를 풍미한 사라 베르나르Sarah Bernardt, 1844-1923는 제44지구에서 영면하고 있다. 영화 〈연상의 여인〉에 출연하여 할리우드에서 아카데미 여우 주연상을 받은 시몬느 시뇨레Simone Signoret, 1921-85의 묘가 제17지구에 있고, 유럽 고전 희극의 기초를 다진 작가 겸 배우 몰리에르Molière, 1622-73의 묘는 제25지구에, 시인이며 고전주의 문학을 대표하는 라 퐁테느La Fontaine, 1621-95의 묘도 같은 25지구에 있다.

쇼팽의 묘에서 가까운 제48지구에 출판업에 손을 댔다가 실패하여 다시 작가로 돌아가 걸작 《올빼미 당》을 쓴 문호 발자크Honore de Balzac, 1799-1850의 묘가 있다. 발자크는 20년 동안 이 작품을 쓰기 위해 하루 100잔의 커피와 10잔이 넘는 꼬냑을 마셨다고 한다. 쇼팽과 상드, 리스트와도 친교가 두터웠던 발자크는 프랑스혁명 발발부터 2월혁명까지 반세기에 가까운 시간 동안 프랑스 사회와 서민생활의 면면을 적나라하게 묘사한 리얼리즘의 대작소설 《인간희극》을 썼다. 이 작품에는 2,000여 명의 인물이 등장한다.

가파른 비탈 나뭇잎 사이로 주택가가 내려다보이는 제68지구 통로에 면한 곳에 오페라 〈카르멘〉과 〈아를의 여인〉을 작곡, 로마 대상을 획득한 프랑스의 작곡가 비제Georges Bizet, 1838-75의 묘가 있다. 곧게 올라간 철통형 원주 위, 등신대의 청동 흉상은 그의 걸작 〈카르멘〉에 나오는 호세처럼 당당한 모습이다. 비제의 묘 맞은쪽에 루마니아 출신의 천재 바이올리니스트 에네스쿠Georges Enescu, 1881-1955의 묘가 있다.

뮈르 페데레 담장 가까운 제96지구에 있는 몽파르나스 빈민가에서 가난 때문에 젊은 나이에 요절한 천재 화가 모딜리아니Amedeo

Modigliani, 1884-1920의 묘는 흑회색 석관 팡파짐한 상판에 "이제 바로 영광을 차지하려는 순간에 죽음이 그를 데려가다Compagna devota Fino All Estremo Sacrifizio"는 비명이 쓰여 있다. 애잔한 상념을 자아내게 한다. 모딜리아니는 1920년 결핵으로 사망했다. 어두컴컴한 쪽방에서 아내 잔은 빈사상태의 남편을 끌어안고 울고 있었다. 모딜리아니는 친구들에게 업혀 상 페르 자선병원에 입원하지만 이틀 후에 숨을 거둔다.

프랑스의 오페레타 작곡가 플랑케트Robert Planquette, 1848-1903의 묘가 제93지구에 있고, 제97구에 있는 〈장밋빛 인생〉을 부른 에디트 피아프Edith Piaf, 1915-1963와 영화 〈고엽〉에 출연하여 인기를 드날렸던 배우 겸 샹송 가수 이브 몽땅Yves Montand, 1921-91의 묘지에도 사계절 꽃다발이 쌓인다.

파리에서 사망한 이탈리아의 오페라 작곡가 로시니Gioacchino Rossini, 1792-1868는 1868년 11월 페르 라셰즈에 묻히지만, 19년 후 그의 유해는 이탈리아 정부가 파견한 군함에 실려 이탈리아로 운구되어 피렌체 산타 크로체 교회 묘지에 이장된다. 그러나 여기 페르 라셰즈 제1지구에 원래의 묘각과 묘비가 고스란히 보존되어 있어 지금도 추모객들의 헌화 행렬이 끊이지 않는다.

제3악장
쇼팽과 스페인

I

쇼팽과 마요르카 섬

쇼팽 여행 포인트 III: 스페인

- 마요르카 섬

1 **송 방(Son Vent)**
  www.son-vent.com/Son_Vent_EN/Hotel.html

2 **발데모사 카르투하 수도원(Cartuja de Valldemosa)**
  www.celdadechopin.es

- 바르셀로나-팔마 페리 티켓 예약
  www.trasmediterranea.es/en

1. 쇼팽과 상드

물 같은 남자, 불 같은 여자의 러브스토리. 음악가 프레데릭 쇼팽과 여성작가 조르주 상드의 사랑 이야기다.

1838년 10월 18일 파리. 조르주 상드는 아들 모리스와 일곱 살 난 딸 솔랑주, 가정부와 함께 사두마차에 올랐다. 칠흑 같은 밤, 주마등도 안 밝히고 몰래 파리를 빠져나갔다.

파리 사교계는 쇼팽과 상드 사이의 껄끄러운 소문으로 시끌벅적했다.

소문을 재워야 한다. 동거 중인 극작가 페르시앙에게서 도망쳐야 한다.

당시 쇼팽은 폐결핵, 아들 모리스는 류머티즘을 앓고 있었다. 상드는 지중해의 낙원 마요르카Mallorca 섬으로 가 쇼팽과 사랑을 나누면서 폐결핵을 앓는 쇼팽과 아들을 요양시킨다는 일거삼득의 계획을 세웠다.

1

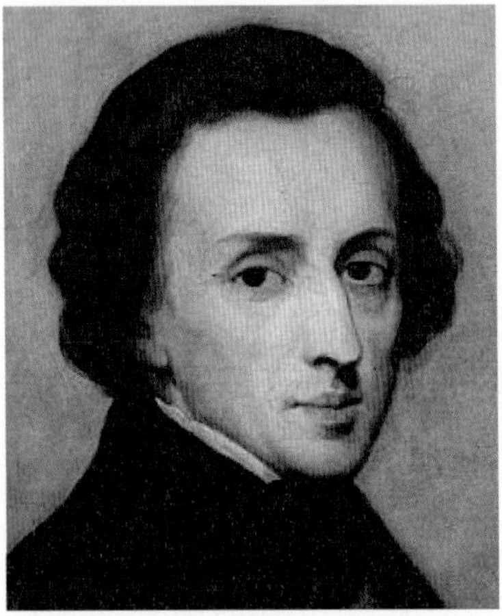

2

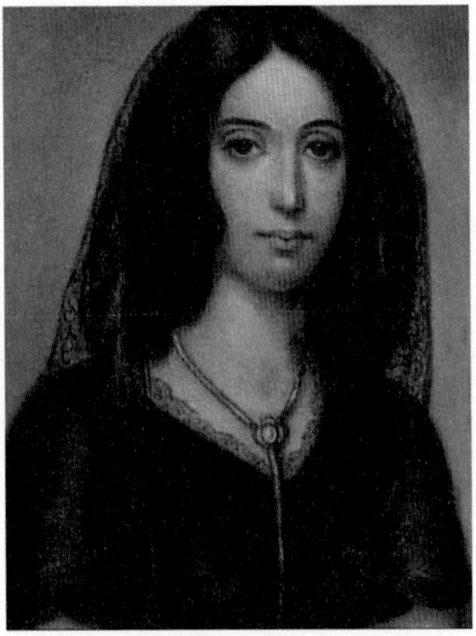

3

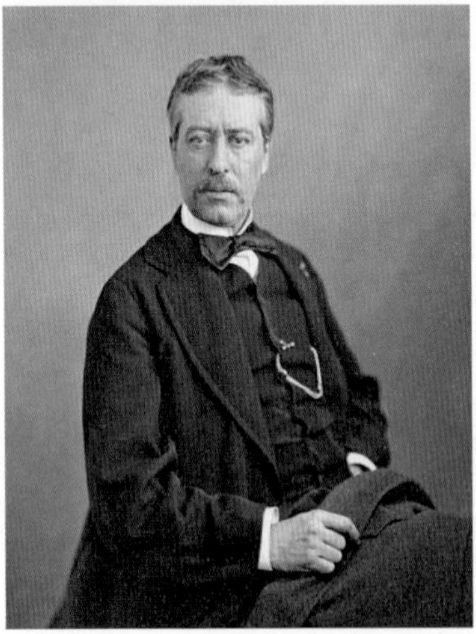

4

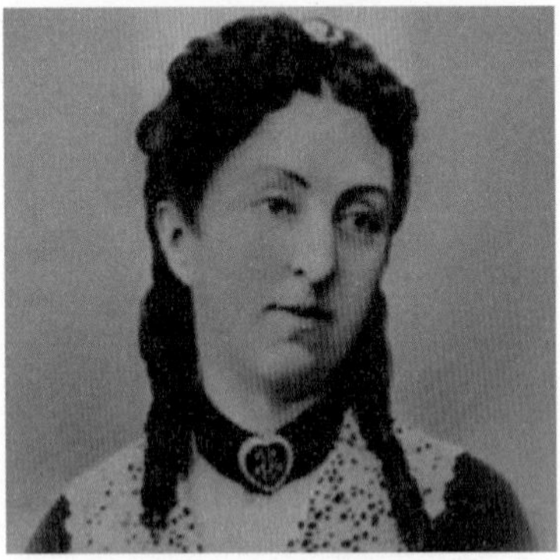

5

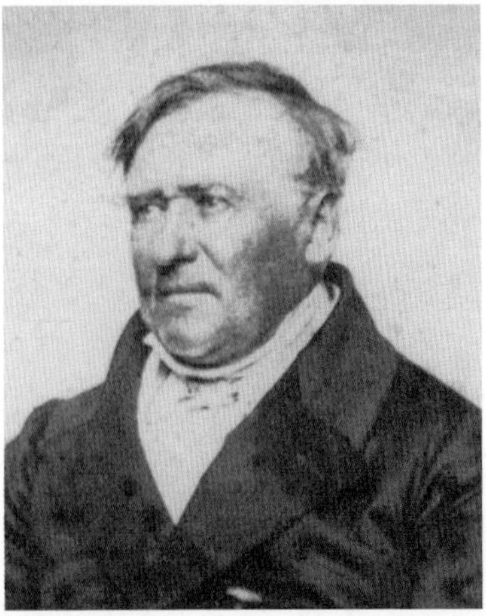

1 쇼팽
2 조르주 상드
3 모리스
4 솔랑주
5 뒤드방 남작

악녀 조르주 상드

파리 사교계는 당대의 유명한 여성작가 상드를 악녀라고 폄하했다. 쇼팽의 연인이어서 더 유명해진 그녀, 조르주 상드는 대체 누구인가.

상드Georges Sand, 1804-76는 19세기 파리 사교계에서 가장 손가락질을 많이 받은 여성작가다. 지나칠 정도로 자유분방한 여성이었다. 그녀는 기가 세서 남에게 질타를 받으면 받은 만큼 되갚았다. 상드의 가문과 혈통은 복잡하다. 부계는 프랑스 귀족, 폴란드 왕가의 혈통을 받았으나 어머니는 천민 출신이었다. 그녀는 프랑스 군부대 영내에서 장교들의 군복을 손질해 주는 세탁부였는데 여기서 한 육군 중위와 만나 결혼했다. 이 중위가 상드의 아버지 모리스 뒤팽이다. 할머니 오로르 뒤팽 드 프랑세유 부인은 아들의 결혼을 반대했었다. 1808년 중위가 낙마사고로 사망하자 어머니는 네 살 난 상드를 할머니에게 맡기고 집을 나갔다.

프랑세유 부인은 프랑스의 중부 전원 노앙Nohant에 광대한 토지와 저택을 소유하고 있었다. 1821년, 부인이 세상을 떠나자 상드는 이 토지와 저택을 상속받는다. 1822년, 18세의 상드는 뒤드방Casimir Dudevant, 1795-1871 남작과 결혼하여 아들 모리스를 낳았다. 재산이 많으나 무식하고 무위도식을 일삼는 남편과는 살 수 없다고 생각한 상드는 노앙을 떠나 파리로 간다.

1830년 가을, 상드 부부는 별거하기로 합의하고 상드는 자유의 몸이 되었다. 그녀는 이듬해, 파리에서 한 젊은 대학생과 공동으로 작품을 발표해서 신인작가로 데뷔했고, 2년 후 소설《앵디아나》를 단독으로 저술하여 조르주 상드라는 필명으로 발표하였다. 이를 계기로 문단의 주목을 받게 되고, 일약 중견작가의 스타덤에 오른다.

그녀의 초기 작품들은 주로 결혼과 관련한 남녀의 불평등에 대한 오해와 여성의 존엄을 테마로 한 소설들이었다. 상드는 남장을 하고 살롱에 출입해 파리 사교계를 경악케 했다. 귀족사회라는 틀에 박힌 형식과 통습에 젖은 당시의 파리 사회에서 여자가 바지를 입는다는 것은 상상조차 할 수 없었던 시대였다. 그런데 상드는 아무렇지 않게 바지를 입고 다녔다. 결국 시간이 흐르면서 상드의 바지는 그녀의 트레이드마크가 되었다.

2009년 9월, 아프리카 수단에서 두 여성이 바지를 입었다고 각각 태형과 벌금 200달러를 무는 사건이 일어났다. 상드는 200년 전, 이미 바지를 입었다. 바지의 여자 선구자는 상드라고 100년 전에 나온 파리 풍물사에서 기술하고 있다.

당시 상드의 남성 편력에 대한 소문은 무성했다. 사람들은 처음엔 유한마담의 불장난 같은 하찮은 소문일 거라고 여겼다. 그녀가 유명작가가 되자 스캔들의 화제성은 높아지기 시작했다. 1833년, 비제가 작곡한 오페라 〈카르멘〉의 원작 소설인 《카르멘》으로 잘 알려진 프로스페 메리메Prosper Mérimée, 1803-1870와 연애했으며, 같은 해 6월 프랑스 낭만주의를 대표하는 시인 알프레드 드 뮈세Alfred de Musset, 1810-57와 동거했다. 뮈세와 상드는 베네치아로 여행을 떠나지만 베네치아에서 뮈세가 급성 기관지염에 걸리고 말았다. 왕진 온 의사는 미남인데다 교양 있는 인텔리였다. 상드의 여심은 흔들렸고 그로 인해 삼각관계가 시작되었다.

1837년, 상드는 쇼팽을 만나 사랑에 빠진다. 두 사람의 동거는 1847년까지 9년 동안 계속되었다. 상드로서는 이보다 더 긴 사랑의 동거는 없었다. 1847년 쇼팽과 헤어진 상드는 고향 노앙에 은거하면서 창작활동에 전념했다. 그녀의 대표작 《사랑의 요정》을 쓴 것도 이 시기였다. 1856년부터는 최후의 연인으로 알려진 조각가 알렉상드르 망소Alexandre Manceau, 1817-1865와 동거하지만, 그도 1865년에 사망한다.

상드는 100편이 넘는 작품을 쓴 프랑스의 다작가 중의 한 사람이다. 그녀는 편지만도 3만 통을 넘게 썼다. 따지고 보면, 그녀의 편지들은 그녀의 대하 작품이기도 하다. 그녀의 서한문이 그녀의 대표작이라고 말한 평론가들은 많다. 그런데 쇼팽과 주고받은 편지가 단 한통도 없다니 말이 되는가? 그것에 대해 이런 에피소드 하나가 있다.

1849년 겨울, 쇼팽의 누나 루드비카는 쇼팽의 유품을 가지고 폴란드로 돌아가던 중이었다. 루드비카는 국경을 넘을 때 러시아 관헌에게 압수당할지도 모른다는 생각으로 그의 유고와 편지 등 정치적으로 민감한 문서들을 따로 골라 국경 인근마을에서 여인숙을 경영하는 지인에게 맡겼다. 상드가 쇼팽에게 보낸 편지는 100통이 넘는다고 했다.

몇 년 후, 우연이 이 여인숙에 묵게 된 프랑스의 작가 뒤마 휘스(소설 《춘희》 등으로 알려진 아들 뒤마)가 쇼팽의 편지들을 발견하고 부친인 알렉상드르 뒤마(소설 《암굴왕》, 《삼총사》 등으로 알려진 프랑스의 문호, 대 뒤마로도 불림)에게 보고했다. 대 뒤마는 이를 상드에게 알렸다. 상드는 편지의 회수에 나섰고, 회수된 편지는 상드가 모두 소각해 버렸다. 쇼팽의 서한문집은 물론, 상드의 자전적 작품에도 이 편지의 내용들은 수록되어 있지 않다.

2 수수께끼 프레데릭 쇼팽

쇼팽은 이중인격자로 오해받는 일이 많았다. 과민성 때문이었다. 리스트의 연인 마리 다구 백작부인은 쇼팽을 '껍질에 설탕 범벅을 입힌 굴 오되브르'라고 비아냥댔다. 겉으로 보기엔 맛있을 것 같지만, 알맹이는 껍질 속에 숨어 있어 그것이 무엇인지 알기 어렵다는 이야기다.

10년 가까이 쇼팽과 동거한 조르주 상드마저 다구 부인의 말을 인정하고 있다.

쇼팽은 사람들 앞에서는 온화하며 유머 있고 교양 있어 보이지만, 둘만 있는 은밀한 장소에서는 어떻게 해볼 수 없는 힘겨운 상대다.

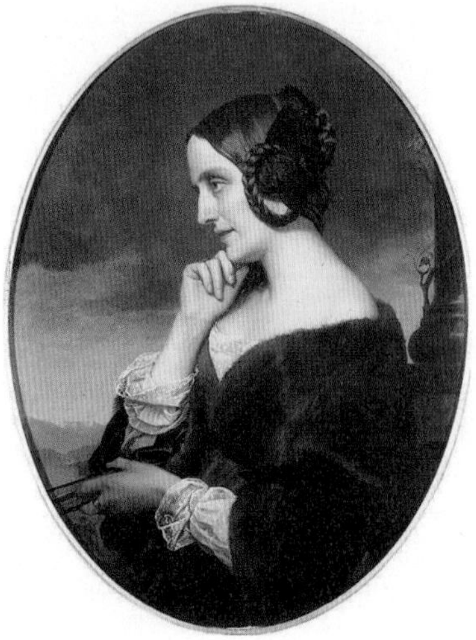

마리 다구 백작부인

쇼팽이 일거에 파리 사교계 톱스타가 된 것은 피아노 실력 때문이기는 하나, 그보다 세련된 매너와 사람을 끌어당기는 보이지 않는 매력이 있기 때문이었다. 쇼팽은 기분 내키는 대로 아무데서나 연주하지 않고 품위를 지켰다. 여름 오프시즌 외에는 파리에 정주하며 제자를 지도하는 레슨에 충실했다. 또 특정의 교우멤버가 아니면 만나지 않았다.

쇼팽은 평민 출신이지만, 취미가 귀족적이어서 주거, 의상, 장신구 같은 것들을 최상급만 골라 썼다. 예술관 또한 그러했다. 그는 "리스트는 천 명을 앞에 두고 대용량의 음으로 피아노를 연주하지만, 나는 단 한 사람을 감동시키려고 이슬비와 같은 소음량으로 연주한다"고 말했다.

그의 음악은 매우 개성적이고 혁신적이었지만 그의 내면은 그의 음악과는 반대였다. 보수적이었고, 매사에 변화를 추구하지 않았다. 도덕관 또한 마찬가지였다. 외견과는 달리 남성 가부장적인 권위주의를 추구했다. 이런 도덕관을 지닌 쇼팽이 육욕주의를 주장하는 상드와 영혼과 육체를 거래했다는 점은 아직 풀리지 않은 수수께끼의 하나다.

쇼팽의 성격을 말할 때, 빼놓으면 안 되는 부분이 하나 있다. '우유부단함'이다. 그는 자기 의지로 움직이지 않고, 남이 밀어 주어야 비로소 떠밀려가는 타입이었다. 그렇다고 해서 쇼팽이 무기력한 인간이었느냐 하면, 그것도 아니다. 오히려 그 반대였다. 자신이 하고 싶지 않은 일은 결코 부동하는 인간이었다. 작곡가인 그가 피아노곡 이외에는 아무것도 쓰지 않았던 것처럼 말이다.

쇼팽이야말로 누구보다도 수수께끼 같은 작곡가다. 이중성격의 쇼팽이 세련된 파리 사교계에서 스타로 비상할 수 있었던 것도 쇼팽이 지닌 수수께끼 가운데 하나라고 지적하는 평론가들이 많다. 자신의 표정을 감추는 가면의 달인 쇼팽을 '설탕을 바른 굴 오되브르'로 표현한 다구 백작부인의 우스개가 실감난다.

2. 쇼팽과 상드의 도피여행

마요르카 섬으로

쇼팽과 상드는 극비리에 도피 계획을 짰다. 그러나 '밤 말은 쥐가 듣는다'는 속담처럼 이 계획은 얼마 안 되어 누설되고 만다. 또다시 파리 사교계에 빅 가십으로 선풍을 일으킨다. 쇼팽과 친분이 두터웠던 퀴스탱 후작이 저널리스트인 친구 소피 여사에게 보낸 편지가 지금 파리 훈장 박물관에 남아있다. 상드를 크게 폄하하고 비판한 흥미로운 편지다.

> 쇼팽은 상드 부인을 따라 지중해 발렌시아에 갈 모양입니다. 얼마 전 상드가 쇼팽을 욕정의 포로로 잡은 뒤, 어떤 짓을 했는지 아십니까? 해골처럼 비쩍 마른 쇼팽의 몰골을 소피 여사도 보아서 알 줄 압니다마는……. 쇼팽은 내게 헤어지기 섭섭하다며 자택으로 초청해서 피아노를 들려주더군요. 전에 탈고했다는 <폴로네이즈>는 기백이 넘치고 신바람 나는 연주였고, <장송행진곡Marche funèbre>은 정말 슬펐습니다. 죽어 영구마차에 실려 가는 유해가 바로 자신이라고 생각했는지 시종 흐느껴 울면서 연주했어요. 실제 자기의 영구행렬이 묘지로 향하

는 것 같은 슬픈 장송곡이었습니다. 그때 나는 이승에서는 쇼팽과 다시 만날 수 없을 것 같은 생각이 들더군요. 솔직히 말해 나는 연주하는 동안 내내 눈시울을 적셨어요.

이 불행한 음악가는 상드가 흡혈귀라는 사실을 모르고 있습니다. 쇼팽은 흡혈귀를 따라 스페인으로 갈 겁니다. 상드는 먼저 떠나 지금 파리에 없습니다. 쇼팽은 내게 그녀를 뒤따라가겠다는 말을 차마 못 한 것 같아요. 그냥 기후 온화한 곳에서 휴식을 취하고 싶다는 말만 하더군요. 휴식? 저 흡혈귀 같은 여자와?

쇼팽은 여비를 구하려고 동분서주했다. 일부 스케치만 된 〈전주곡집〉을 플레이엘에게 보여주고 완성되면 2,000프랑에 넘겨준다는 조건으로 500프랑을 선금으로 받았다. 또, 파리에서 금융업을 하는 친구 레오에게서 1,000프랑을 빌렸다.

쇼팽은 역마차 편으로 상드의 뒤를 따라갔다. 피아노는 플레이엘에게 마요르카 섬으로 보내달라고 부탁했다. 바흐의 〈평균율 클라비어곡집〉 필사본만 챙겨 넣고 다른 짐 없이 가볍게 파리를 떠났다.

상드는 파리를 떠나기 훨씬 이전에 여행자금을 마련해 놓고 있었다. 뷰로스 출판사에 포맷만 완성된 스케치본을 제공했고 완성되는 대로 원고 전량을 넘겨주는 조건으로 6,000프랑을 받았다. 당시로서는 큰돈이었다.

상드는 열흘 먼저 남 프랑스 페르피냥Perpignan에 도착해 쇼팽을 기다렸다. 페르피냥은 스페인 국경 근처의 지중해에 연한 중세의 고도다. 화가 리고의 고향이고, 14세기경 마요르 왕국의 수도로 번영했던 이곳에서 쇼팽과 합류하기로 약속되어 있었다.

쇼팽과 상드는 몇 사람의 가까운 친구에게만 행선지를 알렸을 뿐이다. 쇼팽에게 여행경비를 빌려준 레오, 폴란드 출신 망명 외교관 코지미안, 파리에 망명 와 있던 피아니스트 줄리앙 폰타나 등이다. 폰타나는 쇼팽의 비서 역을 자청한 폴란드 포병 중위 출신이며 피아니스트다.

공교롭게도 스페인에서는 카를로스가 일으킨 내전이 한창이었다. 바르셀로나까지의 육로가 막힌 것이다. 마요르카로 가려면 바르셀로나에서 배를 타야 한다. 일행은 페르피냥에서 가까운 항구마을 포르 방드르에서 바르셀로나까지 배를 탔다.

상드는 파리에 있는 스페인 영사 부인 마를리아니 백작부인에게 편지를 썼다.

> 역마차로 나흘 밤낮을 달려온 쇼팽은 자신이 영웅이라도 된 듯 우쭐댔어요. 얼굴은 핑크빛으로 상기되어 있었고…….

며칠 동안 바르셀로나 시내를 돌아본 뒤, 일행은 그해 11월 7일 오후, 증기선 엘 마요르킹 호에 올라 마요르카 섬으로 향했다.

"즐거운 항해였다. 초승달이 수평선에 걸려 있는 바다는 잔잔했다. 키를 잡은 항해사가 목청을 뽑아 노래를 불렀다. 뱃전을 때리는 파도 소리를 반주삼아……. 스페인 풍의 뱃노래. 쇼팽과 나는 어깨를 기대고 선창에 앉아 사공의 노래를 들었다"고 그녀는 회상록에 적고 있다.

> 그때 뱃사람이 부른 노래는 쇼팽이 1843년에 쓴 ‹뱃노래› Op.57와 같은 음조였고, 마요르킹 호에서 본 수평선에 걸린 초승달의 정경은 1838년작 ‹녹턴› G장조 Op.37-2에 묘사되었다.

마요르카 섬 팔마항의 페리터미널.
팔마에 도착한 상드는 쇼팽과 두 자녀를 터미널에서 기다리게 한 뒤, 숙소를 구하러 나섰다

2 팔마의 첫인상

일행이 팔마항에 도착한 것은 1838년 11월 8일 정오였다. 남 프랑스의 6월처럼 하늘은 쾌청했고 바람은 따스했다. 팔마 데 마요르카Palma de Mallorca는 스페인령 마요르카 섬의 주도인 동시에 파레아레스 제도 최대의 항구도시다. 눈부시게 내리쬐는 태양은 병약한 몸을 끌고 여기까지 온 쇼팽의 마음을 기쁘게 했다.

쇼팽은 11월 21일, 폰타나에게 편지를 썼다. 편지에는 마요르카 섬의 아름다운 경치와 풍광이 묘사되어 있었다.

마요르카 팔마에서 소식을 전하네. 야자, 히말라야 삼나무, 사보텐, 올리브, 레몬, 용설란, 무화과, 석류나무들이 두루 자라고 있어 파리의 유리 식물원을 산책하는 기분일세. 터키석처럼 새파란 하늘, 바다는 짙푸른 루리 빛이고, 창끝처럼 뾰족 뾰족하게 솟은 산봉우리들은 자수정 원석을 노 커팅으로 묶어 놓은 형상이야. 공기는 천국의 것처럼 맑고, 봄, 여름, 가을 해가 밝고 따스한 날씨라네. 이곳 사람들은 반바지에 알로하 노타이 차림이야. 집집마다 근사한 발코니에 담쟁이넝쿨을 늘어뜨렸어. 남국의 무드 만점이지. 하늘에 하나 둘 별이 반짝거리면, 사람들은 기타를 치며 스페인 민요를 부른다네. 이보다 더한 낭만이 어디에 있겠나.

선착장 대합실에서 일행을 기다리게 한 상드는 가정부를 데리고 숙소를 구하러 나갔다. 팔마에는 스페인 내전을 피해 온 본토 사람들로 들끓고 있었다. 몇 안 되는 호텔은 발코니까지 투숙객이 들어차 있었다. 상드는 우선 며칠 동안이라도 묵을 만한 숙소를 찾았지만 마땅한 곳이 없었다. 부둣가 이 골목 저 골목을 뒤진 끝에 허술해 보이는 하숙집을 발견하고 짐을 풀었다. 떠돌이 일용직 어부와 뱃사람, 필레네산에 웅거하던 집시와 매춘부들이 밤새 술에 취해 와글대는 난장판 하숙집이었다. 파리, 모기, 난생 처음 보는 독충들이 우글대서 도저히 잠을 잘 수 없었다.

3 팔마 송방

쇼팽과 상드는 난장판 하숙집에서 3일을 지내고 이리저리 수소문 끝에 괜찮은 곳을 하나 찾았는데, 팔마에서 북쪽으로 7킬로미터 떨어진 에스타블리멘츠Establiments 마을의 '송

방Son Vent'이라는 임대용 별장이었다. 쇼팽은 이 별장에서 〈마주르카〉 Op.41-2, 통칭 '팔마의 마주르카' 중 e단조의 스케치를 완성한다.

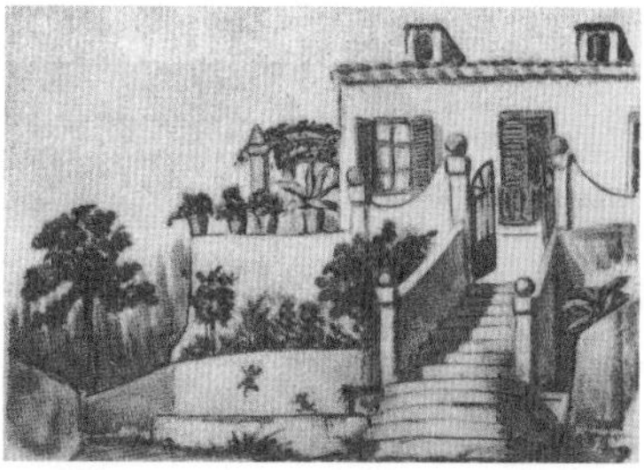
송방

쇼팽과 상드는 '송 방'이 마음에 들었다. 처음 며칠 동안 날씨는 온화했고 하늘도 맑았다. 그러나 일주일이 지나서부터 기후가 일변, 연일 강풍이 몰아치고 폭우가 쏟아졌다. 낮과 밤의 일교차 또한 커서 아침저녁으로 추워졌다. 토착민들은 이 정도의 악천후와 추위쯤은 대수롭게 여기지 않았으나 병약한 쇼팽은 그렇지 않았다. 현대와 같은 편의 시스템을 갖추지 못한 당시 마요르카 섬의 주택환경은 열악하기 짝이 없었다.

겨울, 우기의 마요르카는 결핵환자가 요양할 곳은 아니었다. 섬에 오기 전 이곳 기후를 사전 체크하지 못한 것은 상드의 실수고 책임이었다. 산책하다가 돌연 쏟아지는 비에 흠뻑 젖기도 하고, 몰아치는 돌풍에 날아가는 모자 때문에 뜀박질을 하기도 했다. 쇼팽은 오한과 발작적인 기침으로 밤을 지새우는 날이 많았다. 상드는 처음에 기관지천식일 거라고 생각했다. 그러나 불덩이 같은 신열과 오한에 떠는 등 쇼팽은 폐결핵 특유의 증세를 보이기 시작했다.

상드는 불안했다. 그래서 팔마에서 내로라하는 의사 세 사람을 불러 쇼팽을 진찰하도록 했다. 의사는 쇼팽이 뱉어 낸 가래의 냄새를 맡는다. 다른 의사는 고개를 갸웃거리며 쇼팽의 목 언저리와 가슴을 두드려 본다. 세 번째 의사는 가래침을 뱉게 하고 가슴에 귀를 대어 청진을 한다. 첫 번째 의사는 "이 사람 뻗을 날이 멀지 않았군"이라고 말했고, 두 번째 의사는 "이 양반 지금 죽는 중이야"라고 말했다. 그리고 세 번째 의사는 한술 더 떠 "지금 요단강을 반쯤 건너고 있어"라고 말했다.

쇼팽과 상드는 크게 절망했다. 허나, 희망을 버리진 않았다. 진찰 후, 며칠 동안 쇼팽의 병세는 호전되지도 악화되지도 않았다. 이런 와중에도 쇼팽은 플레이엘에게 넘겨주기로 약속한 〈전주곡집〉 작곡에 신경을 썼다. 상드는 스페인의 유명한 열혈 정치가 멘디자발Juan Mendizabal, 1790-1853에게 편지로 쇼팽과 자신이 이 섬에 와 있다는 것을 알렸다. 멘디자발은 상드의 친구다.

> 며칠 후, 마요르카에서 제일 아름다운 곳에 머물 예정입니다. 바다와 산과 바위와 나무가 있고, 옛날 전설들이 고스란히 전해오는 곳, 바람도 쉬어가지 않는 한적하고 쓸쓸한 마을, 발데모사 카르투하 수도원입니다.

멘디자발 공작은 발데모사 카르투하 수도원에 기거하던 수도사들을 강제 추방해 버린 과격파 정치인이었다. 상드와 쇼팽은 카르투하 수도원의 내력에 대해 알지 못했다. 그냥 한적한 마을에 옛 정취 그윽한 수도원쯤으로 알고 있었다. 상드는 이곳을 자기들을 위해 하늘이 내려준 보금자리로 생각했다. 일행은 날씨가 회복되는 대로 수도원으로 이사하기로 했다.

당시, 카르투하 수도원에 있던 수도사들은 별다른 이유 없이 토착민들로부터 미움을 받고 있었다. 이름 모를 병으로 죽어 나간 수도승만도 열 명이 넘었다. 결국 멘디자발 공작의 압력을 받은 팔마 정청은 수도사들에게 퇴거령을 내렸고 수도사들은 모두 쫓겨났다. 상드는 이런 정황을 알지 못하고 있었다.

쇼팽은 초조했다. 플레이엘이 보내주기로 한 피아노가 아직 도착하지 않고 있었기 때문이었다. 쇼팽은 상드와 상의한 끝에 팔마에서 피아노를 임대하기로 했다. 그러나 팔마에는 쇼팽이 선호하는 플레이엘 피아노가 단 한 대도 없었다. 궁여지책으로 현지에서 연습용 피아노를 빌릴 수밖에 없었다. 상드는 파리에 있는 쇼팽의 친구 코지미안에게 편지를 썼다.

> 가혹한 일입니다. 지금 쇼팽은 형편없는 연습용 피아노로 작곡하고 있어요.

설상가상이었다. 쇼팽을 진찰한 의사들은 '쇼팽이 폐결핵'이라고 소문을 냈다. 별장 주인은 펄펄 뛰면서 당장 집을 비우라고 호통을 쳤다. 별장 내부와 정원의 소독비용, 침대와 주방용품의 소각비용, 새로 들여놓을 가구 값 등 적지 않은 돈을 청구했다. 당시 스페인에서는 폐결핵을 1급 법정 전염병으로 규정하고 환자가 사용하던 물건, 침구는 물론이고, 가구와 식기까지 모두 소각 처리하도록 엄히 정하고 있었다.

12월 10일 별장에서 쫓겨난 상드 일행은 팔마의 프랑스 영사 저택에서 며칠 신세진 다음, 팔마 북쪽에서 18킬로미터 떨어진 발데모사의 카르투하 수도원으로 거처를 옮겼다.

1838년 12월 3일, 폰타나에게 보낸 쇼팽의 편지를 보자.

> 플레이엘을 만나주게. 피아노가 도착하지 않고 있어. 보냈다면 어떤 루트를 통했는지 알려주게. 어젯밤 <전주곡집>의 일부를 마무리했네. 악보를 보내니 플레이엘에게 전해주게. 며칠 있으면 나는 세상에서 가장 매혹적인 곳, 발데모사의 한적한 수도원으로 숙소를 옮기게 되어 있어. 푸른 바다와 아름다운 산, 죽죽 뻗어 올라간 야자나무, 십자군이 숙소로 썼다는 옛 교회, 폐허로 그냥 남은 이슬람 사원, 오백년 나이를 먹은 올리브나무……. 아! 그리운 나의 벗 줄리앙, 지금 내게는

새로운 세상이 열리고 있어. 세상에 아름다운 모든 것들이 다 내 옆에 있으니……. 파리 때보다 몇 갑절 더 행복한 나날을 보내고 있네.

아버님이 내게 보내신 편지, 자네가 내 아버님께 보낼 편지, 모두 코지미안에게 건네줬으면 좋겠네. 코지미안은 내 부모님이 어느 때, 어디에 계신지를 소상하게 알고 있으니까. 플레이엘에게는 나머지 완성된 전주곡의 악보를 다음 달 안으로 보내겠다고 말해줘. 파리의 친구들에게는 되도록 나에 관한 이야기를 하지 말아주게. 그냥 내년 봄이면 파리에서 나를 만날 수 있을 거라고만 말해줘.

이곳 우편물 배달은 일주일에 한 번이네. 이 편지는 프랑스영사관 파우치 편으로 보내니 좀 빠르겠지. 부모님께 가는 편지를 동봉하네. 파리 주소로 붙여주게. 또 소식 전할게. 건투 있기를…….

4 발데모사 카르투하 수도원 발데모사 마을에는 고풍스러운 3층 종합 건물이 있다. 중세시대부터 많은 애환을 간직한 17세기 카르투하회가 지은 수도원이다. 쇼팽과 상드가 1838년 겨울 동안 기거했던 곳이다.

쇼팽과 상드 일행은 옛 수도사들이 숙소로 쓰던 2층 두 개의 거실과 주방이 달린 다이닝 룸에서 생활했다. 스페인 본토보다 보수성이 강한 팔마 귀족들과 가톨릭 신자였던 발데모사 주민들은 쇼팽과 상드가 수도원에 와 있는 것을 못마땅하게 여겼다. 상드를 향해 '바지 입은 늙은 말괄량이' 라고 욕설을 퍼부었고, 주일날 성당에 나가지 않는 쇼팽과 아이들, 그리고 가정부를 문명세계에서 흘러들어온 야만인으로 폄하했다. 마을 가게에서는 식료와 일용품을 마지못해 팔기는 했으나 터무니없이 비싼 값을 받았다.

수도원으로 거처를 옮긴 뒤에도 쇼팽의 병세는 좀처럼 호전되지 않았다. 그러나 쇼팽은 오직 작곡에만 열중했다. 상드는 이런 쇼팽을 헌신적으로 간호했고, 가사에도 충실했다. 먼 이웃마을까지 찾아가 고단백의 햄과 소시지, 우유를 사 날랐고, 밤늦게까지 두 자녀의 학습을 지도하는 등 여성으로서의 본분과 지식 있는 어머니로서의 역할에 최선을 다했다. 이 외에도 스페인에서 발간되는 신문잡지에 원고를 연재하는 등 1인 3역, 4역하는 생활력을 보였다.

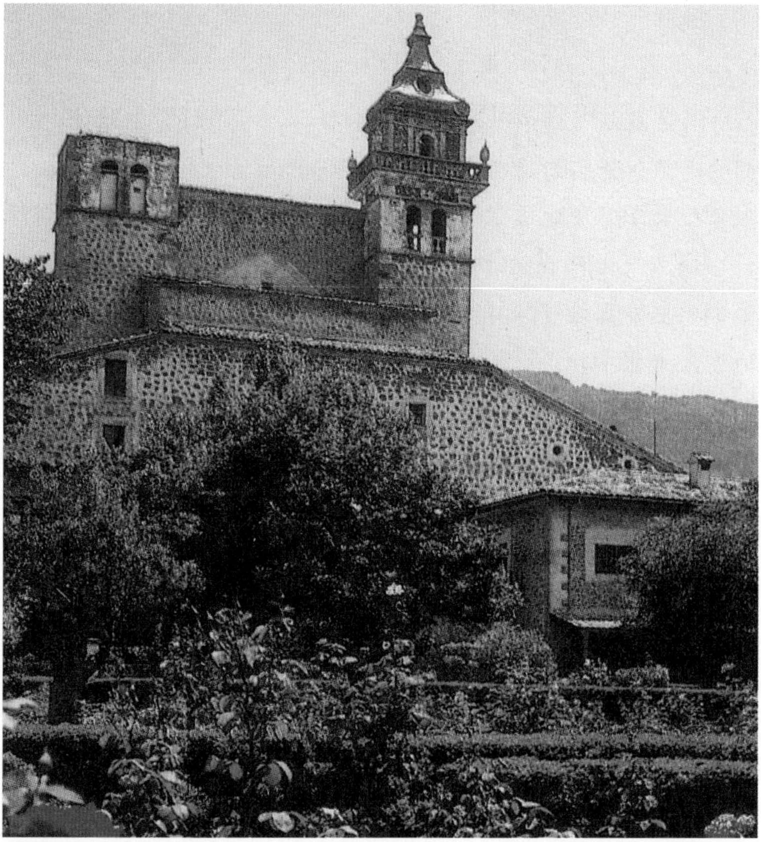

발데모사 카르투하 수도원

현재 쇼팽 기념관으로 쇼팽과 상드의 유품이 전시되고 있다

3. 발데모사와 빗방울 전주곡

기다리던 플레이엘 피아노의 도착을 알리는 통지서를 받았다. 팔마 세관은 상식을 넘는 고액의 관세를 부과했고, 소중한 피아노를 보름이 넘도록 헛간 같은 창고에 방치하고 있었다. 상드는 화가 났다. 그래서 그녀 특유의 억척스러움과 기지를 발휘해 한 푼도 관세를 물지 않고 피아노를 찾아왔다. 유력한 팔마의 고위 인맥을 동원하여 문제를 해결했던 것이다.

쇼팽의 열 손가락이 율동을 시작한다. 그는 단숨에 〈24개의 전주곡〉 Op.28, 〈폴로네이즈〉 제4번 Op.40-2를 완성하고 이어 〈스케르초〉 제3번 Op.39, 〈마주르카〉 제26번 Op.41-1의 작곡에 착수했다. 이 가운데에서도 '빗방울'이라는 별칭으로 유명한 전주곡 15번은 에피소드가 많은 곡이다. 쇼팽 사후에 출간된 상드의 명저 《내 생애의 역사》에 이 〈빗방울 전주곡〉의 작곡 동기와 그 배경이 소상하게 설명된다.

"쇼팽은 수도원 추녀에서 떨어지는 빗물을 바라보고 있었다. 그때 쇼팽이 본 빗방울을 쇼팽 특유의 창조적 악상으로 승화하여 전주곡 제15번을 완성했다"고 기술했다.

이 무렵, 쇼팽은 심한 우울증과 편집증에 시달리고 있었다. 그런

가운데 그는 생애 최대, 최고의 명작들을 여기 발데모사에서 탄생시킨다. 상드의 헌신적인 사랑과 보살핌이 아니었더라면 불가능했을 것이다. 평론가들은 쇼팽과 상드의 로맨스를 이야기할 때 꼭 인용하는 작품이 하나 있다. 바로 유명한 〈빗방울 전주곡〉이다. 그러나 평론가들 사이에는 이 곡이 이때 작곡한 〈빗방울 전주곡〉이냐, 아니냐 하는 문제로 이견을 보였다.

상드는 과격한 성품이지만, 매사를 철두철미하게 꿰뚫어보는 통찰력이 있는 작가다. 그녀는 현장에서 이 곡이 만들어지는 과정을 지켜본 장본인이다.

기분전환을 겸해 모리스와 나는 팔마에 갔습니다. 이것저것 생활용품을 샀어요. 돌아오는 길에 예기치 못했던 집중호우를 만났어요. 개울이 넘치고 둑이 무너지고, 다리가 떠내려가는 물난리를 겪으며 12킬로미터가 넘는 비탈길과 들길을 맨발로 걸어 수도원에 도착했어요. 여섯 시간 정도 걸렸던 것 같아요. 정말, 처절한 고생을 했습니다. 마차가 수렁에 처박혔을 때, 마부는 우리를 내버리고 혼자 달아나 버리더군요. 나와 모리스는 죽기 아니면 살기로 퍼붓는 빗속에서 개울을 건너고 도랑을 돌고, 흙탕길을 걸어 자정 녘에서야 수도원에 올 수 있었습니다. 피투성이 맨발로 말입니다.

그동안 쇼팽은 절망에 떨어져 있던 것 같았어요. 눈물을 주룩주룩 흘리며 전주곡을 연주하고 있었어요. 흠뻑 젖은 옷과 피와 흙으로 진흙범벅이 된 나와 모리스의 맨발을 보고 그는 비명을 질렀습니다. 피아노에서 벌떡 일어나 "아, 죽은 줄 알았어! 죽은 줄……" 나와 모리스가 겪은 수난의 이야기를 들을 때, 그는 자지러지게 놀라곤 했어요. 그리고 자기도 극심한 고통을 겪었노라고 말하더군요. 기다리는 동안 나와 모리스가 탁류에 휩쓸려 떠내려가는 참혹한 환영을 비몽사

몽으로 봤다는 거예요.

피아노라도 치지 않고는 마음을 가라앉힐 수 없어 완성을 눈앞에 둔 전주곡을 연주했다는 겁니다. 그때, 수도원 추녀 끝에서 전주곡의 리듬과 똑같이 규칙적으로 떨어지는 빗방울 소리가 들렸어요.

자연과 현실을 엮는 그의 천재적인 지적능력은 이미 소년시절부터 숙성되어 있었던 것 같습니다. 자연을 아무런 부담 없이 음악에 융화시켜 놓는 음의 조형술은 그가 외계에서 들리는 음을 그냥 모방한 것은 아니었을 것으로 생각해요. 그날 밤 완성시킨 작품의 주제가 설사 처마에서 떨어지는 낙수였을망정 그 빗물소리는 그의 음악세계에서는 그의 가슴을 향하여 하늘이 흘리는 뜨거운 눈물방울이었나 봅니다.

쇼팽과 상드 시대의 발데모사는 지금처럼 외지인을 고분고분하게 받아들이지 않았다. 주민들이 불미스럽고 매사에 도전적인 데다 연하의 정부(쇼팽)와 이웃의 눈치도 안 보고 동거하는 상드를 성실한 여자로 봤을 리 없다. 거기에다 마요르카 섬이 생긴 이래 결핵환자가 단 한 사람도 없었다는 사실을 자랑으로 여기던 주민들은 쇼팽으로 인한 결핵 공포증까지 겹쳐 두 사람에 대한 혐오감은 대단했다.

4. 마요르카 섬 산책

스페인령 발레아레스 제도Isalas Baleares는 지중해 한가운데에 떠 있는 마요르카, 메노르카, 이비라, 포르멘테라 네 개의 섬을 묶은 스페인의 해상 변방이다. 이 가운데 제일 큰 섬이 마요르카다.

문필가, 여행가들은 마요르카 섬을 "지중해 한 가운데 떠서 신기루처럼 아물아물하는 파라다이스"라고 표현한다. 해안선은 리조트 지역으로 고급호텔과 위락시설이 밀집해 있다. 여름과 가을이면 대륙에서 건너온 관광객들로 불야성을 이룬다.

필자는 2008년 바르셀로나 ↔ 팔마 페리 편으로 마요르카 섬에 방문했다. 팔마는 항구 그 자체가 낭만이고 멋이 넘치는 아름다운 항구다. 내항을 굽어보는 웅대한 대성당은 팔마의 상징이며, 무성한 열대수목들 사이로 하얀 집들이 강렬한 햇빛을 되받아 쏘고 있었다.

이곳 마요르카는 애국가를 작곡한 안익태 선생이 생전에 음악활동을 한 곳으로 우리에게 낯설지 않은 곳이다. 선생은 1965년 이곳에서 세상을 떠났고, 부인 로리타 안 여사도 지난 2009년 2월 여기서 세상을 떠났다. 안 여사는 스페인 귀족가문의 딸로 1946년 가족의 반대를 무릅쓰고 안익태와 결혼했다. 부인은 2005년, 한국을 방문하여 애국가의 저작권을 한국 정부에 무상으로 기증했고 선생이 쓰던 피아노, 지휘봉을 비롯해 150점의 유품을 서울 국립중앙박물관에 기증했다. 지금 팔마의 중심가 마요르 광장에 연한 '안익태 거리'에는 선생을 상징하는 조형물이 있어 한국인 관광객들이 어깨를 으쓱 올리게 한다.

2007년, 선생의 악보 한 점이 팔마에서 발견되어 스페인 음악계의 화제를 모은 일이 있다. 선생이 이 섬의 풍광을 교향적으로 묘사한 1948년 작 교향시 〈마요르카〉의 악보였다. 팔마시립교향악단은 2007년부터 이 곡을 정기연주회의 오픈 레퍼토리로 지정했고, 그해 7월 처음으로 연주회에 붙였다.

1월에 마요르카를 다녀가는 여행가들은 '마요르카즈 스노우'라는 표현을 쓴다. 아열대 마요르카의 백설이라는 뜻이다. 해마다 1월이 되면 눈처럼 하얀 아몬드 꽃이 만발한다. 아몬드 꽃과 하얀 집들이 뒤섞여 섬 전체가 은백색의 눈세계처럼 보인다. 구름 한 점 없는 쾌청한 날이 연중 300일이 넘는 섬으로 자연이 싱싱하게 살아있는 곳이다. 주민들의 인정 또한 따스하여 지중해의 낙원이라고 부른다. 쇼팽과 상드가 이 섬에 체류한 동안 운이 나빠서 그랬던지 비바람이 험한 우기의 계절이었다. 섬 전체의 인구는 31만 명(2009), 자연을 찾아 섬에 오는 관광객이 연간 480만 명이라고 하니 인구 면으로 볼 때 주객이 크게 바뀐 느낌이다. 섬 주민들은 계속 관광자원을 개발하여 돈을 더 벌려는 생각은 아예 안 하는 것 같았다. 주민들은 있는 그대로 욕심 없이 조용하게 살기를 바라는 것 같았다. 섬 최대의 마을 팔마 데 마요르카의 구 시가지는 200년 전 중세시대의 정서를 그대로 간직하고 있다.

시내를 벗어나면 올리브와 아몬드, 레몬과 오렌지나무 숲이 끝없이 펼쳐지고 암초와 침묵하는 절벽의 해안선이 있고, 인적 없는 조용한 모래사장도 있다. 진짜 볼 만한 풍경은 해안선 억새 언덕에 울타리 없는 하얀 집들이 옹기종기 모인 마을의 정경이다. 예쁘고 아름답

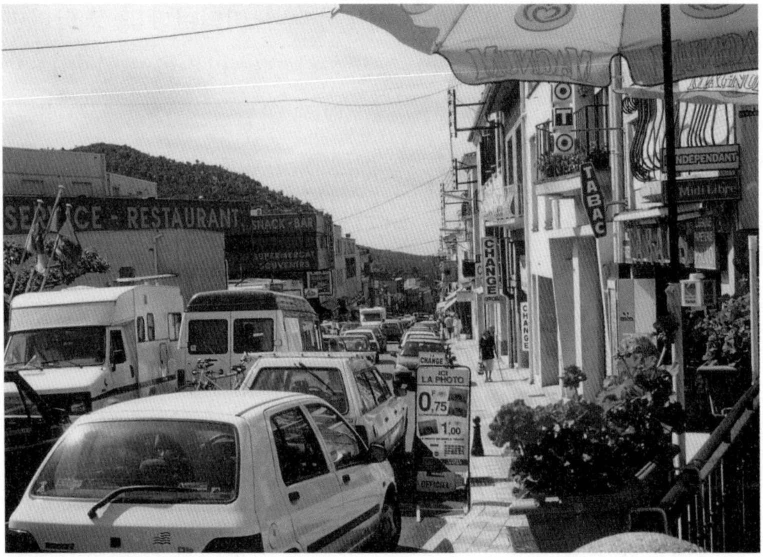

팔마 시 구시가 이면도로
카페와 레스토랑이 밀집해 있다

고 다정한 풍경이다. 쇼팽과 상드가 한 겨울을 지낸 발데모사의 수도원, 거기서 조금 더 해안선을 따라가면 한 폭의 수채화로 착각할 만큼 아름다운 '디아' 마을, 캐면 캘수록 전설이 나오는 1,300미터 까마득한 협곡 아래의 분화구 마을 잉카…….

필자는 마요르카에 갈 때, 페리에 승용차를 싣고 갔다. 해변 길, 자수정 원석을 꽂아놓은 것처럼 아슬아슬한 절벽의 꼬불꼬불한 길을 지나야 하는 섬 일주(350킬로미터)를 느긋하게 구경하면서 한 바퀴 도는데 고작 이틀밖에 안 걸렸다. 여행, 특정의 테마가 있는 길일 때, 처음 본다는 즐거움에다 지적탐구욕이 추가되면서 여행의 즐거움은 배가 되기 마련이다.

팔마 구시가지 중심에 호텔을 잡았다. 마요르카는 우리나라 제주도의 4분의 1 넓이여서 따로 차가 없어도 어디든 당일치기로 다녀올 수 있다. 마요르카 공항은 팔마 시내에서 8킬로미터이다. 공항 터미널 빌딩에서 15분 간격으로 떠나는 17번이나 25번 버스를 타면 20분 후에 팔마 다운타운 스페인 광장Placa Espanya에 내릴 수 있다.

마요르카의 역사 바로 옆 건물에 관광 안내소가 있어 열차, 버스, 배편의 시각표와 호텔, 레스토랑 가이드를 실은 안내 지도를 무료로 준다.

팔마 시내 최대의 관광 포인트는 팔마 대성당이다. 팔마의 관광 포인트들은 팔마 해안지대에 집중되어 있다. 대성당 뒤쪽은 미로 같은 좁은 골목들이 불규칙하게 얽히고설킨 구 시가지구 골목 동네다. 아침부터 저녁때까지 걸어 돌아다니면 팔마를 다 볼 수가 있다. 벨베르 성과 미로 미술관은 시 외곽이기 때문에 시내버스를 이용하면 된다. 시내버스 정류장에는 행선지별로 정해진 색깔 표시의 승강대가 마련되어 목적지 색깔에 따라 버스를 타면 OK. 철도는 팔마 ↔ 잉카Inca, 팔마 ↔ 소예르Soller의 2개 노선이 있다.

● 팔마의 상징 대성당

바르셀로나를 출항한 페리가 다음날 아침 팔마 내항에 들어서면 시야를 압도하는 웅장한 대성당이 보인다. 백여 개의 크고 작은 첨탑들이 하늘을 찌르듯 솟아오른 그 웅장하면서 정교하고 장엄한 모습이란 이 성당을 두고 하는 말 같다. 팔마의 심벌로 마요르카 주민들의 추앙을 받는 대성당은 중세시기 이슬람교도들이 점령하여 모스크로 쓰던 사원이다. 이슬람교도를 몰아내고 마요르카를 수복한 자우메 1세는 이 사원을 헐고 새 성당을 짓도록 명했다. 1230년에 착공하여 360년 공사 끝에 1601년, 현재의 모습으로 완성했다.

성당 내부, 44미터 높이의 천장은 보는 이들의 탄성을 유발한다. 바다 쪽으로 향한 장미의 창은 유리의 지름만 11미터이다. 한 장의 유리창으로는 세계 최대라고 한다. 중앙제단의 덮개장식도 눈여겨볼 만하다. 스페인의 위대한 건축가 가우디의 작품이다. 가우디는 이 성당의 중앙제단 말고도 마요르카 여기저기에 손 자취를 남겼다. 음악 여행자라면 이 성당 견학에서 놓쳐서 안 되는 볼거리가 있다. 파이프오르간과 왕실예배당에 있는 성가대석, 또 성당 부속 자료관Archivo Capitral은 마요르카와 관련된 악보 등 모든 음악자료들을 보존하고 있다.

● 미로 미술관

팔마 서쪽 외곽, 3면이 바다로 탁 트인 언덕 꼭대기에 스페인의 화가 후앙 미로가 만년을 보낸 아틀리에가 있다. 팔마 시는 1992년, 이 아틀리에를 미로 미술관Fundacio Pilar I Joan Miro으로 개장하여 일반인에게 개방했다. 컬렉션은 미로의 사망을 전후하여 이 아틀리에에 남아 있던 그의 작품들이다. 주로 1960-70년대 그가 마요르카에 체재하면서 그린 작품들로 134점의 회화, 판화 300점, 리드그라프 105점 외에 다수의 스케치, 수채화, 조각 등이다.

유년 시절부터 어머니의 고향인 이곳에 찾아와 여름을 보내곤 했던 미로는 마요르카의 아름다운 자연을 평생 잊지 못했다. 미술관 테라스에서 미로가 본 마요르카의 짙푸른 바다와 하늘은 그가 묘사했던 작품의 인상 그대로다.

● 마요르카 콘서트

마드리드와 바르셀로나를 무대로 활약하는 마에스트로와 오케스트라의 명문들은 그들의 무대에서 팔마를 빼놓지 않는다. 팔마 시민들의 음악열이 마드리드와 바르셀로나 못지않기 때문이다. 팔마의 연중 콘서트 프로그램이 빠지지 않고 스페인 국내 주요 신문에 게재된다. 특히 마요르카 왕복 페리의 출항지인 바르셀로나의 주력 신문은 시즌이 다가오면 1개월분 팔마 콘서트 스케줄Activitats del mes a Palmas을 고정란에 실을 정도다.

● 마요르카 음악당

팔마 마리티모 거리Paseo Maritimo 18번지에 마요르카 음악당Auditorium de Mallorca이 있다. 팔레아레스 제도 최대 콘서트홀이다. 안익태 선생이 오래 몸담았던 팔마 시립교향악단Orquestra Simfornica de Baliears 'Ciutat de Palma'과 남부유럽의 명문 카펠라 마요르키나Capella Mallorquina의 본거지이기도 하다. 72명의 단원으로 구성된 시립교향악단의 정기연주회는 매년 마요르카 음악당에서 여름시즌 한 달간 매주 금요일에 열린다.

또, 카펠라 마요르키나 합창단과 마요르카 실내 오케스트라도 이 홀에서 정기연주회를 갖지만, 공연 일정이 부정기적이고 혼성 또는, 합동으로 출연하는 경우가 많다. 정기 연주회 말고도 이 음악당에서는 오페라와 발레, 그 밖에 각종 리사이틀을 공연한다. 외국의 저명한 아티스트들이 수시로 초청된다. 음악당의 규모는 사라 모차르트(300석), 사라 알베니스(200석), 사라 파야(100석), 사라 그라나도스(40석)의 소규모 홀을 병설하고 있어 용도에 따라 살롱 콘서트, 연극과 발레 공연무대로도 활용된다.

나바라Navarra 거리 2번지에 있는 팔마 시민극장Teatro Principal은 오페라, 발레, 사르수엘라와 그 밖에 연극 및 합창콘서트가 주 레퍼토리다. 매년 봄에 개최되는 '스프링 오페라시즌', '연극 페스티벌'의 주 회장이며 72명의 단원을 거느린 시민극장 전속합창단의 본거지다.

● 팔마 송 방

팔마에서 북쪽에 위치한 에스타블리멘츠 마을에 있는 송 방Son Vent은 당시의 건물은 아니고, 아담한 현대식 2층 전원주택이었다. 실물 크기

소형 요트의 조타 키를 장식한 대문 왼쪽 석주에 쇼팽 안내판이 아닌 'Son Vannt'이라는 표지판이 있었다. 송 방은 '바람의 집'이라는 프랑스어다.

● 발데모사 쇼팽음악제

1911년 2월, 발데모사를 방문했던 폴란드 피아니스트 반다 란도프스카 여사는 카르투하 수도원 쇼팽 박물관에 있는 플레이엘 피아노로 몇 곡의 쇼팽 곡을 연주했다. 이를 계기로 한때 발데모사에 머물렀던 쇼팽과 상드에 대한 인식을 달리한 주민들은 뜻을 모아 쇼팽을 추모하는 쇼팽위원회를 결성했다. 이 위원회는 1930년 쇼팽추모피아노연주회를 열었고, 이것이 계기가 되어 발데모사 쇼팽음악제Valldemosa Festivals Chopin의 설립을 추진하게 되었다.

쇼팽음악제는 세계의 저명한 피아니스트들이 찾아와 쇼팽의 피아노곡을 연주하는 피아노 페스티벌이다. 발데모사 쇼팽 박물관 전시실에는 이 음악제 창설 이래 현재까지 출연한 피아니스트들의 초상화가 걸려 있다.

작곡가 파야는 1933년 5월 21일, 제3회 쇼팽음악제에 참석해 '카페라 클래시카'라는 팔마 시 합창단을 위한 자작의 〈마요르카 발라드Balada de Mallorca〉를 초연했다. 이 곡은 쇼팽이 이곳 수도원에서 작곡한 〈발라드〉 제2번 F장조와 베르다게르J.Verdaguer의 시 〈마요르카의 발라드〉를 조합한 교회용 혼성 4부 합창곡이다. 파야는 같은 해 12월 7일 발데모사에 다시 찾아와 다음 해 6월 17일까지 체류하면서 발데모사 쇼팽음악제의 체제를 정비했다.

현재 수도원에는 건물을 관리하는 경비원과 박물관 안내를 담당한 다섯 명의 수녀, 요리담당 가정부 두 명, 한명의 간호사가 상주하고 있다.

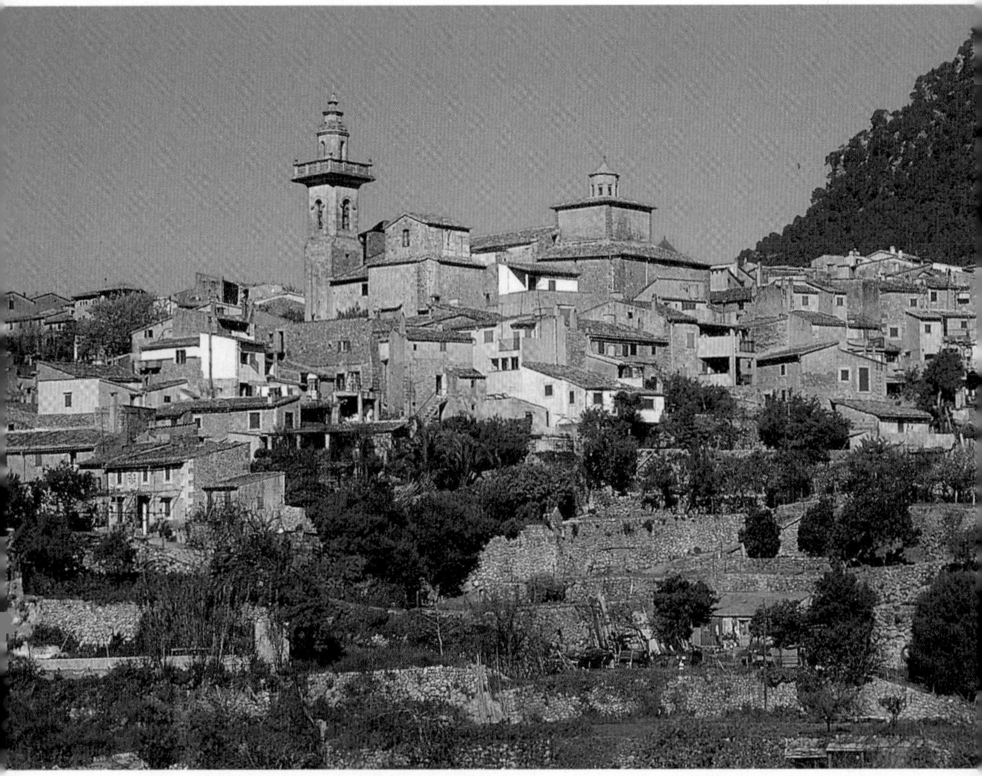

마요르카 발데모사(매년 쇼팽음악제가 개최됨)
쇼팽과 상드는 마을에 있는 수도원에 머물렀다

팔마항은 마르세유와 함께 지중해 최고의 요트 항구다. 연중 50만 명이 넘는 유람객이 요트를 즐기거나 구경하러 온다. 팔마에 오는 관광객들은 꼭 발데모사를 찾는다. 발데모사에 요트는 없지만, 옛날에 한 음악가와 여성작가가 엮어놓고 간 사랑과 음악의 에피소드가 있기 때문일 것이다.

세월은 아이러니를 낳았다. 지금 팔마와 발데모사에서는 상드의 저서와 쇼팽의 CD가 불티나게 팔리고 있다. 또, 매년 열리는 발데모사 쇼팽 음악제 시즌 동안에는 팔마와 발데모사를 찾아와 돈을 쓰고 가는 사람이 부지기수로 많다. 마요르카, 팔마, 발데모사의 주민들은 쇼팽과 상드의 후광을 톡톡히 보는 셈이다.

두 사람이 기거했던 수도원은 지금 지중해, 아니 스페인을 통틀어 하나밖에 없는 쇼팽상드 박물관으로 문을 열어 입장료를 받는다. 연 10만 명이 관람한다니 결코 적은 수입이 아니다. 수백 년 동안 어두운 표정으로 침묵을 견딘 카르투하 수도원 쇼팽 박물관에는 수백 점이 넘는 쇼팽과 상드의 유품이 보존, 전시되고 있다. 그 가운데 쇼팽이 사용한 두 대의 업라이트 피아노가 있어 관람객의 감회를 더해 준다. 당시 팔마에서 급히 임대한 헤르마노스와 파리에서 보내온 플레이엘 피아노다(아쉽게도 2011년 이 방과 피아노는 가짜로 판명나고, 같은 수도원 내 쾨트라스 가문이 소유한 방과 피아노가 진짜로 밝혀졌다. – 편집부 주).

II

쇼팽과 바르셀로나

1. 쇼팽과 상드의 비상탈출

1839년 2월, 쇼팽의 목숨은 경각에 달려 있었다. 열흘 동안 퍼붓던 진눈깨비가 멎었다. 다시 보는 푸른 하늘, 밝은 태양이 팔마항을 내리쬐고 있었다. 날씨만 회복되면 바르셀로나로 가는 배는 뜨게 되어 있었다.

마요르카 섬에서 더는 쇼팽의 건강을 회복시킬 수 없다고 판단한 상드는 한 시각이라도 빨리 섬을 떠나야겠다고 생각했다. 겨울 동안 결항 중이던 팔마↔바르셀로나 간의 선편도 재개되었다. 2월 11일 상드 일행은 발데모사 수도원을 떠났다. 쇼팽에게서 결핵이 전염될까 봐 주민들은 쇼팽 일행이 팔마까지 타고 갈 마차를 빌려주지 않았다.

상드는 마차의 소각비용까지 물어 주겠다는 조건으로 겨우 포장 없는 헌 화물마차를 빌릴 수 있었다. 상드와 쇼팽, 세 명의 일행은 휘몰아치는 진눈깨비를 맞으며 발데모사를 뒤로 했다. 팔마에 도착했을 때 쇼팽은 고열에 심한 각혈까지 겹쳐 몇 발짝의 운신조차 어려운 상태였다. 상드는 프랑스 영사를 찾아가 도움을 청했다. 영사는 자기 관저에서 쇼팽이 회복할 때까지 안정을 취하도록 해주었다. 이틀 후, 쇼팽은 원기를 되찾았다.

2월 13일 오후 3시, 일행은 바르셀로나 행 증기선에 올랐다. 결핵

환자가 사용한 침대와 침구 일체는 값의 고하를 막론하고 무조건 소각하도록 되어 있기 때문에 쇼팽에게는 폐기 직전의 낡은 나무침대가 배정되었다. 이 배는 가축을 가득 싣고 있었다. 마요르카 섬의 겨울철 주산물인 돼지와 올리브를 바르셀로나로 싣고 가는 배였다.

200마리가 넘는 돼지와 백여 통의 올리브기름이 배에 실려 있었다. 쇼팽과 상드 일행은 바르셀로나까지 돼지들과 동행하는 처지가 됐다. 쇼팽은 일행과 격리, 돼지우리 옆 통나무를 얽어맨 좁은 헛간에 수용되었다. 헛간 출입도 상드 한 사람으로 제한되고 있었다.

선객은 모두 일곱 명, 상드 일행 외에 세 사람의 다른 선객이 있었다. 세 승객은 돼지우리 칸에서 고약한 냄새가 올라온다고 선장에게 투덜댔다. 선장은 "뭐라고? 고약한 돼지냄새? 돼지냄새야말로 금화의 냄새가 아닌가. 금화가 생기는데 돼지냄새가 무슨 상관인가. 못 견디겠으면 한 마리에 10페소씩 내시오. 몽땅 바다에 던져 줄 터이니……" 라고 말했다. 선장은 선객들이 갑판에 나가는 것까지 막았다. 사람이 왔다갔다하면 돼지들이 놀라 꿀꿀대 시끄러워서 그렇다고 했다. 인간 승객은 비좁은 선실에 감금되다시피하여 역겨운 냄새를 맡으며 길고 지루한 항해를 해야 했다.

배가 바르셀로나에 도착했을 때 쇼팽은 생사의 갈림길을 헤맬 정도로 병세가 악화되어 있었다. 만약, 이때 쇼팽이 죽기라도 했다면 상드는 돼지를 사람보다 우대한 이 선장을 평생 저주하면서 글을 썼을지 모른다.

천만다행이었다. 바르셀로나에는 프랑스의 군함 레아글호가 정박하고 있었다. 상드는 레아글함대 사령관에게 구원을 청했다. 프랑스의 유명 여성작가의 간청은 즉석에서 받아들여졌다. 군의관은 최선을 다해 쇼팽을 치료하여 빈사상태의 쇼팽을 소생시켰다.

상드는 사력을 다해 쇼팽을 간병했다. 혼자 해변가를 산책할 수 있을 만큼 쇼팽의 원기는 회복되었다. 일행은 일주일 동안 바르셀로나의 명소를 두루 관광한 후, 마르세유를 향해 마차를 달렸다.

1839년 2월 25일, 상드는 파리의 마를리아니Carlotta Marliani 스페인 영사 부인에게 편지를 보냈다.

> 드디어 마르세유, 아니 프랑스 땅을 밟았습니다. 하루만 더 마요르카에 처졌더라면 거기서 우리 모두 질식사했을지도 모릅니다. 쇼팽은 우울증과 편집증으로, 나는 참을 수 없는 분노가 치밀어서 말입니다. 스페인 뱃사람들 미워 죽겠어요. 그 사람들 두 번 다시 생각하기도 싫어요. 그들은 내 앞에서 빈사상태가 되어 버린 나의 소중한 병자를 돼지우리에 처넣고 송곳으로 가슴을 콕콕 찔러대고 있었어요. 나는 내 생애가 이어지는 한 결코 그들을 용서하지 않을 겁니다. 그들에 대하여 글을 쓸 일이 생기면 내 펜은 원한과 증오로 부들부들 떨 것입니다.
>
> 쇼팽은 아주 쾌차했어요. 기침도 안 하고 각혈도 없이 잠도 잘 잔답니다. 이게 모두 우리가 프랑스의 흙을 밟은 덕분이 아니겠어요?

상드와 쇼팽은 당분간 마르세유에 머물기로 했다. 파리는 꽃샘추위가 한창이었다. 따뜻하고 청명한 마르세유에서 쇼팽이 건강을 회복할 때까지 요양하기로 한 것이다. 프랑스의 저명한 의사 고비엘 박사가 마르세유에서 진료를 하고 있었다. 쇼팽은 박사의 치료를 받으면서 느긋하게 요양을 했다.

쇼팽은 가끔 파리의 코지미안에게 편지를 썼다. 상드를 구원의 여신으로 추켜세우는 편지였다. 3월 27일자의 편지에서 '상드는 괴테, 바이런, 미츠키에비치에 관한 논문의 추고를 끝냈다'고 알리고 '출간되면 꼭 읽어보라'는 추기까지 쓰고 있다.

또, 4월 12일자 편지에서는 '나의 천사 상드는 신작소설 《가브리엘》의 원고를 끝냈다'는 소식과 함께 '소문과는 다르며, 그대들이 그녀와 친해질 때 그녀가 얼마나 인정 많고 자상한 여성인지 알게 될 것'이라는 등 풋내기 청년이 처음 만난 연인을 목말 태우는 내용이어서 친구들은 쓴웃음을 금치 못했다.

한편, 당대의 유명한 여성작가 상드와 음악가 쇼팽이 마르세유에 체재 중이라는 사실이 알려지자 면회를 청하는 시민들이 많았다. 쇼팽은 신병을 이유로 만나기를 거절했고, 공식장소에 일체 나가지도 않았다.

우정이 돈독했던 명 테너 아돌프 누리Adolphe Nourrit, 1802-1839의 사망 소식이 들렸다. 누리가 성대수술에 실패하고 절망한 나머지 나폴리의 한 호텔에서 투신자살했다는 것이다. 쇼팽과 상드는 눈물을 글썽이며 슬퍼했다. 여섯 명의 어린 자녀를 남겨두고 세상을 버린 누리. 그는 가수이기 이전에 시인이었다. 누리는 슈베르트의 가곡을 번역하여 프랑스에 널리 알린 명가수다.

누리의 유해가 파리로 운구 중 마르세유에서 하루를 쉬어가게 되었다. 누리를 향한 마르세유 시민들의 열망은 뜨거웠다. 노트르담 뒤몽 성당에서 누리의 추도미사가 집전되었다. 쇼팽과 상드도 미사에 참례했고, 쇼팽이 오르간을 연주했다. 누리 생전의 애창곡이던 슈베르트의 〈천체Gestirne D.444〉였다. 상드는 저서 《마요르카의 겨울》에서 누리의 미사현장을 다음과 같이 적고 있다.

> 쇼팽의 오르간 연주는 애상적이었다. 심오한 비애가 감돌았으며 마치 천상의 어디에선가 들려오는 오묘한 통곡소리 같았다.

이 무렵, 쇼팽의 모친 유스티나 부인이 파리를 방문한다는 소문이 있었다. 쇼팽은 내심 반가웠다. 그러나 한편으로는 자신과 상드와의 관계를 어머니가 알아서는……. 지금까지 양친에게 올리는 편지는 모두 파리에 있는 폰타나와 코지미안을 통해 중계 우송을 해 왔다. 후에 안 일이지만 쇼팽의 모친이 파리를 방문했다는 설은 뜬소문이었다.

마르세유의 3개월은 꿈결처럼 지나갔다. 쇼팽은 하루가 다르게 건강을 되찾았다. 그해 6월 초, 상드 일행과 함께 쇼팽은 이탈리아 제노바를 여행한 뒤, 엑상 프로방스, 아를르, 아비뇽을 거쳐 상드의 고향 노앙으로 간다.

2. 지중해 여정

옛날 지중해와 지금의 지중해. 똑같은 지중해다. 지정학자들은 지중해를 유럽문명의 젖가슴이라고 표현한다. 뱃사람들은 "바다는 바다지, 예와 지금이 달라야 할 이유가 어디 있느냐"고 반문한다. 오후 6시 10분, 팔마항 페리 터미널에서 바르셀로나 행 페리가 닻을 감았다. 이날 지중해는 잔잔했다.

세상 여기저기를 다니며 볼 것과 봐서는 안 될 것 가리지 않고 다 구경한 필자다. 팔뚝 굵기의 코브라를 덮개 없는 소쿠리에 똬리를 틀어넣어 만원열차 좌석 밑에 놔두지를 않나(인도), 알프스에서 파는 산소통조림이 있었으면 싶은 3천 미터 고산준봉의 벼랑길을 가쁜 숨 내뱉으며 굴러가는 낡은 버스(페루), 열차 침대 칸에서 장돌뱅이 투계꾼이 데리고 탄 수탉이 새벽에 "꼬끼오!" 홰를 치질 않나(중국 광동), 30유로라고 쓴 여자 속옷을 방갈로 출입문에 쫙 벌려 걸어놓고(북 보헤미아), 철길 가에서 용변을 보는 젊은 아낙(이집트). 코미디보다 더 웃기는 세상 풍물사를 이야기하라면 천일야화보다 더 길것이다.

폴란드에서 베를린, 파리, 남프랑스, 스페인을 잇는 유럽 종단 '쇼팽음악여행길'에는 배꼽 잡을 익살이 없어 싱겁다. 이 지역이 문화적으로 뒤처진 나라들이 아니어서 그런가, 나폴레옹과 돈키호테의 후예라서 그런가. 큰소리로 웃어대고, 화가 뿔 끝까지 오른 황소한테 맨주먹으로 덤벼드는 스페인 사람들. 기타를 치고, 춤추고 노래를 불러야 직성이 풀리는 카르멘 기질이어서 그런가. 아무리 그렇더라도 마요르카에는 우화 같은 넌센스 거리가 하나쯤 있을 법한데 도무지 눈에 안 뛴다.

섬 어느 구석에 가도 도둑이 없는 마요르카. 그 대신 음악과 사르수엘라, 거기에 데킬라의 뜨거운 정열이 있었다. 관광객들이 북새를 떠는 스페인 광장 복판 동상 대좌에 돈도 조금 들어있는 카메라 가방을 놔두고 숙소로 돌아온 필자였다. 허겁지겁 광장으로 달려갔을 때, 두 시간이 넘도록 가방은 그 자리에 그냥 있었다. '어휴!'

팔마를 떠난 페리. 망망대해에 어둠이 내린다. 너울파도가 뱃머리를 때린다. 필자는 멀리 노을 진 수평선의 조각달을 보고 쇼팽과 상드의 옛날을 떠올렸다. 한 사람 천재음악가와 여성작가가 이 바다에서 속삭였을 사랑의 밀어가 들려온다. 선내 카페는 넓고 상델리에는 밝았다. 맥주 한 컵으로 여정을 달래는데 옆 자리에서 데킬라 더블글라스를 기울이던 스페인 배불뚝이 중년이 "차이니스냐?"고 묻는다. 꼬레아라고 했더니 고개를 갸웃……. 바르셀로나보다 20년 먼저 올림픽을 치른 서울을 아느냐고 대꾸를 했다. 그가 하는 말이 "오우! 스오울, 오 가삐딸, 가삐딸! 데파토 우르르르 스오울!" 하며 악수하자고 손을 내민다. TV에서 88서울올림픽은 못 봤어도 강남의 한 백화점 붕괴 장면은 봤나 보다.

"핫세르 베 데킬라 게임하자"고 한다. 요술게임으로 지는 쪽이 제 돈 내고 더블 데킬라를 마셔야 하는 벌주게임이란다. "좋아, 하자." 필자는 스탠드카운터에 종이쪽지를 깔고 만년필 뚜껑을 세웠다. "쓰러뜨리지 말고 종이를 빼라. 쓰러지면 데킬라 더블이다." 중국 여행 때,

돈 주고 배운 요술이다. 필자는 동전으로 하는 요술 등 세 번 그를 이겼다. 카운터에 둘러앉은 선객들이 박수치며 환성을 지른다. 데킬라 더블 석 잔을 연거푸 마신 배불뚝이 중년, 저만치에 있는 긴 의자에 벌렁 드러눕는다. "난 팔마의 어부 산초다. 바르셀로나에 배 닿거든 날 깨워 주오!"

달 없는 밤의 지중해는 떠가도 떠가도 그냥 칠흑이다. 암흑의 철학이라고? 책에서 본 기억이 난다. 보름 전, 프랑스 서남단에서 피레네산 '순례자의 길'을 종행하여 바이올린의 귀재 사라사테의 고향인 팜프로나를 지나왔다. 그때 산길도 칠흑 같은 밤이었다. 일정이 빡빡해서 렌트카로 야간주행을 감행한 것이다. 한여름 밤인데, 흰 눈을 인 피레네산 거봉들이 으스름히 콘트라스트를 가르고 있었다. 지금 밤의 지중해를 떠가는 페리 갑판에서 보는 바다의 밤과는 정황이 달랐다.

밤의 바다엔 정말 철학이 있나 보다. 피레네산의 밤길이 'S자 서펜트형 철학'일 때, 지중해 밤바다의 철학은 '스트레이트형 철학' 직선의 철학이다. S자형 철학이 굴곡의 변증법을 역설한 헤겔의 이론이라면, 지중해 밤의 철학은 쇼팽의 심장귀향론을 부정한 프로이트의 정신분석학의 직선이론이다.

철학서적을 탐독한 시절이 있었다. 칠흑 같은 밤의 지중해를 배를 타고 건너보는 것이 그 시절 필자의 꿈이었다. 지금 바로 그 밤의 바다를 가고 있다. 시작도 없고 끝도 모르는 암흑의 세계를 죽을 때까지 가게 될지도 모른다는 환영의 세계…….

그때, 쇼팽은 냄새나는 돼지우리 칸에 갇혀 이 바다를 건넜다. 쇼팽의 상념과 필자의 상념을 지금에 와서 견준다는 것, 그것은 아이러니다. 쇼팽은 음악가였다. 음악을 위해 빈사상태의 육신으로 이 뱃길을 갔고, 2세기가 지난 오늘, 나는 그의 음악과 사랑의 궤적을 좇아 침단의 이기를 갖춘 거대한 페리를 타고 그 바다를 건너고 있는 것이다.

동녘하늘이 불그무레하게 밝는다. 철학의 세계, 암흑의 세계, 환영의 세계는 이제 끝이 났는가. 두 시간쯤 뒤, 페리는 바르셀로나 부두에 닻을 내릴 것이다.

3. 바르셀로나 산책

람브라스 거리

1839년 2월 15일, 바르셀로나 항에 내린 쇼팽은 프랑스의 군함 레아글호 군의관의 도움으로 빈사의 위기를 면했다. 쇼팽과 상드는 8일 동안 바르셀로나에 체류하면서 시내 관광과 요양을 했다.

바르셀로나Barcelona는 스페인 제2의 도시다. 구시가지의 심장 카탈루냐 광장에서 부둣가 콜럼버스 탑까지의 약 2킬로미터가 유명한 람브라스 대로, 바르셀로나의 중심가다. 역사의 명소, 문화 유적, 음악, 미술, 건축, 풍물이 바르셀로나 천년 역사의 볼거리를 제시하고 있다. 바르셀로나 역사 예술 산책이 하루면 족하다는 말도 람브라스Lambras 거리를 두고 하는 말이다.

람브라스 거리는 17세기 말에 조성된 시민 휴식의 도로공원이다. 지금은 양쪽 1차선씩 차도가 있기는 하나 보행자 위주의 녹지가도다. 람브라스란 흐르는 물을 뜻하는 아라비아어 '라므라'에서 유래한다. 13세기 초부터 개울가에 축산물, 어물, 야채를 파는 저잣거리가 형성되었고, 그 저잣거리가 오늘의 상 주세프 시장의 원조다. 시는 주세프 시장을 바르셀로나 문화 유적으로 지정했다.

람브라스 거리에는 백화점, 음악당, 영화관, 오페라극장, 카페, 콘서트 홀, 전통 있고 이름난 브랜드 상점과 꽃가게들이 즐비하다. 주말이면 악사, 화가, 마술사 등 오래전에 거리로 내몰린 자칭 예술가들의 즉흥연기를 공짜로 볼 수도 있다. 콘서트홀과 오페라극장에 새 프로그램이 오르면 상류계층 신사숙녀들이 말쑥한 정장 차림으로 거리를 활보한다.

은행, 금융회사들이 밀집한 카탈루냐 광장 한쪽에 스페인 내전 때 파괴되었다가 복원된 유명한 바르셀로나 대성당이 있다. 성당 왼쪽 고딕양식이 화려하고 우아한 회랑은 14세기 건축의 오리지널이라고 한다. 이 광장에서 부두 쪽으로 조금 내려가면 전시가 매우 이국적인 비엔나Bar Viena라는 카페가 있다. 테이블은 없고, 스탠드카운터에 서서 먹고 마시는 곳이다. 경식과 네덜란드 산 맥주가 일품이다. 베란다 풍으로 꾸민 2층 스테이지에 놓아둔 그랜드피아노는 가끔 내로라하는 아마추어 피아니스트들이 자청하는 연주에 의해 분위기를 돋운다.

1681년에 시작, 50년 만에 완공했다는 페렌 교회 옆의 비레이너 궁전안으로 들어가면 관광 안내소가 있다. 그날의 오페라와 콘서트 정보를 입수할 수 있고, 티켓 구입도 가능하다. 궁전 바로 옆 카사 베토벤Casa Beethoven이라는 서점은 매장 디스플레이가 아기자기할 뿐 아니라 음악과 관련된 서적, 특히 고전에서 현대음악에 이르기까지 악보를 두루 구비하고 있다.

2 산호세 시장

산호세 시장Mercat de Sant Josep은 바르셀로나 시민의 부엌이라는 스페인 최대의 먹거리 시장이다. 보케리아

시장La Boqueria이라고도 부르며, 람브라스 거리 가운데 토막에 해당한다. 지중해에서 갓 잡아 올린 싱싱한 생선들을 볼 수 있다. 가위 하나로 대형 어종을 종이 오리듯이 다루는 어물전 주인의 솜씨가 대단하다. 여름에는 싱싱한 제철 과일을 즉석에서 깎아 일회용 접시에 담아 주기도 한다. 배낭을 맨 여행자들은 장보러 나온 토박이 할머니 할아버지와 대화를 나눌 수 있는 커뮤니케이션의 장터다. 스페인어를 못해도 주눅들 필요가 없다. 손짓과 발짓, 표정으로 소통이 되니까.

여행자는 보케리아 시장 바닥에 깔려 있는 바르셀로나 출신 화가 미로의 모자이크 포석을 그냥 지나치지 말도록……. 이 광장에 오페라와 발레의 명문 리세우 극장Gran Teatre de Liceu이 네오클래식의 정묘한 건축미를 자랑하고 있다. 상연 시간이 가까워지면 광장 주변, 정장을 차려입은 신사 숙녀가 모자 쓰고 구두 신은 아이들의 손을 잡고 걸어가는 모습이 정말 정겹다.

시간에 쫓겨 오페라 상연을 못 보는 여행자라도 기죽을 필요는 없다. 극장 건너편에 있는 카페 오페라Cafe Opera에서 극장으로 들어가는 입장객들의 밝은 표정을 안주삼아 시원한 맥주 한 잔을 마시면 오페라를 보는 그 이상의 즐거움을 만끽할 수도 있다. 카페 오페라는 바르셀로나 최고의 역사와 전통을 가진 브랜드 카페로 정오부터 자정까지 클래식음악을 들려준다.

콜럼버스 타워와 가까운 레이아르 광장 왼쪽에 쿠아트로 내시오네 호텔Hotel Cuatro Naciones이 있다. 쇼팽과 상드가 1838년 10월 2일부터 일주일 동안 체류했던 호텔이다. 당시 쇼팽과 상드 일행은 이 호텔에 체류하며 마요르카 섬으로 가는 배를 기다렸다. 쇼팽과 상드에 관한 특별한 안내판 같은 것은 없지만, 지금도 당시의 외관 그대로 손님을 받고 있다는 것이 지배인의 설명이다. 바르셀로나에는 한때 쇼팽 기피증이 있었다. 결핵법률의 공포 인식 때문이었다. 호텔이나 레스토랑 건물에 쇼팽 안내판을 의도적으로 달지 않은 이유를 알 만하다. 호텔 앞 광장에 서있는 두 개의 고색창연한 가로등은 젊은 날의 가우디가 제작한 예술품이라고 지배인이 또 귀띔했다.

호텔에서 부두 쪽으로 조금 내려가는 곳에 유명한 가우디의 명작 구엘 저택Palau Güell이 있다. 저택 안에 1954년 문을 연 스페인 무대예술 박물관Museu de lews Arts de I' Espectacce이 있다. 한번 들러볼 만한 곳이다. 18세기 이래 오페라, 발레, 연극 등 흥행에 쓰였던 의상, 무대장치와 대본과 그 외 자료들이 보존, 전시되고 있다.

바르셀로나 여행에서 빼놓아서는 안 될 향수 서린 카페가 또 하나 있다는 것을 아는 이는 많지 않다. 람브라스 대로 뒤 이면도로에 있는 뮤직카페 '보데가 보헤미아Bodega Bohemia'다. 연중 휴일 없이 문을 연다. 주인 부부가 홀 중앙에 설치한 스테이지에서 직접 칸초네, 탱고, 플라멩코 춤과 노래를 보여준다. 카페 출입구에 '이 뮤직카페에서 예술가가 탄생한다'라는 표어가 붙어 있다. 얼마 전까지 바르셀로나의 예술인들로 불야성을 이뤘다는데, 어떤 연유인지 최근엔 시들해졌다는 것. 그렇기는 해도 노스탤지어에 젖기 좋아하는 스페인의 젊은 여행자들이 많이 찾아온다고 한다.

람브란스 대로의 종점, 부두 광장의 콜럼버스 타워는 1888년에 건립된 초고층 원주 탑이다. 바르셀로나에서 개최된 세계만국박람회에 타이밍을 맞춰 스페인 정부가 건립했다. 지상 60미터 원주형 대좌 위에 7.5미터 키의 콜럼버스가 오른손을 들어 대양을 가리키고 있다. 탑 원주 안 엘리베이터를 타면 시내 360도 전각을 볼 수 있는 원형전망대에 서게 된다. 람브라스 대로의 원점인 카탈루냐 광장이 눈 아래로 내려다보이고, 다닥다닥 집들이 들어선 도심을 비집고 거대한 죽순처럼 하늘로 솟아오른 가우디의 사그라다 파밀리아 성당이 바르셀로나의 심벌을 자처하고 있는 풍경은 장관이다.

3 사그라다 파밀리아

택시를 탔다. “가우디 템플!” 15분 후, 사그라다 파밀리아공원 광장에서 내렸다. 이미 사진으로, TV로 봐서 익숙한 거대한 조각 탑들이 하늘을 뚫고 올라가 있는 사원. 사람들은 “와! 사진과 똑같네!” 감탄사를 연발한다. 가까이 다가서니 사진과는 달리 사원의 인상이 달라 보인다.

탑신에 각인된 수십만 개의 인간상과 동물상은 모두 기괴하고 보이지 않는 어떤 괴력을 발산하고 있다. 뒷덜미가 오싹해진다. 사그라다의 안내인은 말한다. “오묘한 탑들은 모두 스페인, 포르투갈, 이집트, 이탈리아에서는 제일 높은 첨탑이다. 보기에 따라 수백, 수천의 이미지로 보인다”라고. 그러나 필자의 망막에 저장된 탑의 이미지는 단순했다. “존재하지도 않고, 존재할 수도 없는, 하늘에서 거꾸로 뻗어 내린 지구의 건축물……” 가우디가 설계, 착공한 지 100년인데, 사원은 아직 100년은 더 있어야 완공될지 말지 알 수 있다고 한다. 사그라다 파밀리아에 관광 오는 사람들이 한 닢, 두 닢 내는 헌금이 성당 공사비의 전부라니……. 믿기지 않는 수학의 공식이다.

III

남프랑스 음악여행

1. 바르셀로나에서 마르세유로

오늘 일정은 마르세유까지다. 스페인 일급 국제선특급열차를 타기로 했다. 바르셀로나에서 남프랑스 페르피냥 → 나르봉 → 몽펠리에 → 니므 → 아를 → 엑상 프로방스를 거쳐 마르세유에 종착한다. 1839년, 쇼팽과 상드일행이 바르셀로나에서 마르세유로 간 루트다. 상드 일행은 마차로 이 루트를 달렸다.

오전 8시 50분, 바르셀로나 프랑사 역에서 탈고데이Talgo day를 탔다. 마르세유까지 가는 국제관광특급열차다. 스페인 사람들은 이 열차를 '카탈란Catalan 탈고데이'라고 부른다. 스페인 동북부 카탈루냐 지방을 상징하는 열차의 코드라서 그렇게 부른다. 탈고데이는 마드리드를 출발, 스위스 제네바를 거쳐 남프랑스 각지를 돌아 바르셀로나로 돌아오는 국제특급관광열차다. 필자는 오래전부터 이 열차를 타보고 싶었으나 좀처럼 기회가 없었다.

스페인과 국경을 마주한 국가는 프랑스와 포르투갈 두 나라뿐이다. 국제선 철도가 일반화된 이 즈음인데, 유독 스페인 열차 궤도의 폭은 치수가 다르다. 스페인에서 프랑스로 들어가려면 궤도 폭을 수정해야 한다. 유럽연합국가들의 표준 궤도의 폭은 1,425밀리미터다. 스페인은 광폭 궤도인 1,668밀리미터를 채용하고 있다. 그래서 열차가 스페인에서 프랑스로, 혹은 프랑스에서 스페인으로 들어가려면 궤도 폭 자동 변경장치를 달고 있어야 한다. 그렇지 않으면 국경에서 열차를 바꿔 탈 수밖에 없다. 탈고데이에는 궤도 폭 자동 변경장치가 달려 있다.

스페인 국철(RENFE)은 시속 300킬로미터 이상을 달리는 초고속 열차 AVE와 300킬로미터 이하급인 탈고데이, 에우로메드, 알라리스, 알타리아가 있다. 스페인 열차 여행에서 보는 경치의 색깔은 황적갈색이다. 가도 가도 해바라기, 자운영의 들판이 펼쳐진 안달루시아 지방. 차창 밖에 빨강, 누렁 대지가 이어지는 스페인의 열차 여행은 이쪽의 견문에 어두운 동양인들에겐 선망의 대상일 수밖에 없다.

스페인이 열차 궤도의 폭을 넓게 잡은 이유가 특별히 있을까. 알프스를 넘어 이탈리아를 침공한 나폴레옹에 대비해 '대포를 실은 열차가 바로 들어오지 못하도록 하기 위해……'라는 기사를 바르셀로나의 한 잡지에서 읽은 기억이 있다. 그러나 이것은 하나의 기사를 위한 기사일 테고…….

차창에 들어오는 햇빛이 따끔따끔 살갗을 찌르고 있었다. 8천 룩스도 넘을 햇빛이다. 세계적으로 유명한 다이얼가이드 '토마스 쿡'과 손목시계를 본다. 탈고데이는 13분 연착하고 있었다. 해안선 따라 열차는 북쪽으로 달리고 있다. 철로변 바다 쪽으로 하얀 2층집들이 일렬종대로 줄을 짓고 있다. 기하학에서 말하는 순열 조합의 배열같이. 처음부터 거기 끼어 있던 민가도 가끔 눈에 띄지만……. 바캉스 피크는 한 달도 더 남았다. 그때가 되면 해안 리조트는 법석을 떨어대겠지……. 음울하고 지루한 유럽의 겨울 내내 움츠리고 지낸 사람들이 지중해의 밝은 태양이 쏟아지는 해변에서 싼 집세를 내고 여름을 날 수 있는 곳, 그런 사람들을 위해 카탈루냐 주 정부가 마련한 리조트라고 열차 승무원은 설명했다.

탈고데이는 거점 정차역 마타로Mataro, 블라나스Blanas가 가까워졌는지 슬슬 속력을 줄이는 것 같다. 차창 밖의 풍경이 일변한다. 산자락이 바다를 향해 불쑥 밀고나간 곳, 멀리 대서양에서 시작한 피레네 산맥의 맨 끝자락 같았다. 탈고데이는 절벽 오버행어 아래를 아무렇지 않게 지나간다. 아슬아슬했다. 바깥은 바람이 세차게 몰아치고 있었다. 해변의 검은 암초를 파도가 때리면서 흰 물거품을 날리고 있는 것이다.

탈고데이는 궤도 폭의 편차로 인해 다른 열차로 바꿔 타는 일 없이 그냥 프랑스까지 갈 수 있는 열차다. 열차는 프랑스의 국경도시 폴 보 역에서 지상 장치를 이용해 바퀴 축의 폭을 좁힌다. 15분 걸렸다. 1838년 10월, 쇼팽과 상드가 마요르카로 갈 때, 스페인 내전으로 끊긴 육로로 가지 못하고, 바르셀로나까지 배를 탔던 바로 그 항구마을이다. 필자는 플랫폼 뒤쪽 끝단에서 지중해를 내려다봤다. 쇼팽이 배를 타던 부두가 보이고, 그 멀리로 가물가물한 수평선이 보였다. 바다야 언제나 변함이 없이 푸르지만, 쇼팽이 배를 타던 그 시절 부두 정취보다 많이 달라졌을 것이라는 생각이 든다.

탈고데이의 선두는 전기동력 기관차, 다음은 발전차량, 2등 칸 7량을 달았고 8호차는 식당이다. 뒤로 4량이 1등 칸이다. 폴 보 역에서 유럽 표준궤도로 자가 전환한 탈고데이가 폴 보 역을 천천히 빠져나간다. 불그스레한 산등성이에 폐허의 로마네스크 사원이 보인다. 쓸쓸하고 서글프게 보였다. 여기서부터는 프랑스령이다. 그동안 우측통행이었다가 좌측으로 바뀌었다. 얼마 전 서울의 보행자 통행이 좌측에서 우측으로 바뀌었다. 프랑스는 우측통행이 원칙이나 철도와 지하철은 좌측으로 되어 있다. 한국도 마찬가지다.

페르피냥은 상드가 마요르카에 갈 때 열흘간 쇼팽을 기다렸던 랑

데부의 항구마을이다. 열차에서 내려 마을을 돌아볼 수 없는 것이 유감이었다.

1등 칸 좌석 절반쯤은 비어 있었는데, 프랑스 할머니 다섯 분이 수다를 떨며 올라온다. 한 할머니는 꼭 동화책에 나오는 빗자루 타고 날아다니며 마술을 부리는 할머니의 인상이었다. 뒤따라 동양인 중년의 일단이 올라왔다. "자리 넉넉하니까 좌석번호 상관 말고 아무 데나 앉자." 한국인들이었다. 한국인으로서 필자 한 사람만 탈고데이 일등칸에 탔다는 자만이 일시에 무너져버렸다. 하지만 탈고데이에서 동포를 만났다는 것은 나의 마요르카·남프랑스 여행에 있어 오랫동안 기억에 담아두고 싶은 기쁨이 아닐 수 없었다.

탈고데이는 페르피냥을 뒤로하고 마르세유로 달리기 시작한다. 지역지도를 보면 여기가 어디쯤인지 감을 잡을 수 있겠는데, 프랑스 남부 광역지도만 갖고 있었다. 다시 해안선을 달리는 줄 알았다. 그런데 알고 보니 해안선이 아니라 넓은 호수를 낀 늪지대였다. 탈고데이는 늪 한 가운데의 푸른 초원을 달리고 있었다. 옆자리 프랑스 할머니는 내 어깨를 툭툭 치며 "사반나, 사반나!"라고 외쳤다. 한국 우포늪의 천 배 넓이는 될까. 열차는 광활한 늪 한 가운데를 마치 호버크래프트처럼 떠서 달리고 있다. 철도가 부설된 이런 늪이 한국에 있다면, 금강산은 "저리 가라"고 할 것이 뻔하다.

12시 5분, 탈고데이가 나르봉Narbonne 역에 정차한다. 나르봉은 툴루즈를 경유해 대서양 연안까지 가는 철로와 도로가 사방으로 교차하는 남프랑스 교통의 요충지다. 철로가에 서 있는 초대형 광고판을 보고 눈을 둥그렇게 떴다. 우람한 흙벽돌의 성벽을 배경으로 "카르카손에 와보고 죽어라!"라는 오만불손한 커다란 글자의 헤드카피가 있다. 카르카손에는 성모 마리아를 직접 만났다는 기적의 소녀이야기로 유명한 르루드의 동굴이 있다. 조금 아까 페르피냥에서 내렸더라면 동굴에 가볼 수 있었겠지만, 훗날로 미룰 수밖에……. 오늘은 마르세유에 가야 하니까.

2. 마르세유 산책

마르세유Marseille에 도착한 상드는 비로소 안도의 숨을 내쉬었다. 1839년 2월 29일, 그녀는 파리의 마를리아니 스페인 영사 부인에게 편지를 썼다. 돼지들과 동행해야 했던 바르셀로나행 배에서 겪었던 일들, 구사일생으로 마르세유까지 왔던 이야기, 쇼팽이 건강을 회복하게 되어 마음이 놓인다는 등, 날씨가 온화한 마르세유에서 쇼팽을 더 요양시킨 뒤 파리에 가겠다는 내용이었다.

쇼팽과 상드는 미리 예약해 둔 메르퀴 보보 호텔Mercure Beauvau에 머물렀다. 이 호텔에 쇼팽과 상드가 체류했었다는 안내판은 걸려 있지 않았다. 폐결핵을 연상케 하는 쇼팽을 내세워 투숙객에게 블랙이미지를 호도할 필요는 없다는 생각 때문인 것 같다. 이 호텔은 루이 14세 때 언덕 위에 있던 궁전의 별관을 개축해 200년 전에 문을 연 호텔이다. 아름다운 마르세유 구항이 한눈에 들어온다. 전망이 좋아 영화의 현지 로케이션 카메라가 연중 내내 돌아가는 곳이기도 하다.

프로방스 전통음식 부이야베스

12세기에 개항한 마르세유 구항, 지금은 유럽 유수의 요트항으로 그 면모를 과시하고 있다. 서쪽 신항은 수만 톤급 다국적 상선들이 쉴 새 없이 드나드는 프랑스 최대의 상항이다.

구항 근처 골목에서 본고장의 맛이라는 부이야베스Bouillabaisse를 먹어봤다. 마르세유에서 바질리카 성당을 모른다는 것은 흉이 아니지만 부이야베스를 모르면 촌사람 취급 받는단다. 구항 부두 동쪽 이면 도로에 미라마르Miramar라는 레스토랑이 있다. 소문난 부이야베스 전문식당이다. 부이야베스 1인분은 22유로. 그리 비싼 값은 아니다.

1940년대 마르세유의 서민들은 이른 아침에 부두의 어물시장에서 팔다 남은 잡고기를 걷어다 맑은 탕국을 끓여 먹었다. 세월이 흐르면서 어부들은 이 생선국을 요리로 개발했다. 이것이 지금의 부이야베스가 된 것이다. 처음엔 하찮은 토속음식으로 허술한 식당에서 먹는 음식이었지만 지금은 마르세유를 대표하는 요리로 각광받고 있는 것이다.

마르세유의 구항은 요트의 요람이다. 정박 중인 요트 중 큰 것은 어지간한 연안 여객선 규모만큼 크고, 작은 것은 보트만한 것까지 가지각색의 요트가 정박하고 있다. 돛을 내린 5백 톤급 범선형의 영업용 요트도 있다. ㄷ자형 요트항 부두를 둘러보다 보니 문득 〈태양은 가득히〉(1960)라는 영화의 한 장면이 생각났다. 프랑스의 명배우 알랭 들롱이 주연한 영화로 친구를 살해하여 바다에 버린다는 이야기다. 범인은 요트를 끌고 마르세유항으로 돌아오지만, 친구의 사체가 요트 갈퀴에 매달려 항구까지 끌려오는 것은 몰랐다. 이 영화의 무대가 바로 마르세유 요트항이다.

구항부두 주변 뒷골목은 관광객을 대상으로 한 상점들이 밀집해 있다. 그림엽서를 파는 스탠드에서는 강아지, 고양이, 귀여운 아기 사진엽서가 불티나게 팔린다. 관광객이 왜 아기 사진을 사갈까? 아기 없고, 못 낳고, 안 낳는 여성들이 사간다고 한다.

마르세유의 도심을 보자. 현대식 고층건물들이 빼곡하게 들어선 거리는 번화하지만 고풍스런 이미지는 프랑스답고 마르세유답다. 관광의 포인트인 사원, 박물관, 옛 궁전은 도심을 벗어난 산마루 같은 높은 석회석 지대에 있다. 올라가려면 숨을 헐떡이지 않을 수 없다. 그래서인지 외국 관광객은 요트항 주변만 공연히 거닐며 카메라 셔터를 눌러댄다.

유명한 미라마르 레스토랑에서 부이야베스를 주문했다. 파리나 리용의 식당과는 인테리어부터 달랐다. 바다 냄새가 물씬 풍기는 분위기로 고기 잡는 그물, 뜰채, 낚싯대 등 갖가지 어구들이 벽과 천장에 주렁주렁 매달려 있다. 꼭은 작은 고깃배 선실 같다. 녹이 다닥다닥 슨 닻도 걸려 있었다. 부이야베스는 원래 남프랑스 연안 어부들이 배에서 끓여먹던 선상요리였다. 정장에 까만 나비넥타이를 맨 웨이터에게 부이야베스를 주문하니 웨이터가 "메르씨 보쿠!(대단히 감사합니다)"라며 미소 짓는다.

부이야베스는 잔챙이 생선을 따로 걷어 국물을 내고, 그 국물에 큰 생선을 삶아 토막을 내어 그 국물에 담아낸다. 일본의 샤브샤브와 비슷하다. 라스카스(쏨뱅이의 일종)와 성대, 농어, 넙치, 아귀, 가자미가 주재료이고 꽃게와 홍합, 대하와 오마르는 특급으로 쓰인다.

2 석화석 언덕 이야기

역사와 예술기행을 쓰려면 프로방스로 가라는 말이 있다. 프로방스 지방에서도 마르세유는 문화 여행 수첩의 진국이다. 그리스의 식민지로 시작된 마르세유는 2,600년의 긴 역사를 지닌 항도다. 파리보다 천년 앞선 프랑스 최초의 도시, 현재는 프랑스 제2의 도시로 번성해 있다. 도시의 냉담한 몰인정 같은 것이 없는 80만 인구의 대도시다. 어느 거리, 어느 골목에 들어서도 친절하고, 인정이 넘친다.

마르세유의 석회석 언덕 이야기는 연 3부작 희곡 〈마리우스〉를 쓴 마르셀 파뇰1895-1974의 작품세계에서 듣고 볼 수 있다. 파뇰은 마르세유에서 태어나 마르세유에서 죽은 작가다. 만약에 파뇰이 마르세유에 없었다면 지금 이 항도는 돈만 있으면 될 것 아니냐고 목에 힘주는 이방인들의 세상이 되었을지도 모른다.

파뇰은 〈마리우스〉 3부작에 등장하는 마리우스와 파니, 세자르를 통해 친절하고 인정 많은 주민들의 일상을 심도 있고, 호쾌하게 묘사하고 있다. 이 희곡의 무대는 구항으로 지금도 그 시절 그때처럼 어부들이 그날 새벽에 잡은 고기를 아침에 파는 좌판장이 선다. 이 장은 정오에 철시한다.

2차 대전으로 파괴된 시청 앞 부두 주변에는 스위스 건축가 르 코르뷔제가 제멋대로 건축한 아파트 단지가 아직 건재해 마르세유 구시가 본래의 모습을 어지럽히고 있다. 건너 쪽 새 부두(게 누브) 오페라 극장 주변은 당시의 작가인 마리우스가 활보하던 그 골목길 모습을 원형대로 보전하고 있다. 케케묵은 골목길 같아 보이지만 분위기는 고풍스럽다.

3 바질리카 성당

구항 동남쪽 석회석 언덕 꼭대기에 바질리카성당Basilique Notre-Dame de la Garde이 있다. 첨탑 대신 황금 마리아상과 피뢰침이 같이 솟아 있다. 바질리카 성당은 마르세유 항구의 상징이다. 멀리 엑상 프로방스에서도 마리아 상이 보인다. 마리아 상은 프로방스 사람들에게 사랑과 존경을 받고 있다. 성당 전망대에서 신·구항, 시내 전경이 한눈에 들어오고, 전설의 이프If 섬도 손바닥 안처럼 보인다. 로마네스크 비잔틴 양식으로 장대하게 꾸며진 이 성당 내부에는 시민들이 헌정한 엑스 보토(Ex-Voto, 가톨릭 신자들이 기도대로 이루어진 것에 감사하는 증정액자)가 빽빽하게 걸려있다.

성당과 가까운 언덕 막다른 곳에 롱샹 궁전이 있다. 궁전 부설 미술관에는 마르세유 탄생을 고지하는 두 점의 그림이 있는데 두 점 다 작자 미상이다. 그림의 제제는 〈그리스의 식민지 마르세유〉와 〈동방으로의 창문 마르세유〉다.

4 명작으로 승화한 이프 섬

유명한 작가, 화가, 음악가가 그들의 자취를 마음껏 남긴 곳이 프로방스 지방이다. 구항 서쪽 3킬로미터 해상에 풀 한포기 없는 황갈색 기암괴석의 이프 섬Chateau d' If이 있다. 18세기 알렉상드르 뒤마의 소설 암굴왕, 몬테크리스토 백작 의 무대가 되는 지옥의 해상감옥이기도 했다.

때는 16세기 루이 왕조 시대, 주인공 에드몬드 단테스는 악질 검찰관에게 아내를 빼앗기고 정치범의 누명을 쓰고 체포되어 이 해상감옥에 수감된다. 흉악범과 페스트 환자, 나병 환자, 황실에 반항한 정치범을 가뒀던 무시무시한 감옥이다. 이때, 죄수 가운데에는 황제의 미움을 산 미라보 백작이 있었다. 미라보 백작은 품행불량이라는 괘씸죄로 재판에 넘겨져 종신형을 받고 이 감옥에 유폐되었다. 결코 살아서 나갈 수 없는 악명의 암굴감옥이다. 소설에서 주인공 에드몬드 단테스(몬테크리스토 백작)는 탈옥에 성공해 부자가 되어 복수의 칼을 갈게 된다.

소설 《암굴왕》의 클라이맥스는 탈옥한 주인공 에드몬드 단테스가 당당하게 이 섬을 찾아와 동료 죄수들이 바위에 새겨놓은 작대기 달력을 보며 회한의 미소를 짓는 장면이다. 그때, 죄수들이 새긴 낙서의 흔적은 지금까지 선명하게 벽에 남아 있다. 월요일은 휴장이며, 구항에서 매시 정각 셔틀보트가 뜬다.

구항 서안에는 비에유 샤리티Vielli Charite라는 커다란 청동 돔을 인 아름다운 성당이 있다. 원래는 18세기 초 빈민 구제를 위해 프랑스의 명의 고비에르 박사가 설립한 자선병원이었다. 지금은 동서남북이 갤러리로 둘러싸인 특이한 건물이다. 쇼팽이 1839년에 석 달 동안 치료를 받던 곳으로, 현재는 지중해 고고학 박물관, 고대 이집트 조각 컬렉션 등 3개의 전시관과 콘서트홀을 부설하고 있다. 이 성당과 부속건물들은 현재 마르세유 시민 문화센터다. 1839년 4월, 가수 아돌프 누리의 추도미사 때 쇼팽이 오르간을 연주한 성당이었다는 데서 의미를 되새겨 보았다.

3. 엑상 프로방스

남부 프랑스의 대명사가 된 프로방스, 눈이 시릴 만큼 청명한 하늘이 펼쳐진 남프랑스 제일의 휴양지다. 찬 공기를 몰고 오는 미스트랄이라는 지중해성 북서풍의 계절이 있지만 쭉쭉 하늘을 향해 뻗어 오른 사이프러스 나무가 사시사철 짙푸르다. 지구 어디서나 볼 수 있는 나무와 풀과 돌, 눈을 비비고 다시 들여다보면 거짓을 모르는 프로방스의 생명력이 보인다.

프로방스의 역사는 기원전 6세기에 시작된다. 그리스인들은 마르세유에 식민의 터를 닦았고, 카이사르 장군을 앞장세운 로마인들은 아를을 점거하고 로마에만 있어야 할 콜로세움과 고가 수로교를 아를르에 건설했다. 사라센 인도 이에 질세라 프로방스를 약탈하고 아비뇽에 법왕청을 건설했다. 로마는 프로방스의 미래를 보고 창과 칼, 삽과 곡괭이를 동시에 들었다. 프로방스 인들은 빈번한 전쟁과 침탈의 오욕을 겪지만 그들 나름대로 콧대를 낮추지 않고 꿋꿋이 살았다. 15세기에는 대학이 세워지고, 16세기에는 고등법원이 세워지는 등 엑스는 프로방스 지방의 주도로 발전을 거듭한다.

하늘을 가린 수백 년생 플라타너스가 엑상 프로방스Aix En Provaence의 중심가인 미라보 대로에 녹색터널을 만들어놓았다. 태양이 빛나는 하늘 아래 그늘이 그리운 시민들에게 이 거리는 하오의 쉼터가 된다.

엑상 프로방스에서 '엑스'는 '물'을 뜻하는 말이다. 이곳은 로마시대부터 온천마을로 알려져 왔다. 근세에는 화가들이 이곳에 모여들면서 엑스는 분수와 그림의 천국이 된다. 공작새가 나래를 활짝 핀 형상을 한 구 시가지 엑스 링크 중심점에는 프로방스 최대이자 최고로 아름다운 분수 '로툰다'가 시원스레 물줄기를 뿜고 있다. 로툰다 분수에서 구 시가지를 직선으로 가로지른 왕복 4차선 도로가 미라보 대로다.

19세기가 되면서 미라보 대로 주변에 귀족과 부호의 저택들이 들어서기 시작했다. 쇼팽은 1839년 5월, 프로방스의 변방군주 르네 1세의 초대를 받아 마요르카에서 완성한 〈왈츠〉 제4번 '화려한 대 원무곡' E장조 Op.34-3을 연주했으며, 군주의 영애 디이크다르에게 이 곡을 헌정했다.

미라보 대로 귀족 주택가가 지금 엑스의 고급 상가 지역으로 변신을 하고 있다. 크고 작은 카페와 프로방스의 명물 칼리송과 아몬드를 파는 제과점들이 벽을 잇대고 있다. "이 세상에서 제일 아름다운 거리!" 엑스를 찾는 사람들 누구나 찬사를 아끼지 않는 아름다운 거리다. 제 나라로 돌아가서도 이 거리를 추억한다.

기원전 2세기, 옥타비우스의 매제 가이우스 마리우스는 남프랑스의 명산에 웅거하던 게르만 군단을 격퇴하고 프로방스를 해방시켰다. 현재 이 지방에 마리우스라는 이름의 남자들이 많은 것도 이에 연유한다. 엑스는 12세기부터 700년 동안 프로방스 왕국의 수도였으며, 19세기 초까지 변방군주 르네 1세가 다스리다가 프랑스에 합병되어 오늘에 이르렀다.

근대 회화의 아버지로 불리는 화가 폴 세잔Paul Cezanne의 고향도

엑상 프로방스다. 세잔의 아틀리에서 10분쯤 올라가는 언덕 위 로터리에서는 그가 철마다 묘사를 달리했던 생 빅투아르 산이 보인다. 상트 빅트아르 산록의 '쁘띠 피크닉'은 토박이 주민들과 외지에서 온 관광객들 사이를 엮어주는 커뮤니케이션의 장이다. 17세기 귀족의 성관을 개장한 카페 '살롱 드 테'에서 노을 녘에 시원한 프로방스 와인과 맥주를 마시고, 깊은 밤에 레스토랑의 활활 타는 장작 난롯가에서 엑스의 전통요리 '아를르캉'을 먹는 것은 둘도 없는 남프랑스 향수의 미각이다.

엑스의 길가 여기저기에 세잔을 각인한 황동색 명판이 붙어 있다. 세잔의 생가, 그가 다닌 학교, 그의 아틀리에, 카페 등 인연의 장소를 알려 주는 스트리트 안내판이다. 시내만 해도 34곳에 붙어 있고, 다 들러보려면 적어도 5~6시간은 걸린다.

주민들의 생활방식도 멋에서 시작해 멋으로 끝난다. 아침 일찍 시장에서 그날에 먹을 채소와 과일, 치즈를 사면서 낯익은 이웃들과 부담 없는 대화를 나눈다.

4. 아를

> 시작이다. 나는 지금 편지를 쓰고 있다. 열어 제친 창문으로 아를르에만 있는 그 화사한 햇볕이 내리쬐고 있다. 그동안 나와 그대가 시끄럽게, 메스껍게 살아야 했던 파리. 무슨 매력, 무슨 미련이 남아 있겠는가. 나는 이 풍차 오두막이 마음에 들거든……

알퐁스 도데가 아를에서 파리에 있는 친구에게 보낸 편지다. 알퐁스 도데는 아를에서 소설《풍차방앗간 편지》를 썼다. 아를 시내에서 버스로 15분쯤 걸리는 퐁비에이유는 도데의 소설《풍차방앗간 편지》의 무대로 알려진 산촌마을이다. 도데는 이 소설에서 프로방스 인들의 생활패턴을 따뜻하게, 때로는 신랄하게 비판했다. 도데가 기거하던 오두막집은 현재 도데 박물관Musée de Daudet으로 공개되어 있다. 박물관 지붕 위에 설치된 그 시절의 그 풍차는 지금, 미스트랄이 불어도 돌지 않고 그냥 서 있다.

96개 나라에서 번역된《풍차방앗간 편지》가 박물관에 전시되어 있다. 한국에서도 번역본이 나왔지만, 이 박물관에는 한국 것이 없었다. 일본에서 번역한 책은 맨 앞쪽 칸에 꽂혀 있는데……. 필자가 한국에 돌아가면 한국어 번역판 《풍차방앗간 편지》를 한 권 구해 이 박물관에 부쳐 줘야겠다고 생각했다.

아를을 로마의 고도라고 부르는 사람들이 많다. 로마의 모형 유적이 많기 때문이다. 다수의 예술가들이 이곳에 찾아와 로마 유적을 보고 그들의 영감을 구현했다. 유명한 비제의 부수음악 〈아를의 여인〉도 도데의 《풍차방앗간 편지》에서 악상을 잡았다. 화가 고흐의 〈아를의 널다리〉와 〈밤의 카페테라스〉도 모두 아를의 풍정을 묘사한 그림이다.

1839년 6월 초, 쇼팽과 상드는 노앙으로 가던 길에 아를에서 일주일 동안 체류했다. 가까운 보그류스 협곡의 고르도 마을과 5천 년 전의 원시 석총이 원형대로 보존된 보리-마을을 둘러보고 싶었으나 급경사지가 많아 포기했다고 상드는 저서 《마요르카의 겨울》에 쓰고 있다.

'아를'을 이야기할 때 화가 고흐를 외면할 수는 없다. 고흐가 파리를 떠나 아를에 온 것은 1888년 2월이었다. 파리에서도 그랬고, 가는 곳마다 대접을 못 받은 고흐는 동생 테오의 권유로 아를에서 그림을 그리기로 했다. 고흐는 아를역 근처 가발르리라는 호텔에 석 달을 체재했다. 호텔은 제2차 세계대전 때 포격을 받아 지금은 그 흔적을 찾을 길이 없다.

고흐가 아를에 아틀리에를 마련한 것은 그해 5월, 외벽을 노란색 일색으로 칠했으나 이 집도 제2차 세계대전 때 불에 타버려 현재는 그의 작품 속의 〈노란 집〉으로 남아 있을 뿐이다. 매사에 열심이었고 부지런했던 고흐는 아를의 구석구석을 돌아다니다 모티브를 찾으면 즉석에서 스케치를 했다. 원형투기장 주변에 모여든 아를의 여인들을 그렸고, 밤의 열기로 술렁이는 포럼 광장 주변의 카페, 남쪽 교외에 있는 세계 최초의 들어 올리는 다리 '랑그루아'를 묘사했다. 아를 시청은 그가 그린 아를의 풍경화에 묘사된 소재들을 지금까지 손대는 일 없이 원화처럼 보존하고 있다. 모리스 위트릴로의 몽마르트 언덕처럼…….

고흐는 아를 주민들에게 그림을 많이 선사한 화가다. 그러나 주민들은 고흐를 비난했다. 그가 선물한 그림을 되돌려주는 주민들이 많았다. 아이들 교육에 나쁜 영향을 준다는 이유에서였다. 그러나 그중에도 그의 그림을 고맙게 받았고, 소중히 여긴 가난한 부부가 있었다. 아를의 우편집배원 롤랑과 그의 아내였다. 고흐는 그 집배원의 초상화를 그려 부부에게 증정했다. 롤랑 부부의 후손은 고흐의 그림 두 점으로 지금 백만장자가 되어있을지도 모른다.

1888년 9월, 고흐는 자신의 아틀리에에 고갱을 불러들여 함께 지냈다. 우정으로 고갱을 거두었으나 고갱은 고흐의 진정을 몰라줬고, 이유 없이 고흐를 미워했다. 고갱의 이런 태도에 격분한 고흐는 순간적인 광기를 일으켜 자기의 한쪽 귀를 잘라버렸다. 고갱과의 동주 3개월째인 12월 23일의 일이었다. 고흐가 입원했던 외과병원은 지금 '에스파스 반 고흐'라는 아를 시민을 위한 문화센터로 문을 열고 있다. 센터 입구 길목에 조각가 작킨이 제작한 고흐상이 있다. 이 에스파스 반 고흐센터는 아를 최고의 관광명소로 사계절 내내 탐방객들이 줄을 서고 있다.

아를에 머문 예술가들은 많다. 고흐가 머물렀고 도데가 이곳에 머무르며 소설을 썼다. 비제는 〈아를의 여인〉의 타이틀로 27곡의 음악을 썼고, 쇼팽은 가곡 〈봄〉 G장조의 악상을 이곳에서 완성했다. 〈환상교향곡〉의 베를리오즈, 〈볼레로〉의 라벨이 음악활동을 했고, 예언자 노스트라다무스도 이곳 태생이다.

5. 노앙, 상드의 고향

쇼팽의 휴양

1839년 6월 초, 쇼팽과 상드는 노앙Nohant에 도착했다. 노앙은 파리에서 남서쪽으로 300킬로미터, 프랑스 중남부 베리Berry 지방에 있는 조르주 상드의 고향이다. 앵드르 강이 조용하게 흘러가는 평화로운 전원마을이다.

아름드리 마로니에 그늘이 온 마을을 덮은 8월의 셋째 주일 노앙에 가보았다. 상드의 집 출입문 석주에 'Museum Georges Sand, 1804-76'이라고 새긴 대리석 안내판이 걸려 있었다. 수백 년을 자랐을 보리수나무가 정원 잔디밭에 있고, 네오클래식 2층 저택의 건물이 고풍스러웠다. 상드가 할머니에게서 상속받은 저택이다.

쇼팽은 이 건물 남향 2층에 있는 두 개의 방을 썼다. 쇼팽은 맑은 공기와 정원에 만발한 들꽃 향기를 만끽하며 건강하고 행복한 나날을 보냈다. 마요르카에서 만신창이가 되었던 그의 건강은 하루가 다르게 회복되어 갔다.

1839년 8월 8일, 쇼팽은 파리의 폰타나에게 편지를 썼다. 노앙에 온 지 두 달 만에 쓴 편지다.

나는 행진곡이 도입되는 b♭단조 소나타의 스케치를 만드는 중일세. 피아노소나타 제2번 Op.35 e♭단조의 스케르초, 행진곡(장송), 그리고 짧은 피날레…… 내가 늘 쓰는 대판 스케치 용지로 석 장 분량이네. 행진곡 다음에는 왼손과 오른손이 유니존unisson으로 약간 수다를 떨긴 하지만……. G장조의 새 녹턴 제11, 12번 Op.37-1, 2도 완성했어. 또, 4개의 새 마주르카, 마요르카에서 스케치한 c단조 마주르카 41번 Op.67-1, 이곳에서 쓴 b단조 마주르카 19번 Op.30-2, A♭장조 마주르카 29번 Op.41-4 와 c#단조 마주르카 21번 Op.30-4 일세. 나이 먹은 아버지가 막내 자식을 편애하듯 노앙에서 쓴 이 작품들은 내가 가장 사랑하는 곡이 될 걸세.

노앙은 정말 평화롭고 조용한 전원이야. 꼭 내 고향 젤라조바 볼라 같아. 지금은 망중한의 시간, 공부에 보탬이 될 것 같아서 바흐의 프랑스판 악보 교정이라도 볼까 생각 중일세. 인쇄소 실수로 생긴 오자 교정은 물론이려니와 바흐를 누구보다도 잘 안다고 으스대는 음악가들의 잘못된 이해도 고쳐줘야 하지 않겠나? 그렇다고 그 음악가들보다 내가 바흐를 더 잘 안다는 이야기는 아닐세.

나와 상드에 대한 이런저런 나쁜 소문은 들어서 알고 있네만, 난 별로 신경 안 쓰고 있어. 소문 같은 것을 애써 피하거나 겁을 내는 내가 아니니까. 세월이 해결해주겠지…… 자네도 알다시피 내가 제일 싫어하는 것이 '변명' 아닌가. 혀가 잘릴망정 영혼을 팔수는 없지…….

편지에서 쇼팽은 〈녹턴〉 G장조를 노앙에서 완성한 것을 큰 보람으로 생각한 것 같다. 쇼팽의 녹턴을 설명할 때 영화 〈에디 듀친 스토리〉(1956)를 소개하지 않을 수 없다. 이 영화의 주제곡으로 크게 인기를 끈 〈녹턴〉 E♭장조 Op. 9-2에는 유명한 일화가 많다. 1835년 여름, 쇼팽이 약혼녀 마리아 보진스카에게 보낸 카드에는 이 곡의 서주부 3소절이 적혀 있다. 또, 슈만과 클라라에게도 이 곡을 직접 들려줘 이 음악가 부부를 감동시키기기도 했다.

그가 파리 사교계에 데뷔했을 무렵의 에피소드가 있다. 그 무렵, 〈녹턴〉 Op.9의 세 곡은 인기 절정이었다. 살롱에서 쇼팽이 이 곡을 연주할 때 살롱 지배인은 너무 감격한 나머지 조절하던 스포트라이트를 떨어뜨려 손님들을 놀라게 한 일도 있다. 〈녹턴〉 Op.9-2는 쇼팽의 출세작이었다.

거장 조지 시드니가 감독한 헐리우드 클래식 음악영화 〈에디 듀틴 스토리〉는 1940년대 미국의 피아니스트 에디 듀친Eddy Duchin 1910-51의 생애를 다룬 음악영화다. 타이론 파워, 킴 노박이 주연했고, 사운드트랙의 피아노 연주를 칼멘 카바렐로가 담당했다. 영화의 주제곡은 쇼팽의 〈녹턴〉 E♭장조 Op.9-2다. 미국의 가족애와 인간적인 꿈을 상징하는 명화다.

3개의 녹턴 Op.9는 쇼팽이 파리에서 데뷔한 1832년에 출판되었고, 피아노 메이커 플레이엘 회사 사장 부인이며 미인 피아니스트였던 마리 플레이엘에게 헌정되었다. 노앙에서 작곡한 〈녹턴〉 G장조 Op.37-1, 2는 쇼팽이 마요르카로 가는 배에서 악상을 굳혔다. 상드의 회고록에 따르면 "그날 밤, 쇼팽은 마요르카로 가는 배의 선실 침대에서 날이 샐 때까지 녹턴조의 멜로디를 잠꼬대처럼 읊조렸다"고 했다.

2 상드 박물관

프랑스보다 프랑스 아닌 나라에서 알아주는 프랑스의 작가가 누구냐고 물을 때 "조르주 상드"라고 말하는 사람이 많다고 한다. 상드는 19세기 프랑스 낭만주의 문학을 대표하는 여성작가이며, 생애 동안 100편이 넘는 장편소설을 쓴 19세기 프랑스 다작가 중에 한 사람이다.

노앙 상드 박물관 다이닝 룸에 있는 상드의 초상화는 화가 오귀스트 사르팡티에의 그림이다. 풍성한 숱, 윤기나는 검은 머리에 장미꽃 리본을 꽂고 있다. 진한 눈썹, 기름한 얼굴. 아무리 봐도 여자로는 어울리지 않는 남자의 인상이다. 하기야 세계 최초로 바지를 입은 여자였으니…….

조르주 상드의 본명은 아만다 오로르 루실 뒤팽Amandine Aurore Lucile Dupin 이다. 파리에서 태어났고 어렸을 때부터 할머니가 길렀다. 자유분방한 생활로 프랑스 베스트 스캔들러 퀸이라는 평판을 받은 여성이다. 1832년, 할머니가 세상을 떠나자 노앙의 넓은 영지와 저택을 상속받았다. 1년 후, 노앙 지방의 대 지주 뒤드방 남작과 결혼하여 모리스와 솔랑주를 낳았다.

3년의 세월이 흘렀다. 그녀는 남작에게 멀미를 느낀 나머지 혼자 파리로 올라간다. 상드라는 이름을 가진 남자와 공동제작으로 소설을 발표, 문단에 데뷔했다. 여자이면서 담배를 피우고 빨강 셔츠에 검정바지, 남장으로 파리 사교계에 처음 등장한 여성작가다.

상드는 여성운동에 적극적으로 참여했고, 사회적으로 예민한 소재를 테마로 하는 작품을 속속들이 발표했다. 이름난 문인 평론가, 화가, 시인, 음악가, 저명한 살롱귀족들이 상드에게 접근해 왔다. 낭만파 최대의 시인 뮈세와의 염문, 천재의 이름으로 사교계를 주름잡던 쇼팽과의 로맨스는 파리 사교계의 커다란 화제를 낳았다. 상드는 들라크루아, 발자크를 비롯한 여러 친구들을 매년 여름 노앙으로 초청했다.

노앙은 파리에서 기차로 간다. 도중에 버스를 갈아타야 하지만 3시간밖에 걸리지 않는다. 승용차로는 2시간 반이 걸린다. 당시에는 마차로 3일 걸렸다고 한다. 파리에서 오를레앙, 샤토루를 지나면 바로 노앙이다. 워낙 작은 마을이어서 처음 간다면 정신을 좀 차려야 한다.

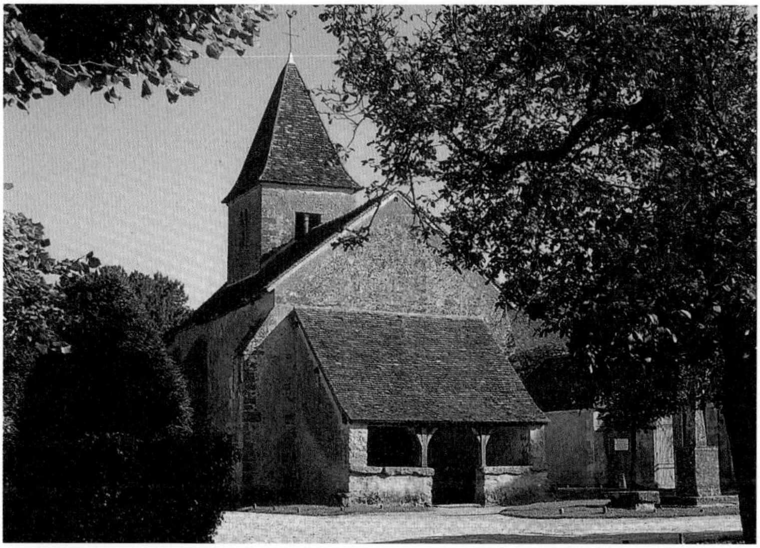

노앙광장에 있는 11세기 로툰다 스타일의 흙벽 교회(상드 박물관이 있는 조르주 상드의 고향)
쇼팽은 9년 동안 이곳에서 여름을 지내면서 많은 명곡을 작곡했다

지도에 형광펜 라인을 그려 놓고도 진입로 근처를 두세 번이나 왔다 갔다 했다. 국도변 떡갈나무 숲으로 들어가는 진입로 옆 목제 게시판에 '파테트 호텔'의 로고와 상드의 사진이 게재된 신문지 크기의 안내 전단이 고작이다. 주민에게 상드 박물관을 물어 봤었지만 신통치 않았다. 차라리 파테트 호텔을 물었더라면 더 쉬웠을 것을…….

진입로를 따라 500미터쯤 들어갔다. 호텔 앞에 광장이 있고, 광장 건너에 상드 박물관이 있었다. 호텔의 이름 '파테트' 는 이곳 노앙을 무대로 한 상드의 소설《사랑의 요정》에 나오는 주인공 이름이다. 광장 중앙에 11세기 때 지었다는 로툰다 스타일의 흙담 교회가 있고, 그 왼쪽의 보리수 아래 잔디밭에 쇼팽이 탔다는 마차와 상드의 마차가 아무렇게나 놓여있다. 팻말을 보고서야 이 잔디밭이 쇼팽과 상드의 유품 옥외 전시장인 것을 알았다.

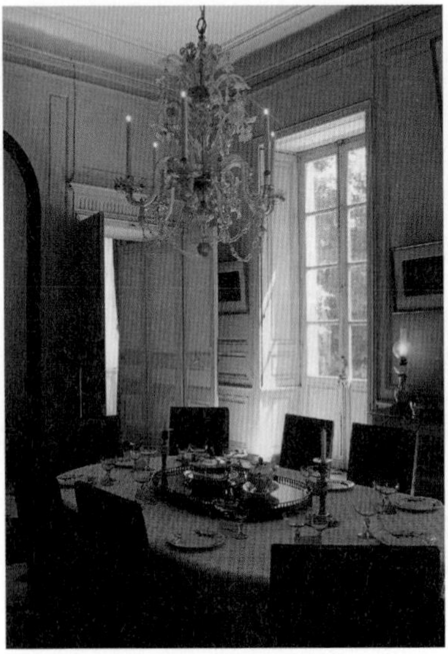

조르즈 상드 박물관의 다이닝룸
당시의 디스플레이가 재현되어 있다

기념관 1층에는 상드와 쇼팽, 모리스, 솔랑주 등 가족들이 모여 이야기를 나누던 다이닝룸이 있다. 당시의 인테리어 그대로 재현했다는 관리원의 설명이 잇따랐다. 뮈세와 함께 베네치아에 갔을 때 사왔다는 샹들리에는 은은한 우윳빛을 뿜고 있었다. 테이블 위 열 세트의 샴페인 글라스도 모두 19세기 무라노제 명품이라고 한다.

다이닝 룸을 지나면 거실 겸 손님접대를 위한 살롱이 나온다. 상드의 어린 시절부터 만년까지의 초상화가 연대순으로 걸려 있다. 초상화 가운데 상드의 아들 모리스가 그렸다고 하는 것이 3점 있었다. 모리스는 그림 재주는 없었으나 19세기 낭만파를 대표하는 화가 들라크루아에게서 그림을 배웠다. 상드의 할머니 초상화는 군계일학 같았다. 우아한 자태에 경탄의 소리가 절로 나왔다.

살롱 다음 방은 온라인 그랜드 키친이다. 저택 규모에 걸맞게 공간이 넓다. 조리와 상차림의 동선을 감안해서 주방설비가 배치되어 있었다. 큰 통나무 식탁이 가운데에 놓여있다. 상드의 요리와 부엌 인테리어는 파리 사교계에서도 알아주는 솜씨였다. 상드는 손님 접대에 남다른 센스가 있었다.

손님 접대에서 만찬회가 끝나면 상드는 예외 없이 깔끔한 이벤트를 마련했다. 쇼팽이 노앙에 체재할 때는 피아노 연주를 하고, 그가 없

1

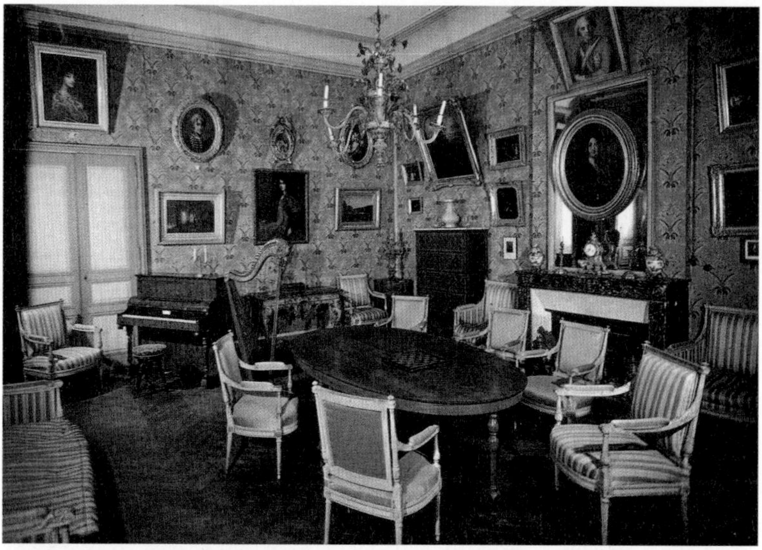

2

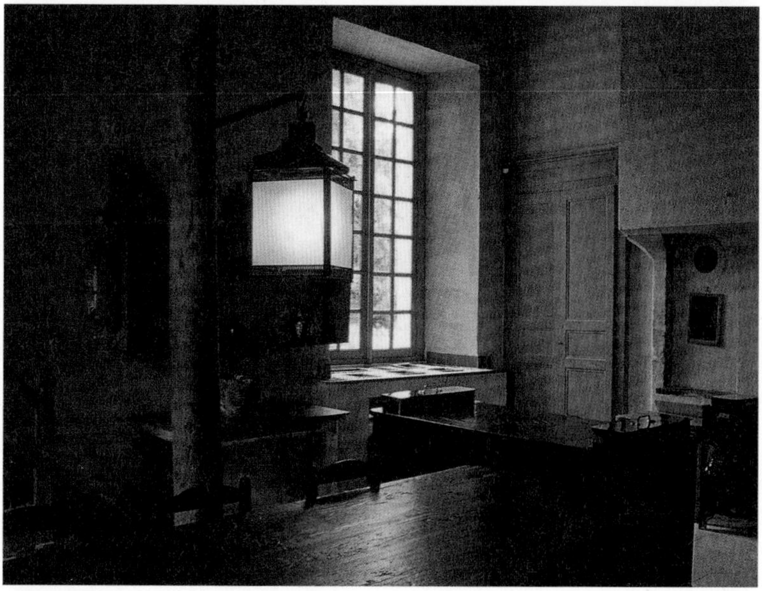

1 상드의 살롱

2 상드박물관의 부엌

을 때에는 인형극을 공연하여 손님들을 즐겁게 했다. 현관에서 왼쪽 복도 막다른 곳에 아담하게 꾸민 미니 극장이 있다. 한쪽 벽 전면을 덮은 로맨틱한 그림들은 아들 모리스의 작품이라고 한다. 인형극은 상드가 작성한 시나리오에 모리스가 무대를 세팅하여 극을 연출했다. 모리스가 인형을 제작하면 상드는 옷을 지어 입혔다. 쇼팽이 없을 때, 상드는 수시로 인형극을 상연해 하오의 무료함을 달래곤 했다.

상드와 모리스, 솔랑주는 지금 이 세상에 없다. 그러나 지금도 노앙 저택의 미니 극장에서는 마을 사람과 박물관을 찾는 관람객을 위한 상드의 인형극은 공연되고 있다. 레퍼토리는 매번 다르지만, 때론 상드의 희곡이 상연될 때도 있다고 한다.

음악 축제가 열리고 있었다. 매년 여름에 열리는 '노앙 쇼팽 로맨틱 피아노 음악제'다. 광장 여기저기 나무 그늘 아래 까만 턱시도를 입은 참가 피아니스트들과 프랑스 민속 의상으로 성장한 동네 여인들이 삼삼오오 담소를 나누는 모습은 쉽게 지울 수 없는 정경의 하나였다.

노앙에서 보낸 하루 이야기를 문호 발자크는 이렇게 쓰고 있다.

> 디너는 끝났다. 그녀는 원고를 써야 한다며 서재로 들어갔다. 새벽 여섯 시에 서재에서 나온 그녀는 침실로 직행했고 오후 한 시까지 잠을 잤다. 오찬 시간에는 그녀와 함께 즐겁게, 맛있게 먹었다. 주 요리는 거위의 간을 스페인 산 마늘소스로 조린 푸아그라 피에드 에 파케트와 쇠고기를 레드와인으로 구운 도브 드 부프Doube de Boeuf였다. 그리고 2600년의 주조역사를 자랑하는 남부 프랑스 최고의 와인 방드 프로방스vins de Provens가 나왔다. 상드가 손님 접대의 달인이라는 것은 세상 사람들이 다 알고 있지만, 이 정도까지 고급 취향인 줄 처음 알았다. 런치타임 내내 그녀는 쉬지 않고 얘기를 했다. 이야기는 디너타임 때까지 계속되었다. 음악가 리스트와 그의 연인 다구 백작부인에

1

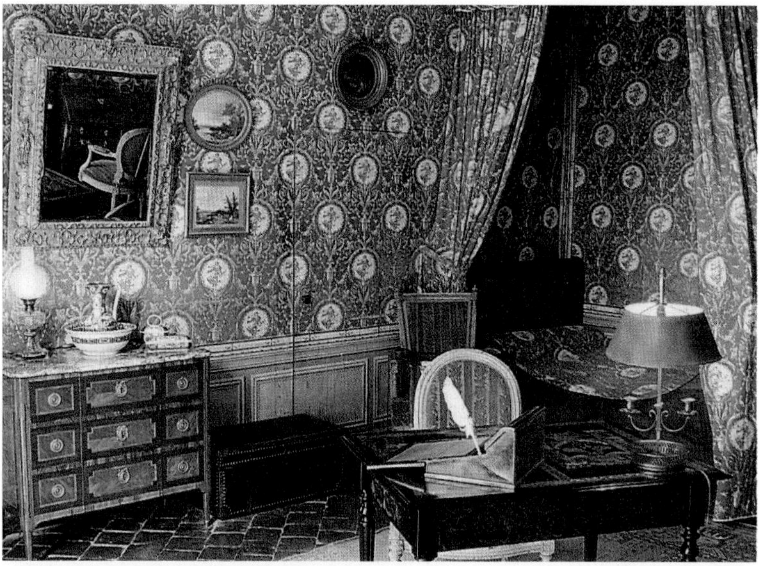

2

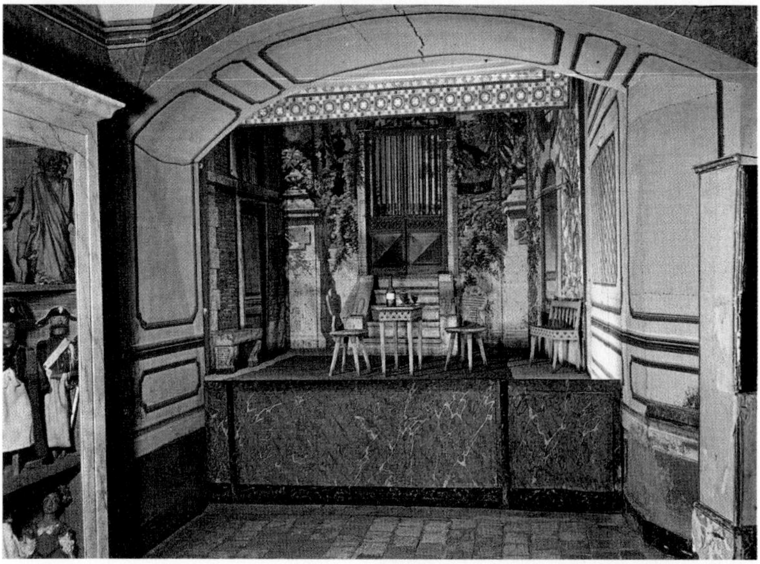

1 쇼팽과 상드가 사용한 집필·작곡실

2 상드박물관의 미니극장

대한 얘기였다.

발자크는 상드가 들려준 리스트와 다구 백작부인의 러브스토리를 줄거리로 한 《베아트릭스》라는 소설을 썼다. 이 소설은 파리 사교계에 선풍적인 인기를 끌었다.

노앙에서 여정을 마친 필자는 가르질레스 댐피에르Gargilesse-Dampierre라는 마을에 갔다. 노앙에서 서쪽 30킬로미터 쯤 떨어진 조용한 숲 속의 외딴 마을이었다. 마을에는 상드가 아무에게도 이야기하지 않고 숨겨둔 집이 한 채 있다. 그녀는 42세를 넘기면서 파리 출입을 끊고 노앙에서 생활했지만 가끔은 이 집에서 연하의 젊은 남자와 동거했다.

가르질레스의 숨겨둔 집은 지금도 상드와 그녀의 젊은 애인이 동거하던 그때 모습 그대로 남아 찾아오는 사람들에게 공개되고 있다. 다이닝 룸과 리빙 룸의 인테리어는 상드가 직접 디자인한 것이라고 한다. 바깥문과 담은 없고, 길에서 현관으로 올라가는 직입계단이 있을 뿐이다. 왼쪽 벽에 '상드의 별장'이라는 안내판이 붙어 있었다.

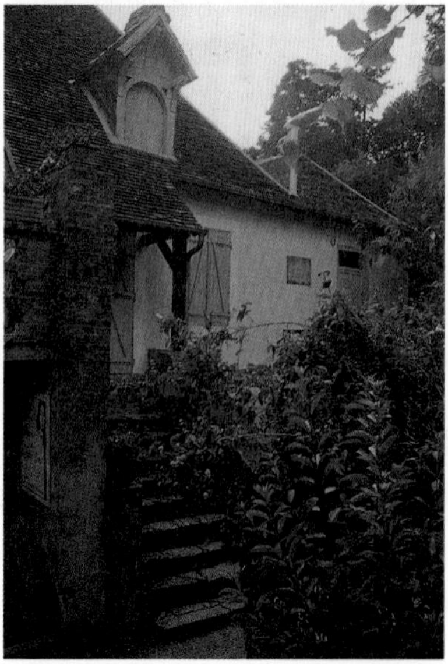

상드가 숨겨둔 시골마을의 별장 가르질레스

6. 다시 파리로

1 쇼팽의 연주회

1839년 10월 11일, 반년 가까이 노앙에서 작곡에 열중하던 쇼팽은 파리로 돌아왔다. 제자가 되기를 희망하는 귀족의 자녀들이 몰려들었다. 코지미안, 하이네, 뷔니, 발자크, 라마르티느, 상드 부프, 루루, 들라크루아 그리고 변호사 알라고, 가수 비아르도 등 멤버 그룹들이 쇼팽의 아파트로 모여들었다. 이전과 달라진 것은 리스트와 다구 백작부인 사이에 불어닥친 찬바람이었고, 발자크가 그의 신작에서 상드의 생활태도를 신랄하게 비판했다는 정도다.

이 무렵부터 쇼팽은 작풍을 바꾸기 시작한다. 종래의 에튀드와 마주르카, 폴로네이즈 같은 단편적인 작품에서 규모가 큰 형식에 비중을 두기 시작했다. 쇼팽은 평소 웅대한 스케일을 추구해온 작곡가는 아니지만 독자적인 수법을 고집한 작곡가였다. 소나타 형식의 작곡가로서는 당대의 최고 실력자로 공인을 받고 있었다. 쇼팽의 음악에는 구성력이 결여되어 있다는 일부의 평가도 있었으나 이는 슈만 이래 오랫동안 답습되어온 관행적인 평가였다.

쇼팽은 즉흥시인 같은 작곡가가 아니었다. 음악이나 시는 보거나 듣는 사람에 따라 느끼는 감성이 다르다. 베토벤이 〈운명 교향곡〉에서 종래의 형식을 뒤집어버렸던 것같이 쇼팽의 구성력은 상상을 초월하리만큼 대담했고, 형식의 관행을 깨트리는 데에 익숙해 있었다. 3부 형식이나 소나타형식에서 재현부를 생략하기도 하고, 불균형한 악장 구성을 정당화시키려고 애를 썼으며, 그만의 독자적인 새 형식의 음악을 추구하는 등 당시의 상식적인 음악관으로는 납득하기 어려운 작곡 성향을 보였다.

쇼팽의 소나타 형식을 정확히 분석한 일본의 음악학자 아오사와 다다오는 이렇게 말했다.

> 쇼팽은 그의 g단조 발라드 제1번 Op.23 와 b♭단조의 스케르초 제2번 Op.31 그리고 f단조 환상곡 Op.49 외에도 여러 작품의 포맷을 정석이 아닌 소나타 형식을 적용하고 있다. 그는 또, 폴로네이즈에 마주르카를 끼워 넣어 불균형한 곡을 만드는가 하면 서로 다른 리듬을 조합시키는 대담성을 보이기도 했다.

1840년의 파리, 상드는 파리에서 자작의 희곡 〈코지마〉를 상연에 올렸다. 그러나 전에 없는 실패로 끝났다. 쇼팽은 적지 않은 부채를 지고 안절부절못하는 상드를 위로했다. 그녀에게 재기할 수 있는 용기와 희망을 심어줬다. 상드는 노앙에서 멀지 않은 샤트르에 사는 이종사촌언니에게 편지를 썼다.

> 쇼팽, 그이는 천사보다 더 친절하고 상냥해요.

쇼팽은 선천적으로 자비로운 음악가였다. 매사에 섬세하고 자상한 면이 있었다. 그런 반면, 자신이 어려운 일을 당했을 때의 인내력은 강인했고, 과감하기까지 했다. 그해 여름은 쇼팽도 상드도 노앙에 가지 않고 파리에서 지냈다.

1841년 4월, 쇼팽은 플레이엘 홀에서 연주회를 열었다. 3년 만에 연 연주회였다. 공연 전에 입장권 전량이 매진되고 연주회는 대성황을 이뤘다. 쇼팽은 자작의 〈발라드〉 제2번, 〈스케르초〉 제2번 외에 폴로네이즈, 녹턴, 마주르카, 에튀드를 연주했다. 완벽한 테크닉과 시정 풍부한 연주는 청중의 마음을 사로잡았다. 파리의 신문, 잡지들은 쇼팽을 극찬했다. 이 콘서트에서 쇼팽은 6천 3백 프랑의 수입을 올렸다. 마요르카에 갈 때 가지고 간 여비의 두 배가 넘는 금액이었다. 쇼팽은 이해 6월 노앙에 머물면서 작곡에 전념하면서 하루 종일 서재에 틀어박혀 인고의 날들을 보낸다.

> 쇼팽. 그의 음악은 하늘이 계시한 음의 영감을 어렵지 않게 소화해낸다. 기적에 가까운 영감이다.

상드는 이렇게 그녀의 저서에서 쇼팽을 신격화했다.

> 그는 창작을 하는 것이 아니라 창조를 한다. 하루에 오십 쪽 넘는 원고를 써 갈기는 나와는 다르다. 그는 자신의 창작에 대해 창작이 아니라 창조하는 일이라고 말했으며, 창조하는 작업이야말로 끝을 모르는 인내를 바탕으로 삼아 중첩되는 심오한 고뇌를 감수하는 작업이라고 말했다. 신이 아니고서는 해내기 어려운 그의 창조이념이 주옥보다 더 아름다운 쇼팽의 명곡을 만들어냈던 것이다.

하루에 50장의 원고를 썼던 상드의 책은 오늘날 그의 조국 프랑스에서조차 읽히지 않는다. 반대로 쇼팽의 작품은 지금 이 순간에도 세계 각지의 콘서트, 리사이틀, 라디오, 레코드를 통해 애청되고 있다.

쇼팽은 1841년 6월부터 11월 초까지 예년처럼 노앙에 머물고 있었다. 이 기간 동안 그는 〈환상곡〉 Op.49, 〈전주곡〉 제25번, 〈발라드〉 제3번, 이 밖에도 두 개의 〈녹턴〉과 〈폴로네이즈〉, 〈마주르카〉, 〈왈츠〉 No.17을 완성했다. 이 가운데 〈발라드〉 제3번은 폴란드의 망명시인 미츠키에비치의 시에서 착상한 시정이 풍부한 곡으로 인기가 높았다.

1842년 2월, 쇼팽은 플레이엘 홀에서 또 콘서트를 열었다. 첼리스트 프랑숌과 가수 린 비아르도가 찬조출연을 했다. 쇼팽은 〈발라드〉 제3번, 〈녹턴〉, 〈프렐류드〉, 〈에튀드〉를 연주했고, 비아르도는 쇼팽의 반주로 슈베르트의 〈겨울 나그네〉를 불렀다. 연주회는 지난해 연주회 때 이상으로 대성황이었고, 성공리에 막을 내렸다. 상드는 이종사촌 언니에게 또 편지를 썼다.

> 쇼팽의 연주회는 태양보다 더 밝은 빛을 냈어요. 또, 돈도 많이 들어오고요.

플레이엘 홀 연주회가 끝나던 날 밤, 쇼팽은 바르샤바에서 보낸 유년 시절의 스승 지브니가 세상을 떠났다는 부고를 받는다. 또, 파리에 망명을 와 있던 친구인 의사 마투신스키가 위독한 상태라는 전언을 듣는다. 마투신스키는 말기의 폐결핵을 앓고 있었다. 쇼팽은 마투신스키의 병상으로 달려가 헌신적인 간병을 했다. 그해 4월, 마투신스키는 세상을 떠났다. 쇼팽은 큰 충격을 받아 허탈함에 빠졌다. 마투신스키의 사후에 5월에서 9월 말까지 쇼팽은 노앙에 내려가 지브니 선생과 친구를 잃은 슬픔을 달래며 작곡에 전념한다. 노앙 체재 중에 〈발라드〉 제4번, 〈폴로네이즈〉 제6번 '영웅', 〈스케르초〉 제4번 등 비교적 스케일이 큰 걸작들을 완성한다.

〈폴로네이즈〉와 〈마주르카〉는 폴란드의 민족 전통 춤곡이다. 〈마주르카〉는 민중의 춤곡이고, 〈폴로네이즈〉는 중세의 기사들이 군장을 하고 왕궁에서 추는 궁정무용음악이다. 쇼팽은 폴란드의 민족혼이 녹아 있는 폴로네이즈와 마주르카를 계속 만들어 폴란드 민중에게 애국심과 불굴의 투혼을 주입시키려고 했다. 이 가운데 제6번 '영웅 폴로네이즈'는 지금도 각급 리사이틀에서 빈번히 연주되는 쇼팽 〈폴로네이즈〉의 대표격으로 화려함 속에 기백과 기품이 넘친다. 또, 그해 노앙에서 작곡한 〈스케르초〉 4번은 쇼팽의 숨겨진 남성적 감성이 잘 표현된 작품으로 정평이 난 곡이다.

같은 해 9월, 다시 파리로 올라온 쇼팽과 상드는 스퀘어 드 오를레앙의 아파르트망으로 주거를 옮겼다.

파리 제9구, 오를레앙 광장 분수 가까운 9번지에 있는 쇼팽의 아파르트망과 그 건너 5번지 상드의 아파르트망을 찾아갔으나 유감스럽게도 내부를 들여다볼 수 없었다. 지금은 사유재산으로 공개를 하지 않는다는 것이다. 밖에 작은 안내판 같은 것도 붙어 있지 않았다.

당시의 쇼팽과 상드의 아파트는 오픈스타일로 개방하고 있었다. 상드의 아파트 다이닝 룸에는 당대의 내로라하는 예술가와 문인들의 출입이 잦았다. 시인 하이네는 쇼팽을 두고 "사람 됨됨이, 연주 스타일, 작품성의 세 가지 요소가 완벽히 균형을 이룬 음악가. 리스트 앞에서는 어느 피아니스트도 고개를 못 들지만 쇼팽은 그렇지 않았다. 쇼팽이야말로 피아노의 라파엘로다"라는 평론을 발표해 쇼팽을 찬미했다. 발자크는 쇼팽을 천사, 리스트는 악마로 설정한 소설 《위르쉴 미루에》(1841)를 발표했다.

쇼팽과 상드의 초상화를 그려 유명해진 들라크루아는 쇼팽과 비슷한 성품과 기질을 가진 12세 연상의 화가였다. 들라크루아는 쇼팽을 향한 경애와 우정을 죽을 때까지 유지했던 19세기 낭만파의 대표적인 화가다.

상드는 쇼팽의 건강을 크게 염려했고, 쇼팽이 병이라도 나면 헌신적으로 간병했다. 간호뿐만 아니라 그의 주변 잡다한 일까지 자상하게 보살펴줬다. 마치 어머니가 자식을 돌보듯 했다. 상드는 따로 가사에 신경을 쓰지 않아도 됐다. 파리의 거주지에도 노앙의 저택에도 집안일을 돕는 여러 명의 집사와 요리사, 가정부를 두고 있었다. 소설을 쓰는 일과 찾아오는 손님의 접대 그리고 쇼팽을 돌보는 일이 상드 일과의 전부였다. 그녀는 자신이 노앙에 있고, 쇼팽이 파리에 있을 때 혹시 건강을 소홀히 하지는 않을까 해서 친구들에게 '나의 아기 쇼팽을 보살펴달라'는 편지를 보내기 일쑤였다.

1843년, 파리에서 쇼팽은 컨디션이 좋지 않았다. 결핵 때문이었다. 상드는 노앙에 내려가 다음 해에 출간할 예정인 소설 《잔느》를 집필하고 있었다. 쇼팽은 상드에게 걱정을 끼쳐서는 안 되고, 그의 집필을 방해할 수는 없다고 생각해 자신의 병세를 상드에게 알리지 않았다. 그리고 일 년이라는 세월이 화살처럼 흘러갔다.

1844년 5월, 바르샤바에서 쇼팽의 부친 니콜라가 세상을 떠났다. 당장 부친의 영전으로 달려가지 못하는 쇼팽은 마음이 아팠다. 그는 식음을 전폐하고 며칠 밤낮을 눈물로 지새웠다. 쇼팽의 병세는 최악의 상태로 치닫고 있었다.

그해 7월, 누나 루드비카와 매형 옝제이에비치Jędrzejewicz, 1803-1853가 쇼팽을 문병했다. 남매는 노앙으로 내려가 함께 여름을 보냈다. 쇼팽이 바르샤바를 떠난 후 14년 만에 남매의 해후였다. 이 해 여름 쇼팽은 스케일이 크고 장엄한 〈피아노 소나타〉 제3번을 노앙에서 마무리한다.

1845년, 쇼팽의 병세는 심상치 않았다. 폐결핵 말기에 접어들고 있었다. 신경과민 증세까지 보이기 시작해 누워 있다가도 벌떡 일어나 한숨을 몰아쉬기도 하고, 두 시간씩 세 시간씩 창가에 멍하니 서서 퇴색해가는 나뭇잎을 바라보기도 했다. 또, 심한 우울증 증세도 보였다. 이해 겨울 쇼팽은 파리로 돌아갔다. 상드는 기다렸다는 듯 7세 연하의 역사학자 루이 블랑을 침실로 불러들인다.

상드의 아들 모리스도 청년으로 성장해 있었다. 스물두 살의 모리스는 들라크루아의 지도를 받았으나 예술적 재능이 없어 그럭저럭 떠도는 범용화가의 티를 벗지 못하고 있었다. 이 무렵부터 상드는 모리스를 편애하기 시작했다. 그렇지 않아도 마마보이로 성장한 모리스다. 어머니의 사랑을 독차지하는 데 급급했다. 그는 노앙의 땅과 저택은 이제 자기 것이 된다는 생각을 했다. 누이 솔랑주는 상속받는 것에 걸림돌이었고, 어머니는 친아들 이상으로 쇼팽을 사랑한다. 솔랑주와 쇼팽을 제거하지 않으면 안 된다고 생각한 모리스는 사사건건 쇼팽에게 시비를 걸었다.

솔랑주도 열일곱 살 처녀가 되었다. 겉으로 보기에는 상냥하고 순박한 처녀 같았으나 천성이 게으르고 반항적인 성격이어서 남을 모략하고 곤경에 빠뜨리기를 좋아하는 삐딱한 처녀였다. 상드는 솔랑주를 못마땅하게 여겼다. 상대적으로 솔랑주도 어머니를 증오했다. 솔랑주는 기회가 있을 때마다 쇼팽에게 접근해 그의 동정을 사려고 애썼다.

쇼팽은 모리스와 솔랑주를 친자식으로 생각했다. 이런 쇼팽의 생각은 반사적으로 상드의 오해를 불렀다. 상드는 처음부터 쇼팽을 남편으로 생각하지 않았고, 모리스와 솔랑주도 쇼팽을 아버지로 보지 않고 있었다. 상드 가족의 시선과 쇼팽의 시선은 이렇게 하루하루 엇갈리고 있었다.

그해 10월, 상드는 먼 친척의 딸 오귀스틴을 양녀로 들인다. 상드는 솔랑주와 달리 고분고분하고 얌전했던 오귀스틴을 귀여워했다. 모리스는 오귀스틴을 기만했다. 그녀에게 접근해 애정을 가장한 유인책을 썼다. 자기편으로 만들어 솔랑주와 쇼팽에 대적하겠다는 속셈이었다.

모리스는 쇼팽이 자신에게 호의적인 것은 노앙의 재산 때문이라고 생각했다. 또, 쇼팽이 어머니 상드를 진심으로 사랑하고 있는 것에도 질투를 했다. 모리스는 노앙의 주인이 자기 외에 아무도 없다는 것을 쇼팽에게 보여주어야 한다고 마음먹는다.

쇼팽은 어머니에게 소외당하고 오빠에게 미움 받는 솔랑주를 가엽게 여겼다. 틈만 나면 솔랑주를 불러 격려했고 인내심을 가지라고 충고했다. 이런 분위기가 계속되는 동안 쇼팽과 모리스의 갈등은 날이 갈수록 심화되어갔다. 쇼팽과 모리스가 언쟁이라도 벌이면 상드는 무조건 모리스의 편을 들었다. 노앙에서 더 이상 가족의 분위기를 기대할 수 없게 된 쇼팽은 1846년 11월 노앙을 떠난다.

파리로 돌아온 쇼팽은 노앙에서 스트레스와 악화된 폐결핵으로 어두운 나날을 보낸다. 지중해를 건널 때 머릿속에 스케치해 두었던 〈뱃노래〉 Op.60과 훗날 베이레 백작부인에게 헌정되는 〈환상폴로네이즈〉 Op.61, 친구 프랑숌에게 헌정하는 〈첼로소나타〉 Op.65, 그리고 〈녹턴〉과 〈마주르카〉 작곡에 남은 정렬을 쏟았다. 이 무렵 그가 작곡한 곡들은 그 기법과 구성, 곡상에 표현되는 우울감이 극치를 이룬 걸작의 숲이다.

1846년 여름, 솔랑주는 샤토루의 건실한 지방토후의 아들인 두프레오 청년과 약혼을 한다. 그러나 약혼 1년 만에 이렇다 할 이유 없이 솔랑주는 일방적으로 약혼을 파기해버린다. 그리고 또 1년 후, 솔랑주는 노앙 출신 무명의 조각가 클레쟁제와 결혼한다. 클레쟁제는 3년 후, 페르 라셰즈 묘지 쇼팽의 묘비를 제작해 이름을 날리게 되지만,

결혼 당시에는 빚이 많은 데다 술을 좋아했고 여자관계 또한 복잡하여 주변에서 크고 작은 트러블이 그치지 않았던 건달이었다.

쇼팽은 클레쟁제와의 결혼을 반대했다. 그러나 이들의 결혼은 성혼되었다. 상드는 솔랑주의 결혼식을 쇼팽에게 알리지 않았다. 쇼팽이 딸의 결혼에 개입하는 것을 원치 않았고, 또 어머니로서의 위상과 상드로서의 존엄을 무너뜨릴 수 없다는 생각에서였다. 이 시기에 쇼팽과 상드 사이가 얼마나 냉각상태였는지를 말해주는 단면이다.

이 무렵, 쇼팽은 심한 천식으로 고통받고 있었다. 때때로 호흡곤란을 일으켜 실신하는 사태까지 일어났다. 그의 충실한 제자 구드만과 로젤 양이 번갈아 쇼팽을 간병했다. 다른 대화통로를 통해 솔랑주의 결혼소식을 듣게 된 쇼팽은 거액의 축의금을 보내고 식에는 참석하지 않았다.

1847년 7월의 노앙. 모리스, 오귀스틴, 솔랑주, 클레쟁제 간에 4파전이 벌어졌다. 가족 간에 야기된 각개전투였다. 모리스는 평소 클레쟁제를 깔보았고 욕설을 퍼붓기를 밥 먹듯 했다. 어느 날 모리스와 클레쟁제는 말다툼을 벌였다. 사소한 다툼이었으나 클레쟁제는 극도로 흥분해 조각용 해머로 모리스의 머리를 내리치려 했다. 이를 상드가 몸으로 막아섰다. 클레쟁제의 해머는 이성을 잃고 상드의 가슴을 쳤다. 그것을 본 모리스가 격분해 서랍에서 권총을 꺼내 클레쟁제를 쏘려고 했다. 옆에 있던 집사와 가정부의 제지로 유혈사태는 일어나지 않았다. 그러나 커다란 불상사였다. 상드는 딸 솔랑주와 사위 클레쟁제를 노앙에서 내쫓았다.

클레쟁제는 그날로 노앙을 떠나고 다음 날 솔랑주가 집에서 쫓겨났다. 그녀는 쇼팽밖에는 찾아갈 사람이 없었다. 수중엔 단 1프랑의 돈도 없었다. 솔랑주는 이모가 살고 있는 샤토루까지 20킬로미터를 걸었다. 걸어서 하루가 걸리는 거리였다.

겨우 물 한 모금을 얻어 마셨을 뿐, 빵 한 조각 먹지 못한 솔랑주는 샤토루 이모네 집 대문 앞에서 쓰러졌다. 이모는 솔랑주를 측은히 여겼다. 열흘 넘게 이모 댁에 몸져누워 있던 솔랑주는 쇼팽에게 노앙에 있는 그의 마차를 빌려달라고 편지를 썼다. 노앙에서의 사태를 전혀 모르고 있던 쇼팽은 솔랑주의 청을 들어줬고, 솔랑주가 마차를 쓸 수 있도록 자상한 조치까지 취해주었다.

마차를 솔랑주에게 내주라는 전보를 받은 상드는 격노했다. 쇼팽이 솔랑주의 편만 들고 자기를 멀리하는 것으로 오해했다. 상드는 그 자리에서 쇼팽에게 편지를 썼다.

> 당신, 앞으로 노앙에 오는 것까지 말릴 수는 없지만, 두 번 다시 솔랑주에 관한 말을 입에 담지 말 것과 내 딸과 사위를 만나지 않겠다고 서약서를 써 보내…….

---

3 영원한 이별

솔랑주는 쇼팽에게 거짓말을 했다. 어머니 상드에게 쫓겨난 자신의 처지를 합리화하려 했던 것이다. 어머니에게 새 연인이 생겼고, 모리스와 짜고 쇼팽을 노앙에서 쫓아내려고 모의했다고 일러바쳤다. 솔랑주는 어머니에게서 말로는 다 할 수 없는 구박을 당했다고 눈물을 흘리며 애소했다. 쇼팽은 담담한 표정으로 솔랑주를 바라봤다.

> 혈육이 아닌가. 증오심을 품으면 안 돼. 그렇더라도 어머니와 오빠를 사랑해야 한다.

빈손으로 집에서 쫓겨난 솔랑주의 어깨를 쓰다듬어주며 쇼팽은 경제적인 후원을 하겠다고 약속한다. 한편, 상드는 쇼팽의 아파트와 인접해 있는 자기 아파트를 처분하고 노앙에 있던 쇼팽의 피아노를 돌려보냈다. 9년은 인생에서 결코 짧지 않은 세월이다. 두 사람 끈끈한 정한의 러브스토리는 이렇게 종언을 고했다.

상드와의 결별은 병약해진 쇼팽에겐 커다란 상처가 되어 가슴에 남았다. 밤이면 고독감 때문에 잠을 이루지 못했다. 늦잠에서 일어난 쇼팽은 랑베르 성 차르토리스키 공작의 살롱에 나가 피아노를 치면서 허무한 마음을 달랬다. 차르토리스키 공작은 폴란드의 유력한 망명귀족이었다. 공작은 크지는 않으나 파리에서 가장 아름답다는 랑베르 성관을 소유하고 있었다. 랑베르 성은 폴란드 망명귀족들의 집합소였다. 쇼팽은 바르샤바 시절부터 차르토리스키 공작가문 사람들과 교분이 두터웠다. 공작의 딸 마르첼리나Marcelina는 쇼팽의 제자이자 쇼팽의 연주 스타일을 완벽히 전수받은 선망받는 여성 피아니스트로서 쇼팽과 한평생 변함없는 사제의 정을 나눈 사이다.

4 최후의 콘서트

1848년 2월 16일. 쇼팽은 플레이엘 홀에서 다섯 번째 콘서트를 열었다. 6년 만에 여는 콘서트였다. 생애 마지막 콘서트이기도 했다. 바이올리니스트 알라르와 첼리스트 프랑숌이 협연했다. 이날 연주회에서 쇼팽은 〈전주곡〉 Op.45, 3개의 새 〈에튀드〉, 〈녹턴〉 제18번 Op.62-2, 〈뱃노래〉 Op.60를 연주했다. 프랑숌은 〈첼로 소나타〉를 협연했다. 많은 관중들은 쇼팽을 향해 기립박수를 보냈다. 파리의 신문잡지들은 '피아노 계의 총림이자 천사, 시인, 요정이 연주하는 지상 최대의 피아노 콘서트'라고 격찬했다.

1848년 2월 22일의 파리. 2월 혁명으로 사회주의 공화제 정부가 수립될 기미가 보였다. 상드는 공화제 혁명정부에 적극적으로 가담해 정치선전문을 작성하는 등 군중선동에 열을 올리지만, 그해 5월 15일 정권인수를 위한 민중대회가 실패로 돌아갔고 공화정부는 국민군에게 참혹하게 진압되고 만다. 미처 피하지 못한 공화정부의 요인과 민중대회에 가담한 극렬시민 천여 명이 페르라세르 묘지 담벼락에서 집단 총살을 당했다.

사회주의공화국 건설의 꿈을 접은 상드는 그해 5월 17일 미명에 의사로 가장하고 혈혈단신 노앙으로 피신한다. 상드는 노앙의 저택에서 두문불출하고 한동안 숨어 지냈다. 이 일이 있고부터 노앙 주민들도 상드를 탐탁지 않게 여겼다. 여성으로서 작가라는 본분을 내던지고 과격한 사회주의 혁명집단에 부역한 상드를 냉담하게 대했다.

정국이 잠잠해지자 상드의 애욕탐닉은 다시 고개를 든다. 48년, 저널리스트 빅토르 보리, 49년에는 독일 음악가 뮐러, 50년, 아들 모리스의 친구이자 조각가인 망소와 연인 관계를 갖는다. 65년, 망소가 결핵으로 사망하자 이번에는 화가 마르샤르를 애인으로 삼는다. 그녀의 자유분방함은 이전과 다르지 않았다.

상드는 1854년, 자전적 에세이 《내 생애의 역사》를 파리의 유력 주간지에 연재한다. 그러나 이 전기에서 쇼팽이 등장하는 부분은 자기변명 일색으로 썼고 평론가들은 그녀를 질타했다.

1847년 7월 28일 수요일로 거슬러 올라간다. 쇼팽이 죽기 2년 전의 일이다. 상드는 최후의 편지를 쇼팽에게 보낸다. 편지의 맺음말이 쇼팽의 마음을 더욱 아프게 했다.

> 안녕히, 나의 친구! 당신이 하루 빨리 건강해지기를 기원하고 있어요. 틀림없이 나을 거라고 확신해요. 9년 동안 변함없던 우리의 우정을

신께 감사드리고 있습니다. 기묘했던 작별...... 가끔이라도 당신의 근황을 알려 주세요. 다른 사람의 이야기는 안 해도 좋고요......

1848년 3월 4일, 그들은 우연한 재회를 했다. 마지막 만남이었다. 상드가 샤를로트 마를리아니 백작부인 저택에 도착했을 때, 방문을 마치고 나오는 쇼팽과 현관 계단에서 마주쳤다. 쇼팽은 "솔랑주가 딸을 낳았다"고 일러주고 계단을 내려갔다.

노년의 상드는 노앙에 은둔했다. 그녀는 1876년 겨울에 간경변증과 늑막염으로 세상을 떠났다. 71세를 일기로 화려하고 자유분방했던 한 여성작가의 생애는 이렇게 막을 내렸다.

제4악장
쇼팽과 영국

I

쇼팽의 영국 연주 여행

쇼팽 여행 포인트 IV: 영국

- 런던(서남쪽 → 동북쪽 코스)

1 **이튼 플레이스**
SW1, Eaton Place, 99.
1848.6.23. 쇼팽 첫 런던 연주회 장소

2 **세인트 제임스 플레이스**
SW1, St James's Place, 4. 1848.11.16.
쇼팽이 길드홀 공연을 위해 머물었던 곳

3 **스탠포드 하우스(Stafford House, 현 Lancaster House) Lancaster House, Stable Yard, St James's. 쇼팽이 빅토리아 여왕 앞에서 연주한 장소**
www.gov.uk/government/history/lancaster-house

4 **길드홀(Guildhall)**
1848.11.16. 쇼팽의 마지막 영국 연주회 장소
www.guildhall.cityoflondon.gov.uk

5 **쇼팽 거처-해밀턴 궁(Hamilton Palace)**
www.hamilton.rcahms.org.uk/index.html

- 스코틀랜드-에든버러

1 **쇼팽 거처**
폴란드 의사 Adam Łyszczyński 집
10 Warriston Crescent, Edinburgh

1. 포토츠카 백작부인

1848년 11월, 쇼팽은 영국 연주여행을 마치고 파리로 돌아오지만, 이듬해 10월 17일, 39세로 세상을 떠난다. 숨을 거두기 하루 전, 수수께끼의 여인 포토츠카 백작부인이 쇼팽의 병상으로 달려와 쇼팽의 최후를 임종했다. 포토츠카 부인은 당시 남프랑스 니스에 살고 있었다. 절세의 미녀 포토츠카 부인은 눈물을 흘리며 피아노를 치며 아리아를 불렀다.

음악사학자들은 쇼팽 최후의 1년을 '레퀴엠 에테르남'이라고 그들의 사적에 적어 넣었다. 우리말로는 '불멸의 위령곡'이다.

쇼팽은 수수께끼가 많은 음악가다. 그중 한 개의 수수께끼가 아직 풀리지 않고 있다. 쇼팽 운명의 순간 병상을 찾아온 델피나 포토츠카 백작부인은 왜, 어떻게 때맞춰 찾아왔을까. 쇼팽 생애에 많은 가십을 만들었던 그녀, 대체 누구인가. 쇼팽과 어떤 관계였나. 정확한 자료는 없다. 믿을 만한 소스도 없다.

포토츠카 부인에게 희한한 사건이 하나 있었다. 1973년 3월, 런던의 한 주간지는 쇼팽과 포토츠카 부인을 폄하하는 기사를 실었다. 음악사학자를 자칭하는 한 폴란드계 여성이 제공한 소스였다. 여성은

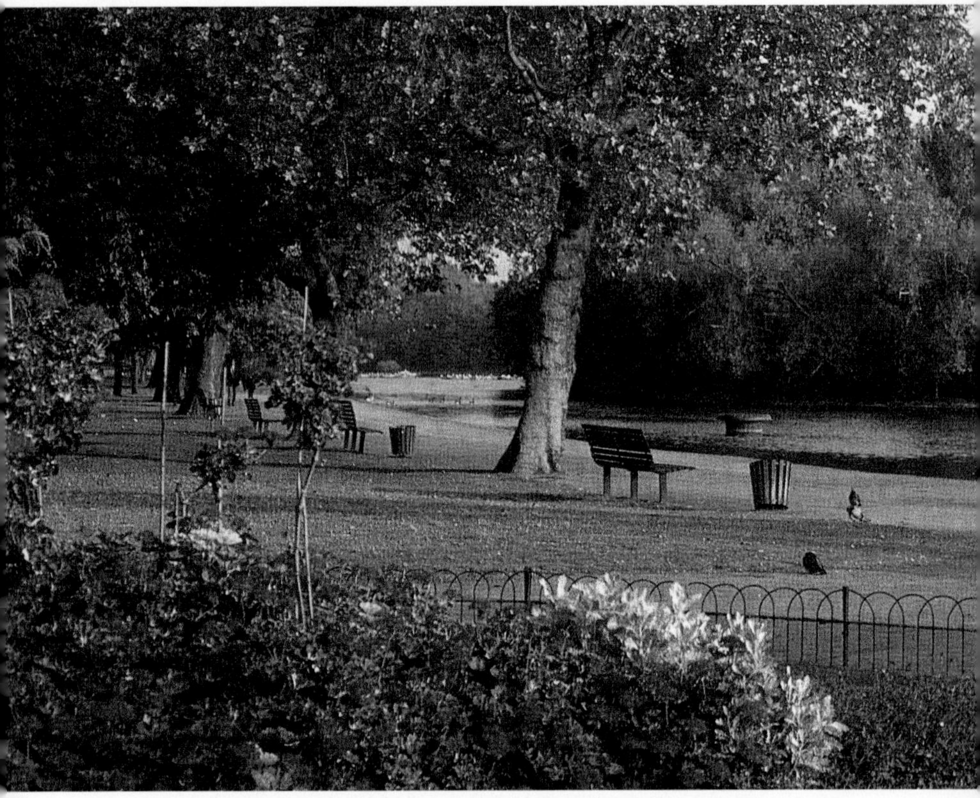

런던 리젠트 공원(Regent Park). 1849년 4월, 쇼팽은 이 공원 야외극장에서 피아노를 연주했다

파리 음악원을 나와 음악학을 연구했다고 자칭했다. 후일, 여성의 증언은 모두 거짓으로 드러났다.

"포토츠카 부인에게 쓴 쇼팽의 편지가 있다!"

음악계와 유럽의 전 사교계에 센세이션을 일으킨 사건이었다. 쇼팽과 포토츠카 부인에 대한 이런저런 추측이 난무하던 때여서 전기 작가, 평론가들은 그 여성이 갖고 있다는 편지에 관심을 집중했다.

이 편지가 공개되면 지금까지 미궁 속에 잠자던 쇼팽과 포토츠카 부인에 대한 수수께끼가 풀릴지도 모른다. 연구자들은 혈안이 되어 편지의 내용을 입수하려고 동분서주하고 있었다. 이 여성이 신문에 보낸 편지는 타자기로 타이핑한 A4용지 두 장의 분량의 글이었다. 내용에는 쇼팽과 포토츠카 부인의 육체적인 성애관계가 노골적으로 표현되어 있었다.

표현이 지나치게 직설적이고 외설적이어서 연구가들은 이것이 쇼팽이 직접 쓴 글이냐, 아니냐 하는 의문이 제기되어 격렬한 논쟁이 벌어졌다. 바르샤바 쇼팽협회는 편지를 갖고 있다는 여성에게 '필적 감정에 필요하니 편지의 원본을 제시하라'고 요구했다. 바르샤바, 파리, 런던의 언론기관들도 같은 요구를 했다. 그러자, 문제의 여성은 행방을 감췄다가 두 달 후, 폴란드 포즈난에서 주검으로 발견되었다. 검시 결과 자살한 것으로 확인되었다. 다수의 연구자와 전기작가, 평론가, 관계 언론기관들은 편지는 쇼팽이 쓴 것이 아니라 날조된 위작이라고 결론을 내렸다.

델피나 포토츠카Delfina Potocka, 1807-77. 소녀 때부터 빼어난 미소녀로 소문이 파다했다. 폴란드 귀족의 딸로 음악과 미술에 재능이 있어 유럽 예술계에서 주목받는 여성이었다. 그녀의 소프라노는 수정처럼 투명한 고음역의 콜로라투라 소프라노여서 이르는 곳마다 청중을 매료했다.

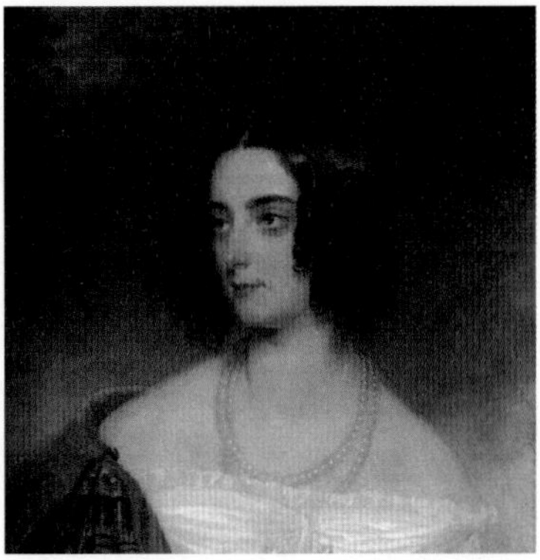
델피나 포토츠카

그녀는 18세에 결혼했다. 남편 포토츠키 백작은 냉혹하고 잔인한 성격의 소유자였다. 델피나 포토츠카는 이런 남편에 실망한 데다 연년생으로 낳은 세 아이가 모두 사산하자 이혼 소송을 제기하여 승소했고, 유럽 각지를 돌아다니다가 1832년 거액의 위자료를 받은 뒤 파리에 정착한다. 쇼팽이 파리에 온 다음 해다.

폴란드 문화청에서는 델피나의 가계, 성품에 대한 면밀한 연구를 했고, 그녀의 전기도 출판했다. 이 전기는 그녀의 남성 편력을 중심으로 편집되었다. 그녀는 미모와 교양, 지성을 겸비한 백작부인이었다. 폴란드 최대의 시인 지그문트 크라신스키가 그녀를 '스커트를 두른 돈 주앙'이라고 말했을 정도였다. 델피나의 연애편력은 화려했고 분방했다. 사사건건 그녀를 폄하했던 크라신스키도 결국, 그녀의 포로가 되고 만다. 크라신스키를 포로로 잡은 델피나는 '시인의 여신'이라는 칭호로 폴란드문학사에 이름을 기록하게 된다.

쇼팽과 델피나의 관계를 풀 분명한 자료가 없어서 추측과 추정에 의존할 도리밖에 다른 방법이 없다. 쇼팽이 폴란드를 출국하기 전 그의 고별 연주회장에서 처음 얼굴을 마주했다는 설이 있고, 쇼팽이 빈으로 가던 1830년 11월, 드레스덴에서 델피나의 모친 코마로바 공작부인의 숙소를 방문해 거기서 델피나를 만났다는 설도 있다. 쇼팽의 편지, 그의 일기에도 델피나에 대한 대목이 없다.

이후, 두 사람은 파리에서 재회했다. 1831년 11월 18일자 쇼팽이 친구 티투스에게 보낸 편지에 '어제, 이 세상에서 제일 아름다운 여성 포토츠카 부인으로부터 점심 초대를 받았다'는 구절이 있다. 쇼팽이 파리에 온 지 얼마 되지 않은 때였다. 이 무렵, 델피나는 파리에 정주하며 쇼팽에게 피아노 개인지도를 받는다.

1835년의 파리, 포토츠카에 대한 에피소드 하나가 있다.

포토츠카의 모친 코마로바 공작 부인저택 살롱에서 쇼팽은 피아노로 〈자화상〉이라는 곡을 즉흥적으로 연주를 했다. 한동안 듣고 있던 포토츠카 부인은 "나의 초상도…"라고 청했다. 쇼팽은 피아노에서 일어나 말없이 그녀의 어깨에 건 숄을 벗겨 건반을 덮었다. 그리고 연주를 했다. 이 에피소드를 전기작가와 평론가들이 놓칠 리 없었다. 그들은 그들의 평론에 '쇼팽은 포토츠카의 얼굴을 보지 않고서도 그녀의 표정을 음으로 묘사했다. 이미 오래전 그녀의 얼굴이 머릿속에 각인되어 있었다'고 적었다.

쇼팽과 포토츠카 부인에 대한 에피소드는 또 있다. 1949년 10월 16일의 일이다. 쇼팽이 운명하기 하루 전이었다. 프랑스 남부 니스에 거주하던 포토츠카가 쇼팽의 병상에 나타난 것이다. 쇼팽은 반가운 표정을 지으며 델피나에게 노래를 불러달라고 청했다. 델피나는 피아노를 연주하며 아리아를 불렀다. 쇼팽은 "아, 아름답다. 아름다워!"라고 들릴 듯 말 듯 감탄사를 되뇌었다. 델피나의 노래는 쇼팽이 이 세상에서 들은 최후의 음악이었다.

이때, 델피나가 불렀던 아리아에 대해 함께 들은 사람들도 증언이 서로 다르다. 또 하나의 수수께끼가 생긴 셈이다. 델피나가 이날 자작의 아리아를 부른 것일까. 그런지도 모른다. 델피나는 작곡에도 능란한 소프라노였으니까…. 유감스럽게도 그녀가 부른 이날의 음악작품은 지금까지 전해지지 않고 있다.

그동안 외국작가들의 쇼팽 전기에는 아직 수수께끼의 베일 속에 숨은 여인들이 많다. 그 가운데 포토츠카 백작부인만큼 쇼팽 생애의 언저리를 맴돈 여성은 없었다. 델피나 포토츠카는 쇼팽의 임종을 지켜보며 슬프게 아리아를 불렀다. 그러나 쇼팽과의 관계는 모두 베일에 가려져 있다. 고금의 전기작가, 평론가, 저널리스트들은 두 사람의 관계를 남녀의 숭고한 사랑? 예술가의 순애보? 라고 결론을 내렸다.

필자의 생각은 이렇다. 일본 산세이도三省堂가 펴낸 2005년 판 《클래식 음악작품 명사전》을 보면 쇼팽은 델피나 포토츠카 백작부인에게 두 곡의 작품을 헌정하고 있다. 그것도 그의 대표작으로 알려진 〈피아노 협주곡〉 제2번 f단조 Op.21과 〈왈츠〉 제6번 d♭단조 Op.64-1이다. 두 곡 다 자필보 표지에 "델피나 포토츠카"라고 쇼팽 자신의 필적으로 써넣고 있다. 자필보(바르샤바 쇼팽 박물관 소장)에서 쇼팽은 콘스탄차 그와드코프스카, 마리아 보진스카, 조르주 상드 등 연인들에게는 단 한 편의 작품도 헌정하지 않았다. 이 점으로 볼 때 델피나는 쇼팽의 연인이 아니다.

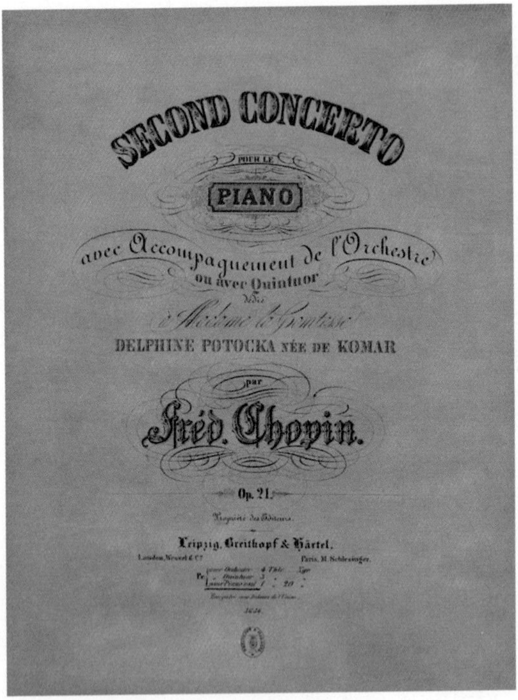

쇼팽 〈피아노 협주곡〉 제2번 표지

2. 런던·에든버러 연주회

1 **버킹엄 궁전과 빅토리아 여왕** 1848년 4월, 쇼팽은 영국 연주여행 길에 올랐다. 제자 제인 스털링 양과 그녀의 언니 캐서린 어스킨 부인의 초청이었다. 제인 스털링Jane Stirling, 1804-1859은 스코틀랜드의 명문 스털링 가문의 막내딸이었으며, 조르주 상드와 동갑내기로 당시 나이는 44세였다. 런던과 파리 사교계에 소문난 미모의 여성이고 교양과 지성을 갖춘 마음씨 착한 여성이었다.

쇼팽은 2월 혁명의 칼바람을 피해 런던으로 온 베를리오즈와 칼크브레너, 폴린 비아르도와 런던에서 재회했다. 정다운 얼굴들이었다. 스털링 양과 아스킨 부인은 쇼팽이 런던에서 생활하는 데에 불편이 없도록 세심한 배려를 했다. 그녀는 펜팅 거리 초입, 상류계층이 사는 도버가의 고급 아파트를 얻어 주었다. 쇼팽은 런던 연주활동을 시작했다.

스털링 자매는 쇼팽의 시중을 들 시종과 가정부, 마부가 달린 마차까지 주선해주었다. 런던의 물가가 파리의 두 배가 넘는 것을 보니, 생활비의 지출이 만만치 않을 것이라고 생각한 쇼팽은 병약한 몸이

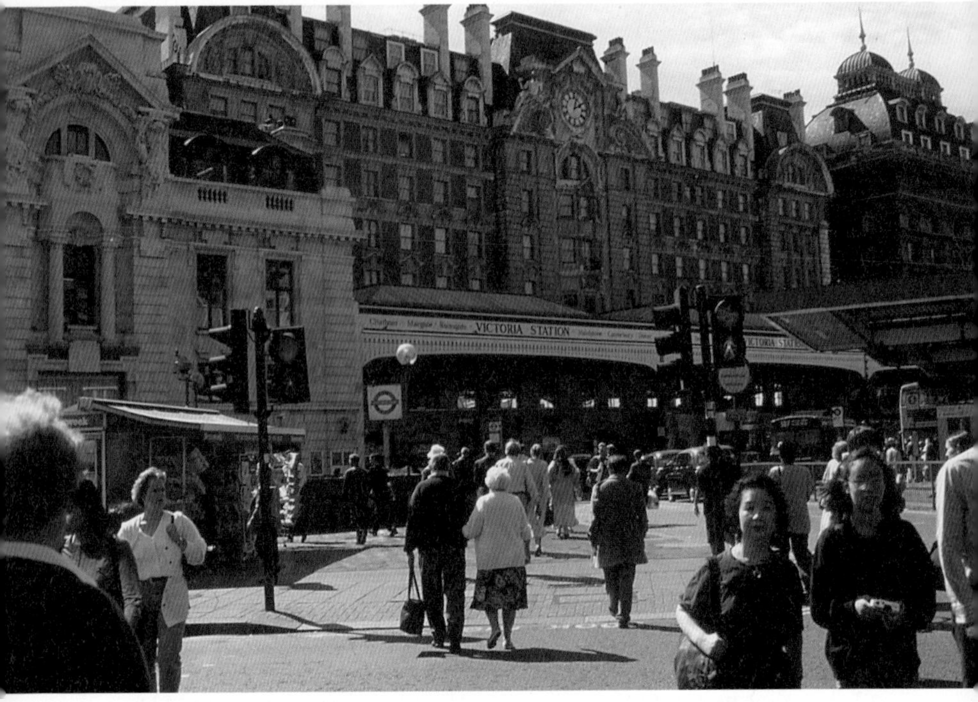

런던 중앙역 광장(빅토리아 역)

긴 했어도 많은 수입을 올려야겠다고 생각하고 연주 일정을 빡빡하게 잡았다. 일정은 전적으로 스털링 양이 맡았다.

스털링 자매의 세심한 배려에 쇼팽은 내심으로 감사하고 있었다. 런던의 초 일류급 살롱에 출연하도록 열심히 띄워주었다. 쇼팽의 인기는 단시일에 런던 사교계를 석권했다. 왕후 귀족들 저택 파티에 초청이 잦아졌다. 연주회 또한 기하급수적으로 늘어난다. 쇼팽은 버킹엄 궁전에 초치되어 빅토리아 여왕과 그 부군 앞에서 피아노를 연주하여 큰 상을 받기도 했다. 이렇게 바쁜 여정 속에서도 쇼팽은 런던 음악협회와 공약한 주 2회의 정기 연주회에 빠지지 않고 나가 연주를 했다. 이르는 곳마다 그의 연주회는 대성황을 이루었다. 런던에 피신 와

1

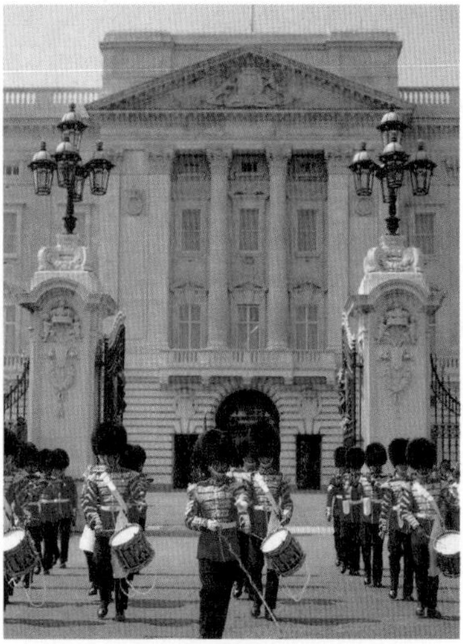

2

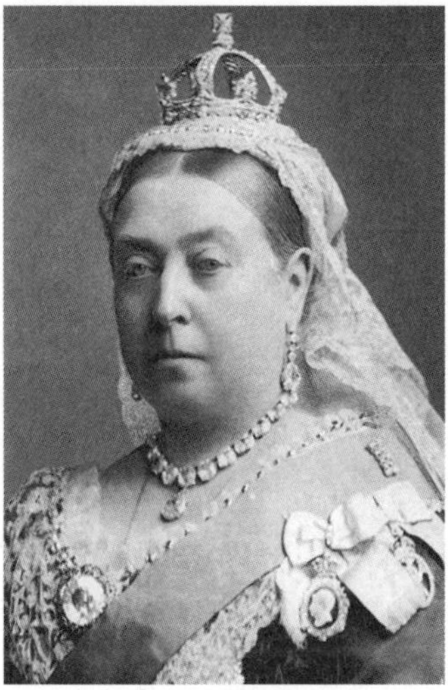

3

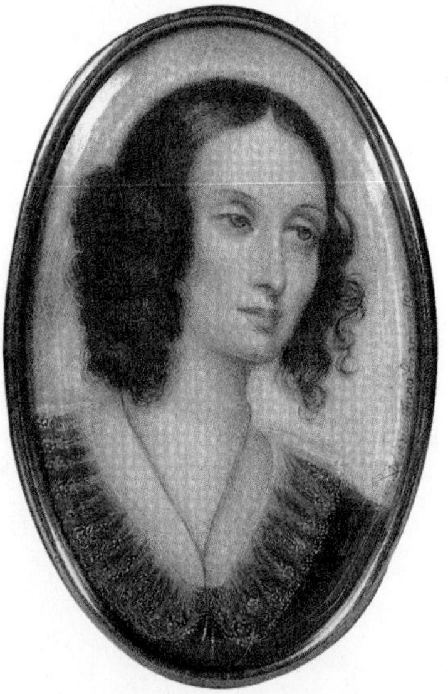

4

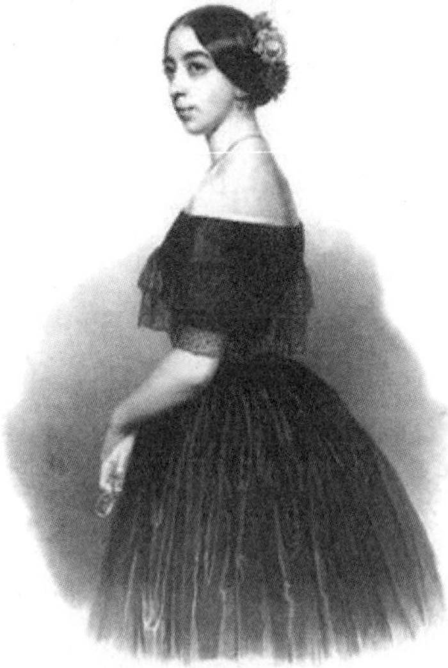

1 런던 버킹엄 궁전의 위병교대식

2 빅토리아 여왕

3 제인 스털링(1804-1859). 쇼팽의 피아노제자

4 폴린 비아르도

있던 친구 폴린 비아르도는 연주회마다 협연하여 쇼팽의 활동을 도왔다. 런던 시민과 신문들은 쇼팽의 작곡가로서의 재능을 높이 평가했고, 비르투오소로서의 그의 연주를 극찬했다.

2 제인 스털링 양과 함께

같은 해 8월 중순, 쇼팽은 스코틀랜드 에든버러 칼더하우스Calder house 홀에서 연주회를 열었다. 에든버러는 당시 런던에서 열차로 열두 시간 거리였다. 스털링 양의 고향이고, 현재의 스코틀랜드의 수도다. 연주회는 스코틀랜드에서만 12회의 스케줄이 잡혀 있었다.

쇼팽은 장거리의 기차여행으로 심신이 지칠 대로 지쳤으나, 열광하는 청중에 보답한다는 마음가짐으로 일정대로 바쁜 연주회를 치른다.

영국의 유명 피아노 제작회사 브로드우드는 쇼팽의 연이은 열차 여행을 염려하고 있었다. 쇼팽이 타는 열차 맞은쪽 좌석까지 예약

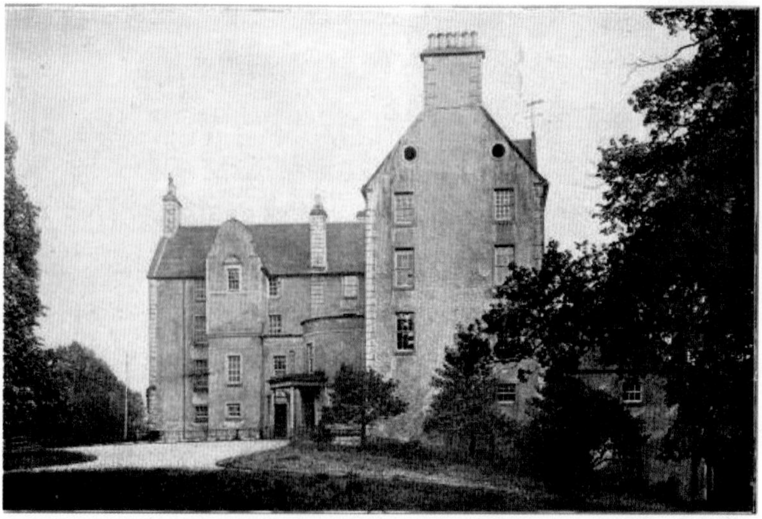

칼더하우스

하고 그가 발을 뻗고 편히 여행할 수 있게 해주었다. 이것 외에도 브로드우드 사(社)는 그가 런던에 체제하는 동안 편안한 잠을 잘 수 있도록 침대 매트와 베개를 특별 제작해 주기도 했다. 쇼팽의 건강을 각별히 챙겨주는 피아노 제작회사였다. 이런 배려에 대해 쇼팽은 진정으로 감사하다고 그의 런던 일기에 적고 있다.

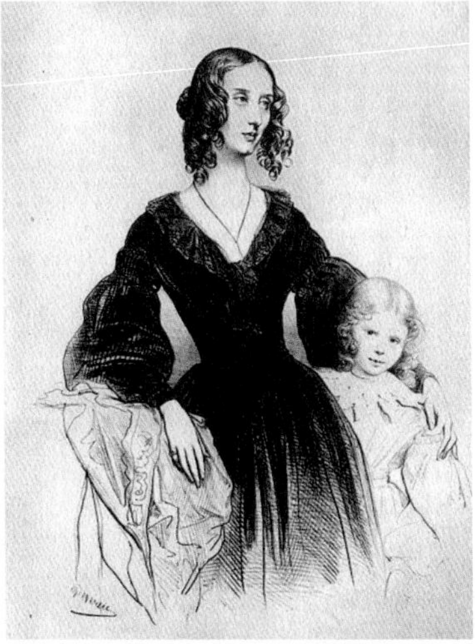

제인 스털링

스털링 자매는 쇼팽의 영국 연주를 위해 헌신적으로 노력했다. 그러나 스털링 자매는 쇼팽의 명성을 올리는 데만 집착했을 뿐, 그의 건강에 대해서는 깊이 배려하지 못했다. 연주 장소가 바뀔 때마다 그가 편히 쉴 수 있도록 최상급의 숙소를 수배한 것까지는 좋았으나 연주회 스케줄을 너무 빡빡하게 짜 쇼팽이 피로로 지쳐버리는 사태를 예측하지 못했다. 결과적으로 스털링 양은 쇼팽의 수명을 단축시키는 커다란 과오를 범했던 것이다.

제인 스털링 양을 조르주 상드와 비교하는 일이 결코 아이러니는 아니다. 상드는 동갑내기 스털링보다 몇 수 위에 선 생활의 달인이었다. 상드는 9년이라는 짧지 않은 세월 동안 쇼팽을 한 번도 육체적으로 혹사시킨 적이 없고, 안정된 휴식을 최우선으로 그가 작곡에 전념할 수 있도록 배려했다. 반면, 스털링은 고의는 아니었으나 쇼팽의 건강을 생각지 않고 그의 명성을 영국 천하에 드날리게 하는 공명감에만 급급했다. 지적인 교양이 풍부했던 스코틀랜드 유수의 부호, 귀족 가문의 딸 스털링과 학문을 쌓고, 사회지식이 풍부하며 다변적인

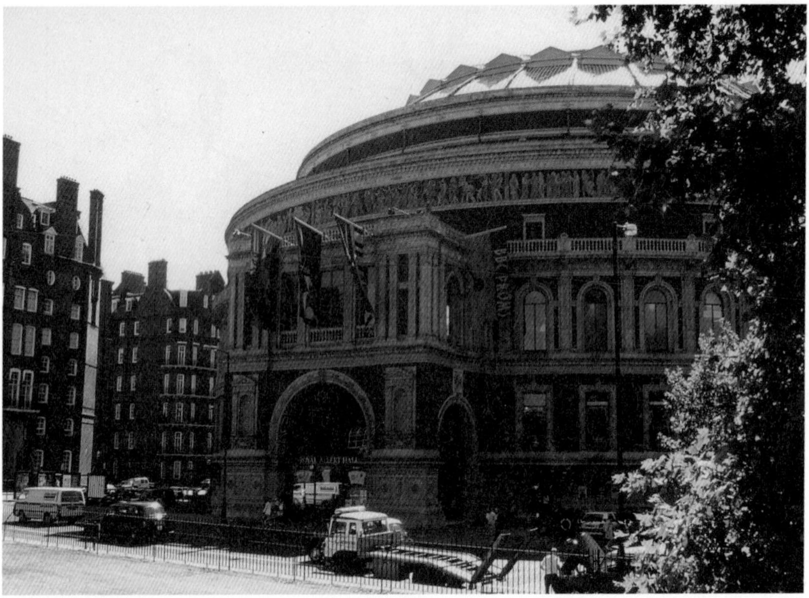

런던 로얄 알버트 홀

인간학을 바탕으로 인격을 다져온 여성작가 상드의 현실 대처능력을 재평가하는 계기가 아닌가 생각된다.

쇼팽은 스털링 양이 짜놓은 스케줄에 따라 열심히 연주회장을 돌았다. 때로는 맨체스터까지 8시간 동안 기차를 타야 했고, 기차에서 내려 숨 돌릴 새도 없이 연주회장으로 달려가 적어도 3시간을 연주해야 했다. 연주회가 끝나면 다시 8시간 걸리는 에든버러로 돌아가야 했다. 날이 밝으면 다시 글래스고와 런던, 다시 에든버러의 연주회장으로 달려간다. 그는 이틀에 한 번씩 숙소를 옮겨야 했다.

스털링 양은 쇼팽을 숭배했고, 사랑했다. 그러나 쇼팽을 향한 그녀의 사랑은 그녀만의 짝사랑이었다. 쇼팽은 그녀를 우정, 그 이상으로 대하지 않았다. 쇼팽은 파리에 있는 친구 코지미안에게 편지를 썼다.

숨 돌릴 틈이 없네. 오선지에 점을 찍어 넣는 그런 아늑하고 행복한 시간은 감히 생각도 못 한다네. 매일 매시마다 나를 반기는 사람들로 둘러싸이지만, 그러나 나는 외롭고 또 외로워…….

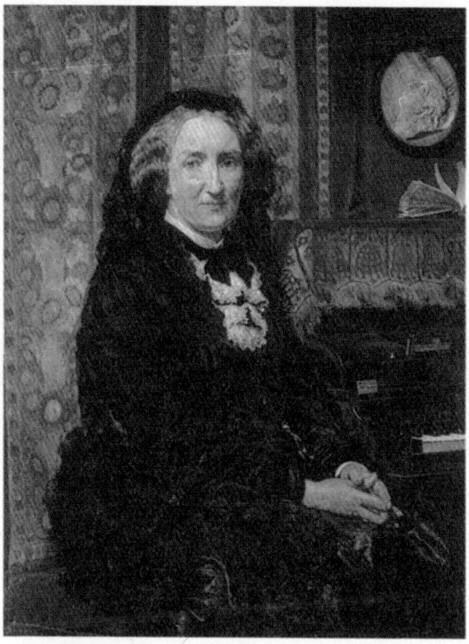
마르첼리나 부인

쇼팽은 기진맥진해져 밤마다 자신이 쓰러지는 꿈을 꿨다. 아침이 다르고 저녁이 다르게 심신의 기력은 떨어져갔다.

그는 10월 말쯤이 되어서야 스코틀랜드 순회 연주를 끝냈다. 런던으로 돌아오자마자 쇼팽은 병상에 눕는다. 런던의 이름난 의사들이 번갈아 왕진 치료를 한다. 런던에 있는 폴란드 친구들은 간병을 자청했다. 마르첼리나 차르토리스카 백작부인은 하루도 안 거르고 쇼팽을 문병하여 손수 만든 수프와 티를 날랐다. 라지비우 가문은 1830년 바르샤바 무력봉기가 실패로 돌아간 뒤 파리에 망명했고, 공작의 딸 마르체리나 부인은 폴란드 보수파 지도자 아담 차르토리스키 공작의 조카 알렉산더 백작과 결혼했다. 이들 부부는 당시 런던에 체류 중이었다.

마르첼리나 부인은 파리시대 쇼팽의 피아노 제자였고, 선망받는 여류 피아니스트로 우아한 미모를 지닌 총명한 여성이다. 부인은 쇼팽이 어려움에 직면할 때마다 물심양면의 원조를 아끼지 않았다. 쇼팽은 친구 코지미안에게 보낸 편지에 '내가 지금까지 살아 있는 것은 마르첼리나 부인의 덕분이지…'라고 썼을 정도였다.

전신 발작적인 기침, 각혈까지 하는 상태였지만 쇼팽은 11월 16일, 폴란드 망명자를 위한 자선 음악회에 나가 피아노를 연주했다. 의연하고 당당한 자세로 폴란드의 민족음악 〈마주르카〉와 〈폴로네이즈〉를 연주했다. 다음 날 런던의 신문들은 쇼팽을 조국을 사랑하는 위대한 음악가라고 극찬했다.

II

런던에서 파리로

1. 병상의 쇼팽

1848년 11월의 파리. 두 사람의 영국인 간병사가 쇼팽을 프랑스의 항구 르 아브르Le Havre에 하선시켰다. 친구들이 마차를 준비하여 마중 나와 있었다. 코지미안, 첼리스트 프랑숌, 제자 로젤 양이었다. 마차는 이틀 후, 파리에 도착했다. 다섯 달 동안 비워 두었던 그의 아파트 거실 화병에는 덜 핀 제비꽃 한 줌이 꽂혀 있었다. 평소 쇼팽이 좋아한 꽃이었다.

이번 영국 연주 여행은 결과적으로 쇼팽 단명의 여행이었다. 노앙에서 지낼 때의 체력만 같았어도 그는 멘델스존처럼 런던에서 왕성한 음악 활동을 했을 터인데…. 영국에서 정신과 육체마저 잃어버린 쇼팽은 제2의 고향 파리로 돌아왔어도 건강이 회복될 기미가 보이지 않았다. 악상은 떠오르지 않고 가늘고 긴 열 손가락은 건반을 누를 힘이 없었다.

돌이켜보면 그의 명작은 모두 마요르카와 노앙에서 나왔다. 쇼팽은 잠이 들면 언제나 노앙의 전원을 꿈에서 보곤 했다. 파리의 고급주택가 쇼세 당탱 거리. 우수수 마로니에의 낙엽이 바람에 날린다. 쇼팽은 파리의 회색빛 가을을 내다보면서 우울한 병상의 나날을 보낸다.

1849년 6월. 쇼팽은 노앙의 별장을 그리워했다. 그의 잠꼬대를 여러 번 들은 친구들은 가깝고 한적한 파리 교외 샤이오Chaillot에 별장형 전원주택을 빌려 쇼팽을 이주시켰다. 프랑스 외곽 눈앞에 세느 강이 흐르는 숲 속의 별장으로서 친구들이 보름 동안을 뒤져 찾아낸 전원주택이다. 그러나 생각보다 집세가 비쌌다.

파리에 망명해 있던 폴란드 귀족 오브레스코바 공작부인이 쇼팽에게 알리지 말라는 조건으로 집세의 절반을 부담했다. 공작부인은 황금기의 쇼팽보다는 만년기의 쇼팽을 극찬했던 음악 애호가였다.

쇼팽은 줄을 섰던 피아노 레슨 지망생도 없어졌다. 악보 출판을 교섭해 오는 출판업자도 없었다. 의사에게 지불해야 할 돈, 고용인들의 급료 등 적지 않은 액수의 돈이 필요했으나 모아둔 돈이 없었다. 일찍이 부친 니콜라가 충고했던 일이 현실로 다가왔던 것이다. 수입이 많았던 시절 아버지는 아들에게 "사치와 호화로운 생활을 버리고 작은 돈이라도 티끌 모으듯 모았다가 노후에 써라"라고 입버릇처럼 일렀다. 이미 엎질러진 물의 이야기였다.

재정적으로 난감한 처지에 떨어진 쇼팽에게 어머니 유스티나 부인은 2,000프랑을 송금했고, 친구 프랑숌이 1,000프랑을 부조했다. 유럽 제일의 부호 로스차일드 남작가와 차르토리스키 공작가에서도 적지 않은 액수의 위로금을 보내왔다. 스코틀랜드의 스털링 양은 거금 2만 5,000프랑을 내겠다고 고집했지만, 쇼팽은 한사코 이를 고사했다. 이에 코지미안이 나서서 쇼팽을 설득, 1만 5,000프랑을 차용하는 조건으로 받도록 조정하고 합의했다. 또, 마리 첼리나 부인은 간호사를 무기한으로 배치하고 그 비용을 전담했다.

쇼팽은 누나 루드비카가 보고 싶다고 했다. 당시 폴란드에서는 외국여행 허가를 받는 일이 쉽지 않았으나 오브레스코바 공작부인이 힘을 써줘 그해 8월 초 루드비카와 그녀의 남편 옝제이에비치, 딸 루드비카Ludwika Magdalena, 1835-1890를 데리고 파리에 왔다. 몇 주 후 옝제이 에비치는 바르샤바로 돌아갔고, 루드비카는 파리에 남아 쇼팽을 간병하면서 가사 일을 돌봤다.

쇼팽이 폴란드를 떠날 때 빈까지 동행을 자청했던 친구 티투스는 쇼팽을 문병하려고 벨기에 오스텐더Oostende까지 왔다가 파리에 들어오지 못하고 바르샤바로 되돌아갔다. 당시 프랑스의 국경 사무소들은 러시아 국적을 가진 사람들을 입국시키지 않았다. 티투스는 우정의 뜨거운 눈물과 회한을 가슴에 묻은 채 폴란드로 발길을 되돌렸다.

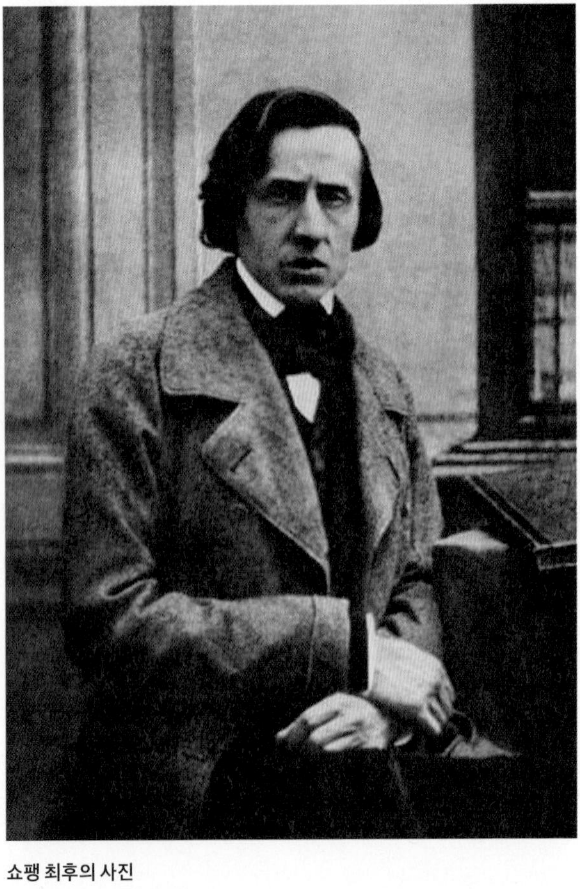

쇼팽 최후의 사진

2. 위대한 음악 인생의 종언

마로니에 낙엽이 지는 초가을의 파리. 쇼팽은 방돔 광장 12번지 고급 복합주택으로 이사했다. 이 집이 쇼팽 최후의 주거가 된다.

1849년 10월 15일. 쇼팽의 의식이 흐려지기 시작한다. 델피나 포토츠카 부인은 피아노를 치며 아리아를 불렀다. 쇼팽은 아름다운 그녀의 가성을 좋아했다. 일단의 친구들과 귀부인과 제자들이 쇼팽을 번갈아 위무했다. 누나 루드비카는 몇 날 몇 밤을 뜬눈으로 쇼팽의 병상을 지켰다. 마르첼리나 부인, 루드비카, 상드의 딸 솔랑주, 친구 코지미안, 첼리스트 프랑숌, 화가 들라크루아, 크피아트코프스키, 제자 구트드만이 쇼팽의 운명을 지켜보고 있었다.

바르샤바 오스트로그스키 궁전 쇼팽 박물관에는 작자 미상의 〈쇼팽의 임종〉이라는 유화가 있다. 죽음을 목전에 둔 쇼팽. 포토츠카 백작부인이 노래를 부르고 있다. 수녀의 가슴에 얼굴을 묻고 흐느껴 우는 솔랑주.

솔랑주는 후일, 그녀의 회상록에서 '포토츠카 백작부인은 눈물을 흘리면서 슬픈 목소리로 노래를 불렀다'라고 썼다.

병상 주위를 둘러선 사람들에게 쇼팽은 "감사하다"는 한 마디를

1

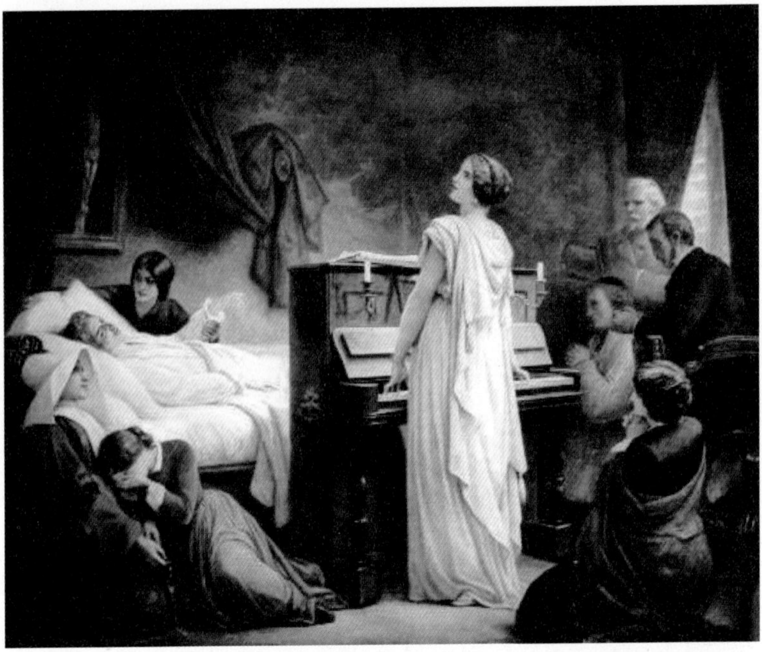

2

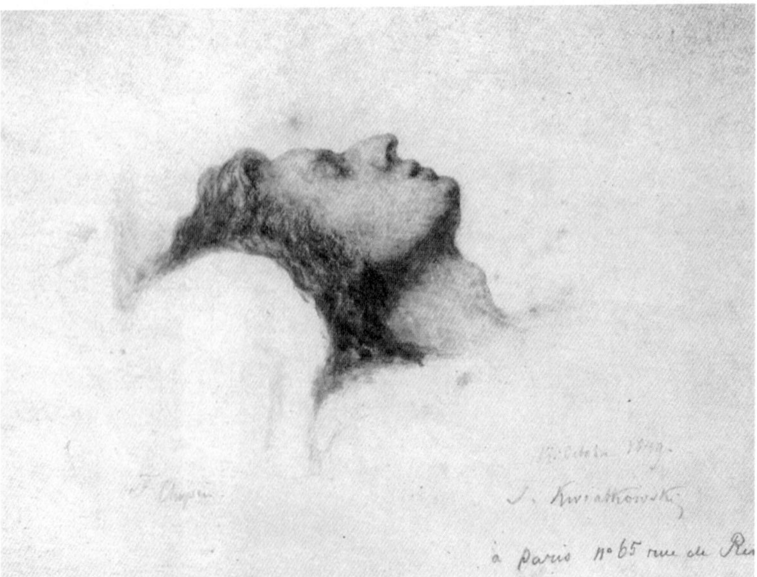

1 쇼팽의 임종

2 쇼팽의 죽음

남기고 눈을 감았다. 1849년 10월 17일 새벽 2시. 39세 7개월이라는 짧은 생애를 그는 이렇게 닫혔다. 수백 송이의 백장미가 죽음의 침상에 누워 있는 그의 유해를 덮었다. 파리, 바르샤바, 빈, 런던의 신문들은 영원한 피아노의 시인 프레데릭 쇼팽의 죽음을 애도하고 그 추도문을 실었다.

10월 30일. 콩코드 광장 가까운 마들렌 성당에서 장례식이 치러졌다. 3,000명이 넘는 참례자가 성당에 입장, 의례에 따라 추도미사를 올렸고, 마들렌 광장과 주변 도로에는 그의 죽음을 애도하는 시민들로 인산인해를 이루었다. 쇼팽의 유언에 따라 모차르트의 〈레퀴엠〉이 연주되고, 운구행렬이 떠날 때, 쇼팽 자작의 〈피아노 소나타〉 2번 제3악장 '장송행진곡'이 연주되었다.

장의 행렬은 장대했다. 영구마차 좌우에 프랑숌, 들라크루아, 차르토리스키 공작, 피아노 제작사 사장 플레이엘이 호상하고, 그 뒤를 루드비카와 스털링 양, 코지미안이 따랐다. 장지는 페르 라셰즈 묘지였다. 조르주 상드의 모습은 보이지 않았다.

쇼팽은 자신의 심장을 조국에 보내달라고 유언했다. 유언대로 그의 심장은 후일, 바르샤바로 옮겨져 성 십자가 성당에 봉헌된다.

그의 에튀드와 녹턴은 인류에게 위안을, 폴로네이즈는 정열을, 전주곡과 마주르카는 용기를 불어넣어 주었다. 쇼팽은 지금 이 세상에 없지만, 그의 이름과 그의 명곡은 피아노의 시가 되어 불멸의 빛을 내고 있다.

쇼팽 연보

1810	- 3월 1일(혹은 2월 2일) 폴란드 젤라조바 볼라에서 프랑스인 니콜라스(미코와이) 쇼팽과 폴란드인 유스티나 크지자노프스카 사이에서 1남 3녀 중 장남으로 출생. - 10월에 바르샤바(사스키 궁전 별관)로 이사.
1816(6세)	지브니 문하에서 피아노 레슨 시작.
1817(7세)	폴로네이즈, 행진곡, 변주곡 작곡. 〈폴로네이즈 g단조〉 출판.
1818(8세)	첫 공개 연주회(라지비우 궁전에서 바르샤바 자선 협회 만찬회).
1823(13세)	바르샤바 리체움 4년차에 편입.
1825(15세)	〈론도 c단조〉 Op.1 출판.
1826(16세)	바르샤바 음악원 입학(원장 엘스네르).
1827(17세)	카시미에르시궁전 별관으로 이사. 여동생 에밀리아 죽음(4월 10일).
1828(18세)	훔멜의 콘서트를 들음. 베를린으로 여행.
1829(19세)	바르샤바 음악원 졸업. 빈으로 여행, 콘서트 2회 개최.

1830(20세) 바르샤바에서 데뷔 콘서트 개최(3월). 〈피아노 협주곡〉 제1번 Op.11, 〈피아노 협주곡〉 제2번 Op.21 초연. 고별 연주회(10월 11일) 후 폴란드 출국(11월 2일), 빈에 체재.

1831(21세) 빈을 떠나 파리로 감(불르바르 푸아소니에르 27번지에 기거). 슈투트가르트에서 바르샤바 함락 소식을 들음. 칼크브레너, 힐러, 멘델스존, 리스트 등과 만남.

1832(22세) 파리 데뷔 콘서트(2월 26일, 플레이엘홀).

1833(23세) 〈12개의 연습곡〉 Op.10 〈피아노 협주곡〉 제1번 등 출판.

1834(24세) 멘델스존과 만남. Op.13, 14, 16~19 출판.

1835(25세) - 파리에서 콘서트 2회 후 작곡에 전념. 카를스바트에서 양친과 함께 머무름.

- 독일 드레스덴에서 보진스키 일가와 만남.

1836(26세) 마리아 보진스카에게 구혼(9월 9일). 10월 말 조르주 상드 처음 알게 됨. 〈피아노 협주곡〉 제2번, 〈안단테 스피아나토와 화려한 대폴로네이즈〉 등 출판.

1837(27세) 마리아와 결별. 〈12개의 연습곡〉 Op.25, 〈즉흥곡 Ab장조〉 Op.29, 〈스케르초 b♭단조〉 Op.31 등 출판.

1838(28세) 조르주 상드와 스페인 마요르카 섬으로 떠남(11월 8일 팔마항 도착).

1839(29세) 병세 악화로 상드와 바르셀로나를 거쳐 마르세유로 옮김. 그 후 아를을 경유하여 노앙의 상드 저택에 머무르면서 〈소나타 b♭단조〉 Op.35 등을 작곡, 파리로 돌아옴. 마요르카 섬에서 작곡했던 〈24개의 전주곡〉 Op.28 출판.

1840(30세) Op.35~42 출판.

1841(31세) 4월 파리 플레이엘홀에서 리사이틀 개최. 노앙에 체류, 〈환상곡 f단조〉 Op.49, 〈발라드〉 3번 등 작곡. Op.43~50

출판.

1842(32세) 파리에서 리사이틀 개최. 노앙에 체류, Op.50~54 작곡.

1843(33세) 노앙에 체류, 〈3개의 마주르카〉 Op.56 등 작곡, Op.51~54 출판.

1844(34세) 부친 사망. 쇼팽 건강 상태 악화됨. 노앙에 체류, 〈소나타 b단조〉 Op.58, 〈자장가 Db장조〉 Op.57 등 작곡, Op.55, 56 출판.

1845(35세) 건강 상태 더욱 악화. 노앙에 체류, 〈3개의 마주르카〉 Op.59 작곡. Op.57~59 출판.

1846(36세) 노앙에서 마지막 체류. 〈2개의 녹턴〉 Op.62, 〈3개의 왈츠〉 Op.63 작곡. Op.60~62 출판.

1847(37세) 〈첼로 소나타 g단조〉 Op.65 시연. 자녀 문제로 상드와 헤어짐. 〈3개의 왈츠〉 Op.64 작곡, Op.63~65 출판.

1848(38세) 파리에서 마지막 콘서트(2월 16일). 4월 20일~11월 23일 7개월간 영국으로 연주여행, 빅토리아 여왕 앞에서 연주. 런던 길드홀에서 마지막 공개 연주회(11월 16일). 파리로 돌아옴(11월 24일).

1849(39세) 최후의 작품 〈마주르카 f단조〉 Op.68-4 스케치. 10월 17일 사망. 10월 30일 오전 11시 마들렌 성당에서 장례식.

1850 누나 루드비카, 쇼팽의 심장을 파리에서 바르샤바로 옮겨 바르샤바 성 십자가 성당에 안치.

1927 쇼팽 국제 피아노 콩쿠르 개시.

1949 쇼팽 생가 공원 조성.

1950 바르샤바 쇼팽협회 설립.

2010 쇼팽 탄생 200주년 기념행사 폴란드 등 각국에서 열림.

2015 제17회 쇼팽 국제 피아노 콩쿠르 개최.

쇼팽 작품 목록

● 협주곡

- 폴란드 민요에 따른 환상곡 Op.13(1828)
- 연주회용 론도 '크라코비아크' Op.14(1828)
- 피아노협주곡 제2번 f단조 Op.21(1829~30)
- 피아노협주곡 제1번 e단조 Op.11(1830)
- 안단테 스피아나토와 화려한 대폴로네이즈 E♭장조 Op.22(1830~34)

● 실내악곡

- 피아노 트리오 Op.8(1828~29)
- 화려한 폴로네이즈 Op.3[첼로를 위한](1829~30)
- 첼로와 피아노를 위한 협주적 대2중주곡 E장조[마이어베어 오페라 《악마 로베르》 주제에 의한 프랑숌과의 공동작](1832)
- 첼로 소나타 Op.65(1845~46)

〈가곡〉

- 17개의 폴란드 가곡 Op.74(1829~47)

● 피아노 독주곡

• 연습곡(27곡)

- 12개의 연습곡 Op.10(1829~32)
- 12개의 연습곡 Op.25(1832~36)
- 3개의 새로운 연습곡[1. f단조, 2. A♭장조, 3. D♭장조](1839)

• 발라드(4곡)

- 발라드 제1번 g단조 Op.23(1831~35)
- 발라드 제2번 F장조 Op.38(1836~39)
- 발라드 제3번 A♭장조 Op.47(1840~41)
- 발라드 제4번 f단조 Op.52(1842)

• 스케르초(4곡)

- 스케르초 제1번 b단조 Op.20(1831~32)
- 스케르초 제2번 b♭단조 Op.31(1837)
- 스케르초 제3번 c#단조 Op.39(1839)
- 스케르초 제4번 E장조 Op.54(1842)

• 즉흥곡(4곡)

- 즉흥곡 제1번 A♭장조 Op.29(1837)
- 즉흥곡 제2번 f#단조 Op.36(1839)
- 즉흥곡 제3번 G♭장조 Op.51(1842)
- 환상 즉흥곡 c#단조 Op.66(1835)

• 마주르카(54곡)

- 4개의 마주르카 Op.6[1. f#단조 2. c#단조 3. E장조 4. e♭단조](1830)

- 5개의 마주르카 Op.7[1. B♭장조 2. a단조 3. f단조 4. A♭장조 5. C장조] (1830~31)
- 4개의 마주르카 Op.17[1. B♭장조 2. e단조 3. A♭장조 4. a단조] (1832~33)
- 4개의 마주르카 Op.24[1. g단조 2. C장조 3. A♭장조 4. b♭단조] (1834~35)
- 4개의 마주르카 Op.30[1. c단조 2. b단조 3. D♭ 장조 4. c#단조] (1836~37)
- 4개의 마주르카 Op.33[1. g#단조 2. D장조 3. C장조 4. b단조] (1837~38)
- 4개의 마주르카 Op.41[1. c#단조 2. e단조 3. B장조 4. A♭장조] (1838[2번]/1839)
- 3개의 마주르카 Op.50[1. G장조 2. A♭장조. 3. c#단조](1841~42)
- 3개의 마주르카 Op.56[1. B장조 2. C장조 3. c단조](1843)
- 3개의 마주르카 Op.59[1. a단조 2. A장조 3. f#단조](1845)
- 3개의 마주르카 Op.63[1. B장조 2. f단조 3. c#단조](1846)
- 마주르카 G장조 Op.67-1(1835)
- 마주르카 g단조 Op.67-2(1849)
- 마주르카 C장조 Op.67-3(1835)
- 마주르카 a단조 Op.67-4(1846)
- 마주르카 C장조 Op.68-1(1829)
- 마주르카 a단조 Op.68-2(1827)
- 마주르카 F장조 Op.68-3(1829)
- 마주르카 f단조 Op.68-4(1849)
- 마주르카 a단조 '노트르 탕'(1840)
- 마주르카 a단조(1841)

- 마주르카 D장조(1820?)
- 마주르카 C장조(1833)
- 마주르카 A♭장조(1834)

• 폴로네이즈(17곡)
- 화려한 대폴로네이즈 E♭장조 Op.22(1830~31, 1834)
- 폴로네이즈 c#단조 Op.26-1(1834~35)
- 폴로네이즈 e♭단조 Op.26-2(1834~35)
- 폴로네이즈 A장조 Op.40-1(1838)
- 폴로네이즈 c단조 Op.40-2(1838~1839)
- 폴로네이즈 f#단조 Op.44(1840~41)
- 폴로네이즈 A♭장조 Op.53(1842)
- 환상 폴로네이즈 A♭장조 Op.61(1845~46)
- 폴로네이즈 d단조 Op.71-1(1825)
- 폴로네이즈 B♭장조 Op.71-2(1828)
- 폴로네이즈 f단조 Op.71-3(1828)
- 폴로네이즈 g단조(1817)
- 폴로네이즈 B♭장조(1817)
- 폴로네이즈 A♭장조(1821)
- 폴로네이즈 g#단조(1822)
- 폴로네이즈 b♭단조(1826)
- 폴로네이즈 G♭장조(1829)

• 왈츠(17곡)
- 화려한 대왈츠 E♭장조 Op.18(1831)
- 3개의 화려한 왈츠 Op.34[1. A♭장조 2. a단조 3. F장조] (1835/31/38)

- 왈츠 A♭장조 Op.42(1840)
- 3개의 왈츠 Op.64[1. D♭장조 2. c#단조 3. A♭장조](1846~47)
- 왈츠 A♭장조 Op.69-1(1835)
- 왈츠 b단조 Op.69-2(1829)
- 왈츠 G♭장조 Op.70-1(1833)
- 왈츠 f단조 Op.70-2(1841)
- 왈츠 D♭장조 Op.70-3(1829)
- 왈츠 e단조(1829)
- 왈츠 A♭장조(1827)
- 왈츠 E♭장조(1829~30)
- 왈츠 E장조(1829 또는 1830)

• 녹턴(21곡)
- 3개의 녹턴 Op.9[1. b♭단조 1. E♭장조 3. B장조](1830~31)
- 3개의 녹턴 Op.15[1. F장조 2. F#장조 3. g단조](1830~31/33)
- 2개의 녹턴 Op.27[1. c#단조 2. D♭장조](1835)
- 2개의 녹턴 Op.32[1. B장조 2. A♭장조](1836~37)
- 2개의 녹턴 Op.37[1. g단조 2. G장조](1838/39)
- 2개의 녹턴 Op.48[1. c단조 2. f#단조](1841)
- 2개의 녹턴 Op.55[1. f단조 2. E♭장조](1840/43)
- 2개의 녹턴 Op.62[1. B장조 2. E장조](1846)
- 녹턴 e단조 Op.72(1827) - 녹턴 c#단조(1830) - 녹턴 c단조(1837)

• 전주곡(26곡)
- 24개의 전주곡 Op.28(1836~39)
- 전주곡 C#장조 Op.45(1841) - 전주곡 A♭장조(1834)

• 피아노 소나타(3곡)
- 피아노 소나타 제1번 c단조 Op.4(1827~28)
- 피아노 소나타 제2번 b♭단조 Op.35(1837[장송행진곡]/1839)
- 피아노 소나타 제3번 b단조 Op.58(1844)

• 기타
- 론도 c단조 Op.1(1825)
- 마주르카 풍의 론도 F장조 Op.5(1826)
- 3개의 에코세즈 Op.72-3[1. D장조 2. G장조 3. D♭장조](1826)
- 변주곡 E장조[독일 민요 「목동(Der Schweizerbub)」에 의한](1822~1826?)
- 장송행진곡 c단조 Op.72-2(1827) · 안단테 돌렌테 b♭단조(1827) · 콩트르당스(1827?)
- 라 치 다렘 라 마노 변주곡 Op.2[모차르트, 『돈 조반니』 중 "자, 서로 손을 잡고" 주제에 의한](1827)
- 변주곡[파가니니에 대한 추억] A장조(1829) · 알레그레토(1829~1831)
- 렌토 c#단조(1830)
- 변주곡 B♭장조 Op.12[에롤드, 오페라 『뤼도빅(Ludovic)』 중 "나는 성의(聖衣)를 판다"의 주제에 의한](1833)
- 론도 E♭장조 Op.16(1833) · 볼레로 C장조 Op.19(1833) · 화려한 변주곡 B♭장조 Op.12(1833)
- 칸타빌레 B♭장조(1834) · 프레스토 콘 레제렛자(1834)
- 안단티노 g단조(1838)
- 소스테누토 E♭장조(1840) · 푸가 a단조(1840?)
- 연주용 알레그로 A장조 Op.46(1832/41)
- 환상곡 f단조 Op.49(1841) · 타란텔라 A♭장조 Op.43(1841) · 헥사메론

변주곡(1841)

- 알붐블라트 E장조(1843) · 모데라토 E장조(1843) · 자장가 D♭장조 Op.57(1843~44)
- 안단티노 d단조(1845?)
- 뱃노래 F#장조 Op.60(1845~46) · 갤롭 '후작'(1846~1847) · 라르고 Eb장조(1847?)
- 2대의 피아노를 위한 론도 C장조 Op.73(1828) 외.